Contextes & Activités

BTS

1re année

W0248179

Culture Économique Juridique et Managériale

Jean-François Dhenin
Christèle Gillet
Cécile Guillaumont
Sandrine Kiyak
Monica Manzi
Emmanuelle Sardain
Sylvana Talbi

Nathan
TECHNIQUE

contact@nathan.fr
ISBN : 978-2-09-505128-0 – Code éditeur : 212693

Avec ce livre, une licence i-MANUEL 2.0

Le i-Manuel 2.0, un outil simple d'utilisation qui reprend l'ensemble des contenus de ce livre sous forme numérique et interactive.

Il permet d'accéder au contenu de cet ouvrage à tout moment et en tout lieu sur un ordinateur ou une tablette. L'utilisateur peut donc passer du papier au numérique et choisir le support qui lui convient le mieux selon le travail à faire et le lieu où il se trouve.

Une véritable interactivité entre l'enseignant et sa classe

- **Vidéoprojeter** en classe les activités, les documents et les corrections pour animer les cours et travailler collectivement.
- **Feuilleter le livre papier enrichi et le télécharger** pour un usage sans connexion.
- Bénéficier d'**une banque de ressources**.
- **Piloter la classe** en assurant le suivi du travail des élèves à distance et en cours (recevoir et envoyer du travail, faire des commentaires, intervenir en temps réel).
- **Intégrer et envoyer à la classe,** à un ou plusieurs élèves, **des documents personnels**.
- **Afficher les corrigés** ou la correction individuelle du travail de l'élève.
- **Imprimer** les documents nécessaires pour mettre les élèves en **situation d'examen**.

Des fonctionnalités innovantes pour favoriser l'intérêt, la motivation et l'implication des élèves

- **Saisir les réponses** en travaillant sur ordinateur ou tablette.
- **Faire les activités et les exercices**, préparer ou réviser le cours **en classe ou à la maison**.
- **Accéder** aux **ressources numériques**, vidéos, fichiers élèves (Word, Excel, GeoGebra...).
- **Sauvegarder** au **format Word** le travail effectué dans un dossier (classeur).
- **Envoyer le travail** au professeur.
- **S'enregistrer** pour les activités orales.
- **S'auto-évaluer**.

Toutes les infos et les tutos sur www.nathan.fr/i-manuel2

Avec ce livre, des ressources numériques en accès direct

Flashez les QR Codes avec votre smartphone ou saisissez les mini-liens associés pour accéder à des vidéos, animations, QCM...

Sommaire

Sommaire des fiches ressource

Comment utiliser cet ouvrage de CEJM ?

Un repérage facile des 3 thèmes et des 3 disciplines du programme de BTS 1re année

Une **couleur** par thème

L'indication de la discipline en **haut de page** : économie, droit ou management

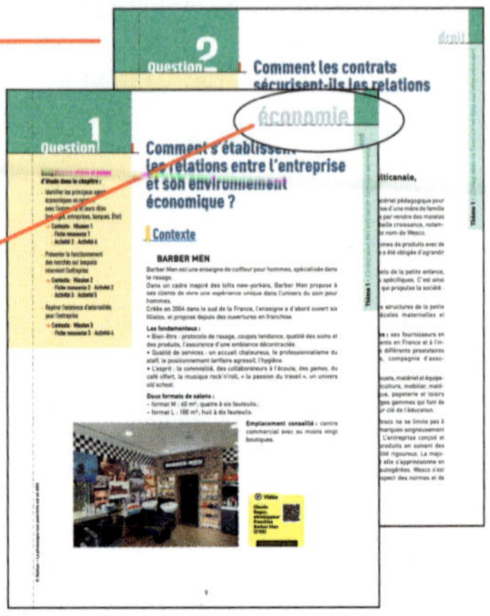

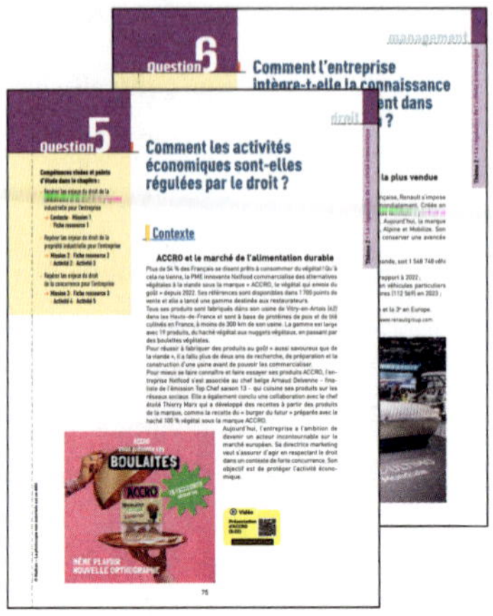

Un chapitre =

1 La découverte d'une question du programme

2 Des fiches ressource

3 Un schéma synthétique

4 Des activités complémentaires

1 La découverte d'une question qui permet :

→ d'acquérir les compétences

→ en s'entraînant à l'examen

L'indication des **compétences** travaillées

Les éléments du chapitre qui mobilisent ces compétences

Un **contexte réel** d'entreprise

Le plan d'**étude du contexte**, présenté comme à l'examen

2 à 4 missions par chapitre

La liste des **ressources** pour réaliser les missions (annexes, fiches ressource)

Des **questions** susceptibles d'être posées **à l'examen**

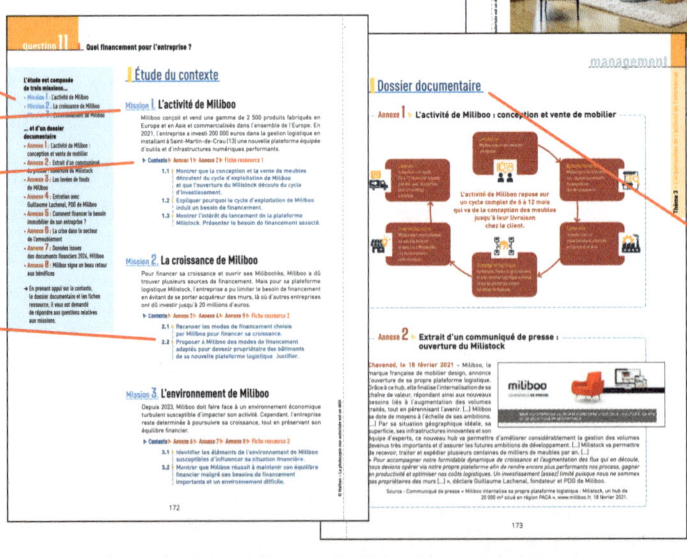

Un dossier documentaire en lien avec le contexte (documents de l'entreprise, articles récents, textes juridiques, tableaux statistiques...)

2 Des fiches ressource et 3 un schéma synthétique :

→ pour comprendre les notions

→ et faciliter les révisions

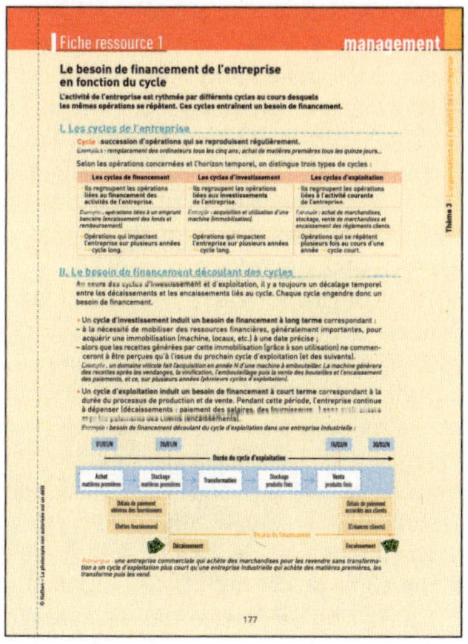

Des **fiches ressource** détachables :
- structurées
- avec des exemples, des définitions, des tableaux

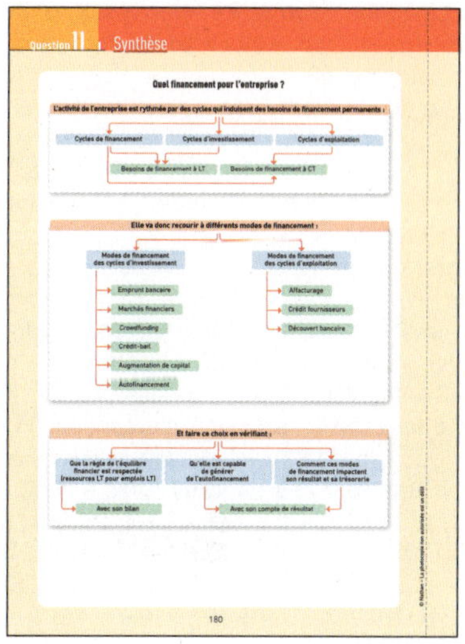

Un **schéma synthétique** pour réviser et mémoriser l'essentiel

4 Des activités complémentaires qui permettent :

→ de vérifier ses acquis

→ de stimuler l'apprentissage

Un **quiz**

Plusieurs niveaux de difficulté

Des activités **innovantes et courtes** : travail en équipe, étude de vidéo, utilisation d'une IA...

Des activités **contextualisées**

+ 3 entraînements progressifs à l'examen

→ un à la fin de chaque thème

→ pour mobiliser toutes les disciplines

→ et mettre en œuvre plusieurs compétences

Crédits photographiques

Couverture : Prostock-studio – stock.adobe.com ; **p. 9 :** Barber Men Aubagne ; **p. 11 :** Master1305 – shutterstock.com ; **p. 12 :** photology1971 – stock.adobe.com ; **p. 13 h :** Cali6ro – shutterstock.com ; **p. 13 b :** Kalim – stock.adobe.com ; **p. 14 :** Pierre Violet – stock.adobe.com ; **p. 19 :** alimyakubov – stock.adobe.com ; **p. 20 :** M-Production – stock.adobe.com ; **p. 21 :** jasckal – stock.adobe.com ; **p. 22 h :** Golden House Images – stock.adobe.com ; **p. 22 b :** LIGHTFIELD STUDIOS – stock.adobe.com ; **p. 23 :** Wesco ; **p. 27 h :** Francois Doisnel – stock.adobe.com ; **p. 27 b :** Frédéric Massard – stock.adobe.com ; **p. 33 h :** Павел Озарчук – stock.adobe.com ; **p. 33 mg :** Michal Bednarek – stock.adobe.com ; **p. 33 md :** c-chez-marc – stock.adobe.com ; **p. 33 b :** Toppercussion – stock.adobe.com ; **p. 34 h :** Gorodenkoff – shutterstock.com ; **p. 34 b :** HJBC – stock.adobe.com ; **p. 35 h :** Ainoa – stock.adobe.com ; **p. 35 b :** Animaflora PicsStock – stock.adobe.com ; **p. 36 :** tatyanasuyarova – stock.adobe.com ; **p. 37 :** Nannybag ; **p. 39 :** Nannybag ; **p. 40 :** Nannybag ; **p. 41 :** monticellllo – stock.adobe.com ; **p. 49 :** Poppins ; **p. 50 :** peopleimages.com – stock.adobe.com ; **p. 51 :** Atlas – stock.adobe.com ; **p. 52 h :** Aleksey – stock.adobe.com ; **p. 52 b :** Sergey Ryzhov – stock.adobe.com ; **p. 53 :** Sebastien Ortola/REA ; **p. 57 :** HJBC – stock.adobe.com ; **p. 59 :** HJBC – stock.adobe.com ; **p. 60 :** Kalyakan – stock.adobe.com ; **p. 61 :** Seventyfour – stock.adobe.com ; **p. 64 :** Antony Weerut – stock.adobe.com ; **p. 71 h :** Neuropixel – stock.adobe.com ; **p. 71 b :** Lansk – stock.adobe.com ; **p. 72 :** Frédéric Massard – stock.adobe.com ; **p. 73 h :** Nampix – stock.adobe.com ; **p. 73 b :** Stockwerk-Fotodesign – stock.adobe.com ; **p. 75 :** ACCRO ; **p. 77 :** Ludivine Canard ; **p. 79 h :** Florence Piot – stock.adobe.com ; **p. 79 m :** Tina (avec IA) – stock.adobe.com ; **p. 79 b :** DC Studio – stock.adobe.com ; **p. 80 h :** Tryfonov – stock.adobe.com ; **p. 80 b :** Maksym Yemelyanov – stock.adobe.com ; **p. 87 :** LuxuryLens – shutterstock.com ; **p. 88 :** mobilise248 – stock.adobe.com ; **p. 89 :** IB Photography – stock.adobe.com ; **p. 91 :** VanderWolf Images – shutterstock.com ; **p. 92 :** VanderWolf Images – stock.adobe.com ; **p. 93 h :** Guillaume Duris – stock.adobe.com ; **p. 93 b :** Vichizh (avec IA) – stock.adobe.com ; **p. 94 h :** Yakov – stock.adobe.com ; **p. 95 :** Tony Baggett – shutterstock.com ; **p. 96 :** Selvi (avec IA) – stock.adobe.com ; **p. 97 :** Alexander Gafarro – stock.adobe.com ; **p. 98 :** Guillaume Crochez/Exotec ; **p. 103 :** Gajus – stock.adobe.com ; **p. 104 :** Lucky_jl – stock.adobe.com ; **p. 105 :** Eléonore H – stock.adobe.com ; **p. 106 :** Zarya Maxim – stock.adobe.com ; **p. 107 :** Dominique Fontenat/REA ; **p. 113 :** New Africa – shutterstock.com ; **p. 115 h :** Piscines Desjoyaux ; **p. 115 b :** scottchan – stock.adobe.com ; **p. 116 h :** Piscines Desjoyaux ; **p. 116 b :** LUMA – stock.adobe.com ; **p. 117 h :** NicoDach – stock.adobe.com ; **p. 117 b :** Torsten – stock.adobe.com ; **p. 118 h :** Piscines Desjoyaux ; **p. 118 b :** velikiyzayats – stock.adobe.com ; **p. 123 :** 1083 ; **p. 125 :** motive56 – stock.adobe.com ; **p. 126 :** Tobias Arhelger – stock.adobe.com ; **p. 127 b :** Andrés Rivas – stock.adobe.com ; **p. 129 :** Alessandro Cristiano – stock.adobe.com ; **p. 131 h :** GoodPics – stock.adobe.com ; **p. 139 :** saintho – stock.adobe.com ; **p. 140 :** Rawpixel.com – stock.adobe.com ; **p. 141 :** Kristina Bilous – stock.adobe.com ; **p. 143 :** JHOTPEV – stock.adobe.com ; **p. 144 :** JHOTPEV – stock.adobe.com ; **p. 146 h :** Sergey Figurniy – stock.adobe.com ; **p. 146 b :** Andriy Nekrasov – stock.adobe.com ; **p. 151 hd :** Brian Jackson – stock.adobe.com ; **p. 151 hg :** Soklin – stock.adobe.com ; **p. 151 md :** Djile – stock.adobe.com ; **p. 151 mg :** Carmen Steiner – stock.adobe.com ; **p. 151 bd :** DDRockstar – stock.adobe.com ; **p. 151 bg :** BPawesome – stock.adobe.com ; **p. 152 h :** Joshhh – stock.adobe.com ; **p. 152 b :** LCosmo – stock.adobe.com ; **p. 153 h :** MdRakibul – stock.adobe.com ; **p. 153 b :** Dutdao – stock.adobe.com ; **p. 154 h :** Elena Balina – stock.adobe.com ; **p. 155 :** Denys – stock.adobe.com ; **p. 157 :** IM/Kharbine/LA COLLECTION ; **p. 158 :** Mathilde Cornet ; **p. 167 :** ASDF – stock.adobe.com ; **p. 168 h :** Stillkost – stock.adobe.com ; **p. 168 b :** tanyabosyk – stock.adobe.com ; **p. 169 :** Stéphanie Para/PhotoPQR/Berry Republicain/Maxppp ; **p. 170 :** Diego Cervo – stock.adobe.com ; **p. 171 :** Miliboo – stock.adobe.com ; **p. 173 h :** Kliwir Art ; **p. 173 b :** Miliboo ; **p. 174 :** Miliboo ; **p. 175 :** David – stock.adobe.com ; **p. 176 h :** Miliboo ; **p. 181 h :** New Africa – stock.adobe.com ; **p. 181 b :** fizkes – stock.adobe.com ; **p. 182 :** Herve Ronne/REA ; **p. 183 h :** Atelier Tuffery ; **p. 185 :** Pimpant

Édition : Julie Besné, Florence Terrasse

Direction artistique : Clémentine Largant

Conception de la couverture : Clémentine Largant

Conception de la maquette : Nicolas Piroux, Clémentine Largant, Nadia Julienne

Mise en page : Dominik Raboin (Domino), Nadia Julienne

Fabrication : Emmanuelle Perrier

Question 1

Compétences visées et points d'étude dans le chapitre :

- Identifier les principaux agents économiques en relation avec l'entreprise et leurs rôles (ménages, entreprises, banques, État)
  → Contexte | Mission 1 | Fiche ressource 1 | Activité 2 | Activité 6
- Présenter le fonctionnement des marchés sur lesquels intervient l'entreprise
  → Contexte | Mission 2 | Fiche ressource 2 | Activité 2 | Activité 3 | Activité 5
- Repérer l'existence d'externalités pour l'entreprise
  → Contexte | Mission 3 | Fiche ressource 3 | Activité 4

Comment s'établissent les relations entre l'entreprise et son environnement économique ?

Contexte

BARBER MEN

Barber Men est une enseigne de coiffeur pour hommes, spécialisée dans le rasage.

Dans un cadre inspiré des lofts new-yorkais, Barber Men propose à ses clients de vivre une expérience unique dans l'univers du soin pour hommes.

Créée en 2004 dans le sud de la France, l'enseigne a d'abord ouvert six filiales, et propose depuis des ouvertures en franchise.

Les fondamentaux :

- Bien-être : protocole de rasage, coupes tendance, qualité des soins et des produits, l'assurance d'une ambiance décontractée.
- Qualité de services : un accueil chaleureux, le professionnalisme du staff, le positionnement tarifaire agressif, l'hygiène.
- L'esprit : la convivialité, des collaborateurs à l'écoute, des *games*, du café offert, la musique rock'n'roll, « la passion du travail », un univers *old school*.

Deux formats de salons :

– format M : 60 m² ; quatre à six fauteuils ;
– format L : 100 m² ; huit à dix fauteuils.

Emplacement conseillé : centre commercial avec au moins vingt boutiques.

Vidéo
Claude Bagur, développeur franchise Barber Men (2'09)
liennathan.fr/krlgdv

L'étude est composée de trois missions...

- **Mission 1 :** Les agents économiques en lien avec le projet de salon Barber Men
- **Mission 2 :** Le fonctionnement du marché des barbiers
- **Mission 3 :** Les dysfonctionnements du marché des barbiers et les externalités liées à leur activité

... et d'un dossier documentaire

- **Annexe 1 :** Les relations du salon Barber Men avec les autres acteurs sur son marché
- **Annexe 2 :** Les relations entre le franchiseur et le franchisé chez Barber Men
- **Annexe 3 :** Le marché des salons de barbier en France en 2024
- **Annexe 4 :** Ouvrir un barber shop en 2024 : les règles à connaître
- **Annexe 5 :** L'information n'est pas connue de tous sur un marché
- **Annexe 6 :** Étude : les commerçants enfin reconnus comme « essentiels » à la vie sociale

→ En prenant appui sur le contexte, le dossier documentaire et les fiches ressource, il vous est demandé de répondre aux questions relatives aux missions.

Étude du contexte

Mission 1. Les agents économiques en lien avec le projet de salon Barber Men

Victor et Ahmed, amis depuis toujours, désirent ouvrir un salon et sont particulièrement intéressés par la franchise Barber Men. Afin de bien préparer leur projet d'ouverture, ils s'interrogent sur les différents acteurs concernés et sur les relations qu'ils devront établir.

▸ Contexte ▸ Annexe 1 ▸ Annexe 2 ▸ Fiche ressource 1

1.1 Pour chaque acteur en relation avec Victor et Ahmed dans le cadre de leur projet, indiquer de quel agent économique il s'agit et préciser son rôle.

1.2 Identifier ce que ces agents économiques vont échanger avec le salon de Victor et Ahmed.

1.3 Préciser la nature de ces différentes relations.

1.4 Évaluer les premiers frais que Victor et Ahmed devront verser à Barber Men. Préciser comment leur banque pourra les aider dans leur projet.

Mission 2. Le fonctionnement du marché des barbiers

Victor et Ahmed sont conscients de la croissance du marché des barbiers en France, sur lequel ils sont nombreux. Ils savent d'ailleurs que dans leur quartier, trois barbiers sont déjà installés, dont une chaîne nationale et deux indépendants. Par ailleurs, porter la barbe est à la mode.

▸ Contexte ▸ Annexe 3 ▸ Fiche ressource 2

2.1 Identifier les offreurs et les demandeurs sur ce marché.

2.2 Le forfait Barber Men « Taille de barbe » est facturé 18 € (taille, huile, serviette chaude, sérum et finitions). Expliquer comment ce prix est établi.

2.3 Préciser les conséquences possibles sur le prix de cette prestation si le nombre de salons de barbiers dans le quartier venait à augmenter.

2.4 Expliquer dans quelle mesure faire partie d'une chaîne nationale (franchise) peut permettre à Victor et Ahmed d'entrer plus facilement sur ce marché.

Mission 3. Les dysfonctionnements du marché des barbiers et les externalités liées à leur activité

Victor et Ahmed ont repéré un local d'une ancienne librairie dans un centre commercial en région parisienne et, après accord avec le franchiseur, ils ouvrent leur barber shop en embauchant un salarié.

▶ Contexte ▶ Annexe 4 ▶ Annexe 5 ▶ Annexe 6 ▶ Fiche ressource 3

3.1 Présenter les obstacles (barrières à l'entrée) que Victor et Ahmed pourraient rencontrer pour s'installer dans la profession et dans le quartier.

3.2 Expliquer pourquoi il peut y avoir une asymétrie d'information entre un barbier et les clients.

3.3 Repérer les externalités positives que pourrait engendrer l'installation du barber shop dans ce quartier.

3.4 Envisager les externalités négatives qui pourraient également en résulter.

Dossier documentaire

Annexe 1 ▶ Les relations du salon Barber Men avec les autres acteurs sur son marché

Quels échanges avec quels acteurs ?

- Déclaration d'activité
- Vente de matériel
- Frais bancaires
- Prestation de rasage
- Contrat de franchise
- Paiement de la prestation
- Financement
- Paiement du salaire
- Attribution d'un numéro de SIRET
- Paiement du matériel
- Veille concurrentielle
- Force de travail

Annexe 2 ▸ Les relations entre le franchiseur et le franchisé chez Barber Men

L'accompagnement du franchiseur Barber Men [maison mère]

Les **franchisés Barber Men bénéficient d'un accompagnement personnalisé** qui commence par une formation initiale de dix jours et d'une assistance de quatre jours. Ils bénéficient également d'une communication nationale, d'une centrale d'achats pour les produits et le matériel, de visites et animations régulières, de redevances progressives sur trois ans ainsi que d'une formation continue. [...]

Performances et investissements [...]

Droit d'entrée [dû au franchiseur] : **20 000 €**
Redevance d'exploitation [due au franchiseur] : [...] **175 € HT/mois/fauteuil**
Redevance publicitaire [due au franchiseur] : [...] **1 % du CA HT [...]**
Investissement global : **1 000 €/m² + 5 000 € HT de stock produits [...]**
Apport personnel minimum : **50 000 €** [...]
[Chiffre d'affaires réalisable après deux ans] : 400 000 €

Source : « Franchise Barber Men », https://ac-franchise.com.

Annexe 3 ▸ Le marché des salons de barbier en France en 2024

Le marché des salons de barbier en France connaît une croissance soutenue, témoignant de l'intérêt grandissant pour les soins de la barbe et de la coiffure masculine. [...]

Le secteur des salons de barbier génère un chiffre d'affaires annuel significatif, avec un nombre croissant d'établissements répartis sur tout le territoire. Ces salons varient des chaînes nationales aux boutiques indépendantes, offrant une gamme de services allant de la coupe de cheveux traditionnelle au rasage à l'ancienne. [...]
Concernant les acteurs dominants du marché, on trouve à la fois des chaînes spécialisées et des salons indépendants. Les chaînes peuvent bénéficier d'une reconnaissance de marque et d'une présence nationale, tandis que les barbiers indépendants se distinguent par leur approche personnalisée et leur savoir-faire unique.
Les parts de marché de ces différents acteurs sont variables et dépendent de nombreux facteurs, tels que l'emplacement, la qualité du service et la fidélité de la clientèle.

Source : « Barbier business plan », https://modelesdebusinessplan.com.

Annexe 4 ▸ Ouvrir un barber shop en 2024, les règles à connaître

Les règlementations relatives au métier :

- Détenir l'un des diplômes suivants : un brevet professionnel de coiffure, un brevet de maîtrise de coiffure, un diplôme ou un titre homologué par le Répertoire national des certifications professionnelles.
- Être inscrit au registre des métiers (pour cela, il faut réaliser une déclaration d'activité auprès de la Chambre des métiers et de l'artisanat, administration publique qui établit alors un numéro de SIRET à l'entreprise, indispensable pour exercer).
- Se soumettre aux normes de sécurité et d'accessibilité (sécurité incendie, extincteurs, boîte à pharmacie, accessibilité aux personnes handicapées).
- Se soumettre aux normes d'hygiène (nettoyage des locaux et matériels utilisés afin d'éviter toute transmission de maladies).
- Afficher les prix des prestations.

Source : d'après « Ouvrir un barber shop en 2024 : les règles à savoir », www.lestricolores.fr, 4 janvier 2024.

Annexe 5 ▸ L'information n'est pas connue de tous sur un marché

George Akerlof est un économiste américain d'inspiration keynésienne, né en 1940. Ses travaux sur l'analyse des imperfections de marché [...] montrent que le modèle de concurrence pure et parfaite (modèle standard de la théorie économique), qui suppose notamment que l'information des agents est elle-même parfaite, est une approximation très éloignée de la réalité. [...]

L'asymétrie d'information est chose courante sur les marchés. Elle implique qu'un des participants à l'échange dispose d'une information « privée », qu'il cache à l'autre partie. À titre d'exemple, on peut penser [...] au titulaire d'une police d'assurance qui connaît mieux que son assureur ses risques potentiels... Akerlof, quant à lui, privilégie l'exemple du marché des voitures d'occasion [...], marché sur lequel le vendeur connaît mieux que l'acheteur la qualité de sa voiture. [...] [La décision de l'acheteur est donc insuffisamment éclairée.] L'asymétrie d'information conduit ainsi à un équilibre inefficace.

Source : « Georges Akerlof », www.economie.gouv.fr.

Annexe 6 ▸ Étude : Les commerçants enfin reconnus comme « essentiels » à la vie sociale

Outre son apport pour l'emploi et l'économie locale, le commerce de proximité génère également des externalités positives sur le plan social et environnemental. [...]

Lien social

Première externalité positive recensée, le lien social apporté par les commerçants de proximité, [...] pour exemple le témoignage d'un restaurateur installé à Rouen : « *Le commerce, ce n'est pas uniquement la vente ou le service, il y a beaucoup plus que ça, dans le sens où les habitués, au bout d'un moment, ils deviennent des amis. Et donc on parle de tout et de rien avec notre clientèle habituelle* [...] ». [...]

L'environnement

Créateurs de lien social, les commerçants de proximité sont aussi engagés sur le plan environnemental. [...] Et de citer pour exemple une coiffeuse de la commune du Trait, qui met en place des actions de recyclage des cheveux coupés dans son salon : « *On donne tous les cheveux, il y a une association qui passe et qui récolte ça tous les mois* [...] *Le cheveu gonfle avec l'eau. Donc, on s'en sert souvent pour les marées noires, pour faire des isolants* ». [...]

L'espace public [...] [,] la santé et la sécurité

Outre la préservation et l'entretien de l'espace public [devant le seuil de leur boutique], les commerçants assurent aussi au quotidien des actions pour préserver la santé et la sécurité des citoyens. [...] À Nîmes par exemple, plusieurs commerces participent aujourd'hui à l'initiative britannique « Angela », qui consiste à proposer aux personnes qui se sentent dans une situation d'insécurité de se réfugier dans un endroit sûr. En l'occurrence ici les commerces de la ville. [...]

Vie de quartier

Dernière externalité positive [...], l'importance du commerce dans la construction et le renforcement d'une communauté locale (riverains et autres commerçants) et dans l'attractivité du quartier. [...]

Source : Laurent Maurel, « Étude : Les commerçants enfin reconnus comme "essentiels" à la vie sociale ! », https://lechommerces.fr, 3 juin 2024.

Les agents économiques en relation avec l'entreprise

Dans le cadre de son activité, une entreprise est amenée à nouer des relations d'échange avec de nombreux autres acteurs. Les économistes classent ces acteurs en quatre catégories d'agents.

I. Les agents économiques et leurs rôles

Ces agents échangent des biens, des services ou des capitaux et ont chacun un rôle dans l'économie.

Agents économiques	Rôles
• Les entreprises	Produisent des biens et des services
• Les ménages	Consomment des biens et des services
• Les banques	Gèrent les comptes, collectent l'épargne, accordent des crédits
• L'État (administrations publiques)	Produit des services non marchands

Le rôle des banques est particulièrement important : elles sont un intermédiaire entre les offreurs et les demandeurs de capitaux. Elles permettent notamment aux agents de financer leur production ou leurs projets en octroyant des prêts bancaires.

II. Les relations d'échange entre les agents économiques

Les relations entre les agents se concrétisent par des relations d'échange (aussi appelées flux), qui peuvent être réelles (produits, services) ou monétaires.

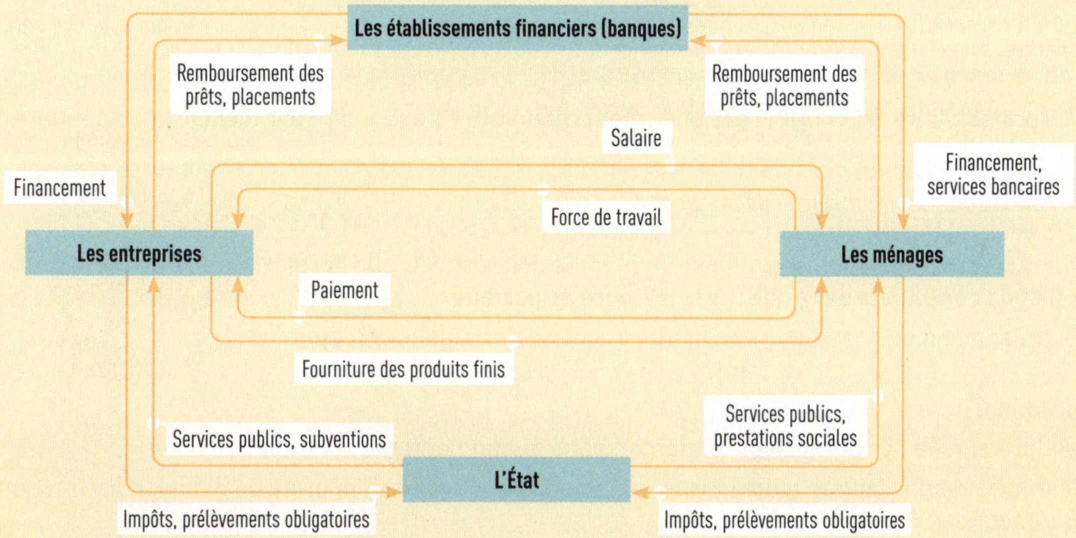

III. Les différents types de relations entre les entreprises et les autres agents

- **Les relations marchandes** impliquent la remise d'un produit contre paiement.
  Exemple : Achat de matières premières.
- **Les relations non marchandes** sont des échanges sans contrepartie monétaire.
  Exemple : Service municipal de propreté (ramassage des ordures).
- **Les relations de concurrence** sont celles qui existent entre entreprises proposant les mêmes produits ou services.
- **Les relations de coopération** peuvent être des partenariats multiples.
  Exemples : Achats groupés, recherche et développement communs, partenariats, contrats de sous-traitance, contrats de franchise.

Ces relations de coopération sont généralement mises en place pour limiter les effets de la concurrence entre entreprises.

Le fonctionnement des marchés sur lesquels l'entreprise intervient

Le système économique contemporain accorde une place centrale au marché pour organiser les échanges.

I. La régulation de l'économie par le marché

Marché : lieu de rencontre entre l'offre et la demande d'un bien ou d'un service, sur lequel sont fixées les conditions de l'échange (quantité et prix).

Il n'existe pas un seul marché, mais un marché spécifique pour chaque bien ou service, on parle donc d'économie de marchés (au pluriel).

Exemples : Le marché des smartphones, le marché des véhicules d'occasion, le marché de l'assurance, le marché du travail, le marché des changes, le marché du gaz.

Sur ces marchés interviennent donc **des offreurs** (exemple : les entreprises qui produisent les biens) et **des demandeurs** (exemple : les consommateurs qui achètent ces biens).
Le prix des produits échangés est influencé par l'évolution de l'offre et de la demande.
Ainsi, en général, **si un certain nombre de conditions** sont réunies :

- Lorsque **Offre > Demande** → Le prix des produits proposés sur le marché diminue.
- Lorsque **Offre < Demande** → Le prix augmente (du fait du phénomène de rareté).

→ **Jusqu'à obtenir un prix d'équilibre**

Exemple : Si des intempéries abîment les récoltes de blé, les agriculteurs peuvent avoir de plus faibles quantités à offrir à la vente aux demandeurs (comme les entreprises produisant des pâtes alimentaires), qui eux, doivent répondre à la demande constante des consommateurs finaux. Cette rareté provoquerait l'augmentation du prix du blé, reportée sur le coût de production des pâtes, et donc sur le prix pour les consommateurs finaux.

Ce prix d'équilibre est exprimé par une valeur monétaire, c'est-à-dire par une certaine quantité de **monnaie**.

II. Les conditions d'un fonctionnement optimal du marché

Pour que cette régulation se produise, le marché doit respecter un certain nombre de conditions (appelées **conditions de la concurrence pure et parfaite**) :

- la présence d'un grand nombre d'offreurs et de demandeurs (l'atomicité) ;
- l'échange de produits non différenciés et totalement substituables (l'homogénéité des produits) ;
- la libre entrée des agents sur le marché sans aucune entrave ;
- la mise à disposition de toutes les informations nécessaires à la prise de décision (la transparence) ;
- la libre circulation des facteurs de production (la mobilité du travail et du capital).

III. Le rôle spécifique des marchés financiers

Les marchés financiers assurent un **rôle de financement de l'économie**. S'y rencontrent les offreurs et les demandeurs de capitaux.
Les entreprises y ont recours lorsqu'elles ont besoin de fonds pour financer leurs activités.

Exemple : La Bourse est un marché financier sur lequel certaines entreprises peuvent vendre une fraction de leur capital (une action) à des particuliers ou à d'autres investisseurs qui deviennent alors propriétaires d'une partie de l'entreprise. Lorsque les entreprises vendent des actions, elles cherchent à augmenter leur capital afin de réunir des fonds qu'elles pourront ensuite utiliser pour financer l'activité de l'entreprise. La fixation du prix des actions est appelée cotation boursière.

Les dysfonctionnements du marché et les externalités

Le marché fonctionne correctement lorsque les conditions de la concurrence pure et parfaite sont réunies (fiche ressource 2). Mais dès lors qu'une de ces conditions n'est pas remplie, cela provoque des dysfonctionnements et le marché ne peut plus s'autoréguler.

I. Les dysfonctionnements du marché

- **Les barrières à l'entrée**

Certains marchés sont difficiles (voire impossibles) d'accès pour une entreprise qui souhaiterait s'y implanter. Ces obstacles peuvent être :

– **des barrières à l'entrée naturelles :** elles ne dépendent pas de la volonté des agents économiques. Elles peuvent être liées à la nature de l'activité, à des réglementations, à des coûts décourageants pour démarrer l'activité ;

Exemple : Pour ouvrir une pharmacie, il est nécessaire d'avoir un diplôme d'État de docteur en pharmacie et une licence délivrée par l'AMS.

– **des barrières à l'entrée artificielles :** elles sont créées par les concurrents (par des choix stratégiques) cherchant à dissuader les nouveaux arrivants.

Exemple : Les entreprises déjà présentes sont très grandes et peuvent profiter d'importantes économies d'échelle qui rendraient insupportables les coûts des nouveaux entrants…

Quelles que soient les barrières, leur présence a pour effet de protéger les entreprises déjà en place.

- **L'asymétrie d'information**

Dans le modèle d'un marché parfaitement concurrentiel, tous les agents sont parfaitement informés afin de faire leurs choix. Dans la réalité économique, ce n'est pas toujours le cas, on parle alors d'**asymétrie d'information**.
Cela peut concerner tous les types d'informations utiles aux agents économiques pour faire leur choix.

Exemples : L'incertitude quant à la qualité des produits, des prix pratiqués, des matières premières dans la fabrication d'un produit, des ingrédients…

Sur un marché, on constate généralement que lors d'un échange, l'un des deux acteurs **dispose d'une meilleure information**. Il en sait davantage sur les conditions de l'échange.

Exemple : Un producteur de légumes sait ce qu'il utilise comme substances chimiques pour améliorer sa récolte, mais il n'en parle pas au consommateur qui pourrait être inquiet pour sa santé.

II. Les externalités

Externalité : modification du niveau de satisfaction d'un ou plusieurs agents économiques du fait de l'activité d'un autre agent, sans qu'il y ait transaction sur un marché (c'est-à-dire sans contrepartie monétaire).

On distingue :

- **les externalités positives**, qui modifient de façon positive le niveau de satisfaction des agents gratuitement ;

  Exemple : L'implantation de Disneyland Paris a eu des répercussions positives sur l'activité économique de l'est parisien en proposant notamment des emplois.

- **les externalités négatives**, qui modifient de façon négative le niveau de satisfaction des agents.

  Exemple : L'installation d'une déchèterie dans une rue pavillonnaire peut engendrer des insatisfactions pour les habitants de cette rue (trafic de camions, odeurs désagréables…).

Comment s'établissent les relations entre l'entreprise et son environnement économique ?

L'entreprise entretient différents types de relations avec son environnement économique :

- Relations marchandes
- Relations non marchandes
- Relations de concurrence
- Relations de coopération

Dans le cadre d'**échanges** qu'elle effectue avec les autres acteurs du marché.

- Les échanges peuvent être réels (biens, services) ou monétaires.
- Les acteurs sont appelés **agents** en économie et ont chacun leur rôle.

Les échanges entre agents économiques se font sur des marchés :

- Le marché est un lieu physique ou virtuel où se rencontrent les offreurs et les demandeurs.
- Les échanges permettent de déterminer un prix, influencé par l'offre et la demande : le **prix d'équilibre**.

Certains éléments peuvent engendrer des dysfonctionnements sur les marchés :

- **Les barrières à l'entrée** → Elles ont pour effet de limiter les entrées et les sorties d'acteurs sur le marché.
- **L'asymétrie d'information** → Les acteurs ne disposent pas tous de toutes les informations utiles à leur prise de décision.

Certains effets engendrés sur l'environnement de l'entreprise par son activité ne sont pas pris en compte par les marchés :

- **Externalités positives** → Hausse du niveau de satisfaction des autres agents sans contrepartie monétaire.
  Exemples : attractivité du territoire, création d'emplois, amélioration du réseau de transport.
- **Externalités négatives** → Baisse du niveau de satisfaction des autres agents sans contrepartie monétaire.
  Exemples : pollution, bruits, odeurs désagréables.

1 Tester vos connaissances

Quiz
Se tester sur les savoirs associés de la question 1
liennathan.fr/mnzv82

→ Réaliser le quiz en ligne et noter votre score.

Remarque : vous pouvez recommencer autant de fois que vous le souhaitez jusqu'à atteindre le score que vous estimez satisfaisant en fonction de vos objectifs.

2 Présenter le fonctionnement du marché des sneakers *

Depuis quelques années, les producteurs de Sneakers tels Nike ou Adidas évoluent sur un marché qui ne fonctionne plus vraiment comme à son origine. Au départ prévues pour faire du sport, les sneakers sont aujourd'hui achetées pour être portées en ville ou pour être collectionnées.

→ 1. Identifier les acteurs du marché des sneakers.

→ 2. Repérer les différents lieux de rencontre entre l'offre et la demande de sneakers.

→ 3. Comparer la manière dont le prix des sneakers est fixé :
- sur le marché primaire, pour les productions en grande quantité ;
- sur le marché primaire, pour les productions en quantité limitée ;
- sur le marché secondaire.

Annexe ▸ Le business des sneakers

Le marché primaire : créer la rareté

En économie, le marché primaire désigne **les produits mis en vente pour la première fois**. Pour les sneakers, on y retrouve : les marques de sportwear comme Adidas, Converse ou Nike ; des magasins spécialisés distributeurs tels que Courir, Intersport ou Foot Locker ; les marques de luxe suivant la tendance, par exemple Dior, Gucci ou Louis Vuitton, et les acheteurs.

On différencie les sneakers relativement bon marché, produites en grande quantité, destinées au grand public, des éditions spéciales de marques à la mode ou provenant de collaborations avec des célébrités. Ces paires rares peuvent être vendues en ligne ou en boutique lors de « **raffles** » (**des tirages au sort**), [sur des sites] d'**enchères** ou par inscription sur **liste d'attente** (premier arrivé, premier servi). [...]

L'idée marketing est ici de proposer **des biens économiques rares**, c'est-à-dire des biens qui sont à la fois désirés par les agents économiques et produits en quantité limitée. [...]

Le marché secondaire : parier sur la rareté

Une fois les paires les plus prisées achetées, certaines continuent à être en vogue, d'autres voient l'engouement s'essouffler. Après ce tri, un tout petit nombre possède des biens que beaucoup convoitent. Cela conduit au « **sneakers reselling** » : **la revente de sneakers**. [...]

Acheteurs et vendeurs réalisent leurs estimations et leurs transactions virtuelles via des enseignes professionnelles spécialisées, des groupes publics ou [...] privés sur les réseaux sociaux. En physique, des reventes peuvent avoir lieu dans des magasins spécialisés ou lors de conventions.

Sur le marché secondaire, les [...] paires convoitées voient leur prix, **comme un cours de Bourse**, varier au gré des désirs des acheteurs, se calant entre l'offre et la demande, atteignant parfois des sommets...

Source : « Créer de la rareté, créer de la valeur : le business des sneakers », www.lafinancepourtous.com, 4 janvier 2024.

3 Comprendre la fixation du prix des sneakers **

Arthur a 17 ans, il a décidé de collectionner des sneakers et de gagner de l'argent en revendant des paires rares. Il a justement eu l'opportunité d'être tiré au sort pour acheter une paire rare et il souhaite la revendre. Un ami lui a parlé du site stockX (annexe 1). Il sait qu'il peut aussi tenter de négocier directement avec un acheteur (annexe 2).

→ 1. Présenter l'intérêt pour Arthur de passer par une plateforme de vente telle que StockX.

→ 2. Expliquer comment le prix des sneakers est formé sur StockX.

→ 3. Indiquer comment le prix des sneakers du jeune homme de la vidéo a été fixé.

→ 4. Préciser si l'on peut parler d'asymétrie d'information lors de cette transaction.

Annexe 1 « StockX. Vivez les tendances. »

[...] Sur StockX, l'une des plus importantes **plateformes de revente de sneakers**, les paires proposées sont affichées avec un baromètre des prix, leur volatilité, leur nombre de ventes, leur cote et leur prix de vente moyen.

Source : « Créer de la rareté, créer de la valeur : le business des sneakers », www.lafinancepourtous.com, 4 janvier 2024.

EXEMPLE DE COURS DE PRIX DE VENTE

AIR JORDAN 1 MID SE FEARLESS MAISON CHÂTEAU ROUGE, EN EUROS

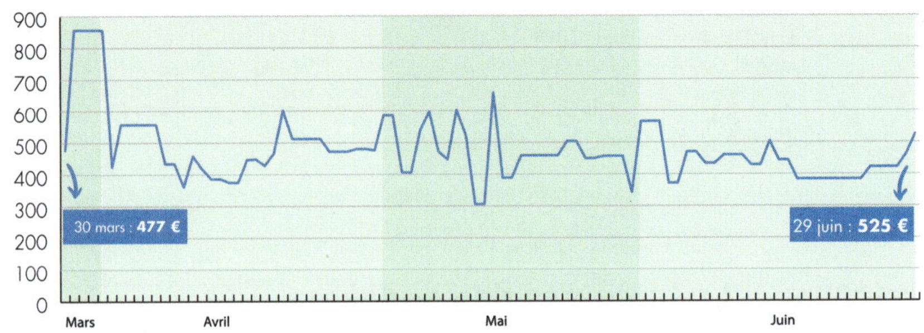

Moyenne de la série : **476 €**
Écart-type : **106 €**
Prix « retail » (prix de vente sur le marché initial) : **118 €**

Comment vendre des articles sur StockX ?

StockX est une plateforme où acheteurs et vendeurs peuvent faire des offres anonymes sur une grande variété de produits culturels tendance, comme les sneakers, le streetwear, les appareils électroniques et les objets de collection, en fonction de l'évaluation actuelle de l'article sur le site, mais aussi du montant auquel ils sont prêts à vendre l'article en question. Sur StockX, les transactions sont anonymes pour une expérience d'achat et de vente sans histoire. Les acheteurs voient le prix de vente le plus bas disponible, et les vendeurs voient l'offre d'achat la plus élevée disponible.

Comme acheteurs et vendeurs peuvent faire des offres respectives, une vente sur StockX ne se déclenche que lorsqu'un vendeur et un acheteur s'accordent sur un prix. Il faut pour cela que l'acheteur fasse une offre correspondant au montant de la demande du vendeur, ou vice versa. Les vendeurs disposent de deux moyens pour trouver un acheteur sur StockX : les fonctionnalités « Vendre maintenant » et « Fixer 1 prix ».

Source : « Comment vendre des articles sur StockX ? », https://stockx.com.

Annexe 2 Une expérience de revente de sneakers en boutique

Vidéo
Full Size Run (2'59)
liennathan.fr/zrkwqy

4 Repérer l'existence d'externalités *

Lydia, qui habite à Tours, est très engagée dans la lutte contre le gaspillage, qu'il s'agisse de produits alimentaires ou non alimentaires. Pour concrétiser son engagement, elle décide de lancer une application de type Too Good To Go à l'échelle de sa ville (Tours).

L'idée de cette application est de permettre aux commerçants de vendre aux consommateurs finaux, en ligne et à des prix très bas, les produits alimentaires ou non alimentaires qui n'ont pas trouvé acheteur dans leur boutique.

Lydia cherche ainsi à contribuer à une économie circulaire* et à sensibiliser le maximum d'interlocuteurs (consommateurs et entreprises) à l'importance de la lutte contre le gaspillage.

Elle sait que tout produit qui n'est pas vendu risque d'être détruit au lieu d'être consommé, entraînant ainsi un important gaspillage des ressources mobilisées pour sa production, son transport, voire sa mise au rebut.

Si, malgré les prix très bas, les produits ne sont pas vendus grâce à son application, Lydia va proposer aux commerçants de les récupérer et de les apporter à des associations caritatives chaque fois que possible. Elle a prévu d'embaucher un salarié pour l'aider.

L'application sera accessible aux commerçants intéressés moyennant une souscription annuelle et Lydia compte prélever une petite commission sur chaque produit vendu.

* Économie circulaire : économie qui limite la consommation et le gaspillage des ressources et la production de déchets.

→ **1. Identifier les acteurs en relation avec Lydia dans le cadre de son activité.**

→ **2. Indiquer la nature des différentes relations entre Lydia et ces acteurs.**

→ **3. Repérer les externalités qui pourraient être générées par l'activité de Lydia.**

5 Remplir une grille de mots croisés *

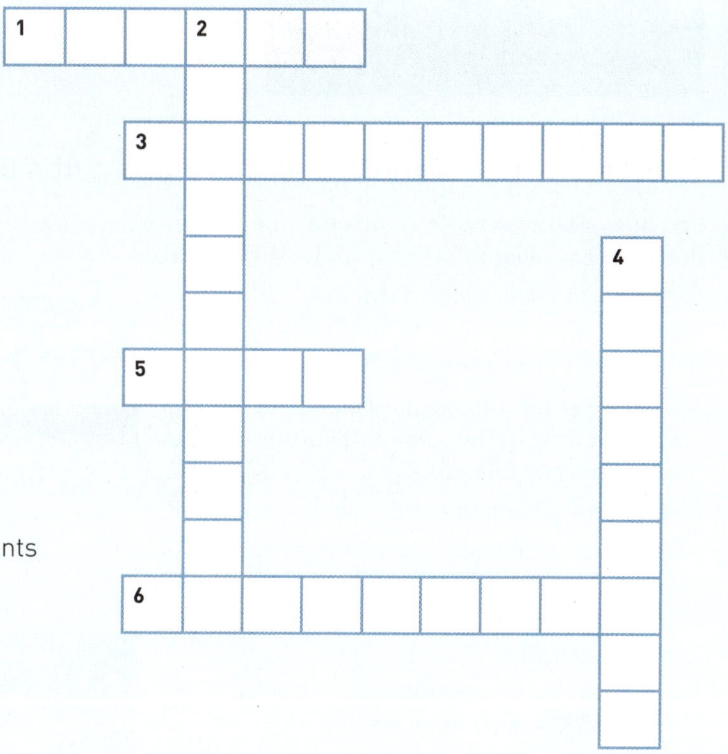

Horizontal

1 Lieu de rencontre des offres et des demandes

3 Agent économique dont le rôle principal est de produire

5 Rapport d'échange entre l'offre et la demande

6 Consommateur

Vertical

2 Rapport entre producteurs ou commerçants qui se disputent la clientèle

4 Ensemble qui présente visuellement un défaut d'harmonie ou une absence de régularité

6 Présenter le rôle et le fonctionnement d'un marché financier **

→ 1. Préciser pourquoi certains clubs de foot font le choix de s'introduire en Bourse.

→ 2. Expliquer pourquoi le cours de l'action de l'OL est passé de 24 € à 2,20 € sur la Bourse française.

→ 3. Expliquer pourquoi une victoire importante de l'OL pourrait faire grimper le cours de son action.

Annexe 1 ▸ Les clubs de foot cotés en Bourse, un phénomène européen

Le club anglais de Tottenham a été le tout premier à être introduit en Bourse, en 1983. Il s'est retiré depuis. Aujourd'hui, une vingtaine de clubs européens sont cotés, de Manchester United à la Juventus de Turin, en passant par l'Ajax d'Amsterdam, le Borussia Dortmund, l'AS Roma ou le FC Porto. La Bourse compte un seul club français : l'Olympique lyonnais. Une introduction en Bourse permet de monétiser la popularité d'un club. Cette solution de financement est donc le plus souvent utilisée par les équipes ayant une marque reconnaissable. […]

Source : « Investir en Bourse dans le football : un match nul ? », www.boursorama.com, 10 juin 2024.

Annexe 2 ▸ L'Olympique lyonnais va être coté à la Bourse de New York

Jean-Michel Aulas, quand il était le patron de l'Olympique lyonnais, a été le premier dirigeant d'un club de foot en France à coter son équipe. On était alors en 2007 et l'intro de l'OL Groupe s'était faite au prix de 24 euros l'action. Elle vaut actuellement… 2,20 euros.

L'Olympique lyonnais, désormais dans les mains de l'Américain John Textor, entend récidiver, mais en plus grand encore, en cotant l'entreprise […] à la célébrissime Bourse de New York. […] Reste à savoir si cette cotation va faire plouf comme celle de Jean-Michel Aulas ou si elle a quelques chances de réussite, enrichissant les supporters qui auront investi dans le club new-look. […] Un signal : parmi la vingtaine de clubs de football européens cotés en Bourse, seuls cinq clubs majeurs ont choisi de maintenir leur présence en Bourse […] [du fait de la grande] volatilité boursière des clubs de football […].

Source : Dominique Largeron, « L'Olympique lyonnais version Textor va être coté à la Bourse de New York. Une fausse bonne idée ? », www.lyon-entreprises.com, 4 mars 2024.

Annexe 3 ▸ La volatilité boursière des clubs de foot

Le cours des actions des clubs de foot est très volatil (c'est-à-dire qu'il subit fréquemment des hausses et des baisses avec parfois de grandes amplitudes).

Cette volatilité est notamment due :

- aux résultats des matchs (une victoire importante peut faire grimper le prix des actions) ;
- aux blessures de certains joueurs clés (qui peuvent affecter les résultats futurs, donc la valeur perçue du club) ;
- aux transferts de joueurs ;
- aux revenus liés au sponsoring et aux droits TV, qui peuvent augmenter la valeur du club ;
- à l'endettement du club (qui peut retenir les investisseurs) ;
- aux revenus provenant de la billetterie, du merchandising ou des compétitions.

Question 2

Compétences visées et points d'étude dans le chapitre :

- Qualifier une situation précontractuelle et repérer le processus de formation d'un contrat
  → Mission 1 | Fiche ressource 1 | Fiche ressource 2 | Activité 3 | Activité 4
- Analyser et évaluer les conditions de la validité, les clauses et les effets juridiques d'un contrat
  → Mission 2 | Mission 3 | Fiche ressource 2 | Fiche ressource 3 | Activité 2 | Activité 5

Comment les contrats sécurisent-ils les relations entre l'entreprise et ses partenaires ?

Contexte

Wesco, une PME française multicanale à portée internationale

Wesco est une entreprise spécialisée dans le matériel pédagogique pour les crèches et les écoles. Créée en 1970 à l'initiative d'une mère de famille sous le nom d'Ouest Collectivité, elle commence par vendre des matelas de sieste. Par la suite, l'entreprise connaît une belle croissance, notamment en se développant à l'international, sous le nom de Wesco.

Au fil des années, l'entreprise diversifie ses gammes de produits avec de nouveaux partenariats. Forte de son succès, elle a été obligée d'agrandir son entrepôt de stockage.

Elle collabore étroitement avec les professionnels de la petite enfance, ce qui lui permet de comprendre leurs besoins spécifiques. C'est ainsi qu'elle lance une gamme dédiée à la motricité, qui propulse la société : de grands blocs de mousse.

Ses clients : les structures de la petite enfance, les écoles maternelles et primaires.

Ses partenaires : ses fournisseurs en France, ses clients en France et à l'international, les différents prestataires (transporteurs, compagnie d'assurances...).

Ses produits : jouets, matériel et équipements de puériculture, mobilier, matériel pédagogique, papeterie et loisirs créatifs. De larges gammes qui font de Wesco un acteur clé de l'éducation.

Aujourd'hui, Wesco ne se limite pas à distribuer des marques soigneusement sélectionnées. L'entreprise conçoit et fabrique des produits en suivant des processus qualité rigoureux. La majorité de sa production est « *made in* France » et elle s'approvisionne en plastique biosourcé et en bois issu de forêts autogérées. Wesco s'est développée autour de valeurs de qualité, de respect des normes et de l'environnement.

Vidéo
Présentation de Wesco (2'14)
liennathan.fr/j9jixo

L'étude est composée de trois missions...

- **Mission 1 :** Les situations contractuelles et précontractuelles de Wesco
- **Mission 2 :** Évaluer la validité du contrat entre Wesco et la crèche
- **Mission 3 :** Analyser les effets juridiques et les clauses particulières du contrat

... et d'un dossier documentaire

- **Annexe 1 :** Quelques acteurs en relation avec Wesco
- **Annexe 2 :** Échanges avec le directeur de la crèche Les Lutins
- **Annexe 3 :** Gamme de coussins géants Wesco en forme d'animaux (extrait)
- **Annexe 4 :** Bon de commande de la crèche Les Lutins
- **Annexe 5 :** La notion d'erreur de consentement entre professionnels
- **Annexe 6 :** Le rôle des conditions générales de vente (CGV)
- **Annexe 7 :** Extraits des conditions générales de vente de Wesco

→ En prenant appui sur le contexte, le dossier documentaire et les fiches ressource, il vous est demandé de répondre aux questions relatives aux missions.

Étude du contexte

Mission 1. Les situations contractuelles et précontractuelles de Wesco

Wesco évolue sur son marché depuis plus de cinquante ans. Au fil de son développement et de la diversification de ses activités, elle a noué des relations avec de multiples acteurs.

▶ Contexte ▶ Annexe 1 ▶ Fiche ressource 1

1.1 Identifier les types de contrats que Wesco est susceptible de passer avec les différents acteurs présentés.

1.2 Expliquer l'intérêt pour Wesco de formaliser ces relations par des contrats.

1.3 Préciser les obligations respectives de Wesco et de ses clients.

Wesco réalise des échanges avec près de 500 000 clients dans plus de soixante pays différents. Ces clients peuvent être des directeurs de crèche, comme M. Martin.

▶ Annexe 2 ▶ Annexe 3 ▶ Annexe 4 ▶ Fiche ressource 2

1.4 Préciser si le directeur de crèche est contractuellement engagé lors de l'échange téléphonique avec le service client Wesco. Justifier.

Satisfait de la proposition du service client, M. Martin accepte le devis et envoie sa commande.

1.5 Identifier ce qui matérialise la conclusion du contrat.

1.6 Indiquer les parties engagées et l'objet de ce contrat.

Mission 2. Évaluer la validité du contrat entre Wesco et la crèche

Le service client Wesco a traité la commande de la crèche. Cinq jours plus tard, il est à nouveau contacté par le directeur. M. Martin est furieux : il manque un coussin dans la livraison et le coussin « bébé tortue de mer » lui paraît bien plus petit que celui commandé sur le site. Il estime que son consentement a été vicié car ce coussin n'est pas « géant ». Le service client présente ses excuses à M. Martin pour le coussin manquant et lui propose un geste commercial. Pour le coussin « bébé tortue », il renvoie M. Martin à la fiche produit, dans laquelle les dimensions sont indiquées.

▶ Annexe 3 ▶ Annexe 5 ▶ Fiche ressource 2

2.1 Préciser si le consentement de M. Martin a en effet été vicié. Justifier.

2.2 Vérifier si les deux autres conditions de validité d'un contrat sont réunies.

2.3 Conclure sur la possibilité de M. Martin de demander l'annulation de la vente.

Mission 3. Analyser les effets et les clauses particulières du contrat

Malgré les explications du service client, M. Martin ne décolère pas pour le petit coussin et trouve inacceptable qu'un des coussins géants n'ait pas été livré. Il décide de ne pas régler la facture.

Le service client lui indique qu'en passant commande, il a accepté les conditions générales de vente (CGV) de Wesco et les lui renvoie.

▶ Annexe 6 ▶ Annexe 7 ▶ Fiche ressource 3

3.1 Préciser dans quelles mesures les deux parties ne respectent pas leurs obligations.

3.2 Vérifier ce que les CGV prévoient en cas de non-paiement ou de retard de paiement.

3.3 Identifier et nommer les différentes clauses particulières présentes dans ces CGV.

3.4 Indiquer d'une part les clauses qui permettent de protéger les intérêts de Wesco et, d'autre part, celles qui protègent les intérêts de la crèche Les Lutins.

Dossier documentaire

Annexe 1 ▶ Quelques acteurs en relation avec Wesco

Ses clients	Wesco vend dans plusieurs pays une large gamme de produits destinés aux enfants de 0 à 12 ans. Ces ventes sont régies par des conditions générales de vente spécifiques.
Ses fournisseurs	Wesco établit des relations durables avec ses fournisseurs, favorisant ceux qui ont une démarche de développement durable ainsi que les acteurs locaux.
Ses salariés	L'entreprise compte 146 salariés.
Des clients professionnels	Wesco collabore avec divers professionnels (crèches, écoles, collectivités, associations sportives) en leur proposant des collections dédiées répondant à leurs besoins.
Un architecte et des entreprises du bâtiment	Wesco a lancé en 2023 la construction d'un nouvel entrepôt de 5 000 m² et 14 mètres de haut pour augmenter ses capacités de stockage. Les travaux ont été achevés en 2024 et l'entreprise peut ainsi traiter plus de commandes.

Annexe 2 ▶ Échanges avec le directeur de la crèche Les Lutins

M. Martin, directeur de la crèche Les Lutins à Villejuif, souhaite commander des équipements pour son établissement. Sur le site Internet de Wesco, il a fait une demande de devis pour des coussins géants en forme d'animaux. Le devis qui lui a été adressé contient 15 produits pour environ 2 000 €. Le service client Wesco a pris contact par téléphone avec M. Martin pour l'accompagner dans sa commande. Après quelques échanges avec le directeur sur son projet, le responsable commercial lui accorde une remise et l'invite à compléter le bon de commande.

Annexe 3 ▶ Gamme de coussins géants Wesco en forme d'animaux (extrait)

WESCO
COUSSIN GÉANT OLAF LA GIRAFE
Dès la naissance
l'unité
133,20 €

WESCO
COUSSIN GÉANT LULU LA TORTUE
Dès la naissance
l'unité
133,20 €

WESCO
COUSSIN GÉANT ZÉBULON LE PAPILLON
Dès la naissance
l'unité
133,20 €

WESCO
COUSSIN ANIMAL BÉBÉ TORTUE DE MER
Dès la naissance
l'unité
43,32 €

Site Internet
Fiche produit Lulu
liennathan.fr/hxtu5g

Site Internet
Fiche produit bébé tortue
liennathan.fr/k2qb64

Source : Catalogue Wesco, www.wesco.fr.

Annexe 4 Bon de commande de la crèche Les Lutins

wesco
Pour que les enfants éveillent le monde
T.V.A. : FR52 304 764 863 - S.A.S. au capital de 1 000 000 €

BON DE COMMANDE
A retourner directement par email à serviceclient@wesco.fr
ou à WESCO, route de Cholet CS80184 - 79141 Cerizay cedex

Merci de ne pas confirmer par fax, courrier, mail ou téléphone une commande passée : 2 transmissions = 2 livraisons = 2 factures

Adresse de FACTURATION

Date de commande : 27 / 02 / N
Votre N° commande interne :
N° client facturé (à retrouver sur votre dernière facture) : AA
Nom de l'établissement : Crèche Les Lutins
n° : 12 rue : rue des Fleurs
Code postal : 94800 Ville : Villejuif
Tél. :
Mail (pour recevoir vos confirmations de commande) :
Siret : Chorus (1) Papier
Code service :

Adresse de LIVRAISON si différente

N° client livré (à retrouver sur votre dernière facture) : AA
Nom de l'établissement :
n° : rue :
Code postal : Ville :
Tél. :
Mail :

Date de livraison souhaitée à partir : 04 / 03 / N
Instructions particulières : Livraison à l'étage Autres
Date de fermeture de votre établissement (pour la période estivale) : Du / / au / /

Dès 150 € d'achat, optez pour la livraison adaptée"
veuillez inscrire le nom des personnes ou lieux à livrer (en majuscule), afin qu'ils apparaissent sur les colis.
A | B | C | D | E
1 facture, 1 seule adresse de livraison, mais 1 répartition des produits par colis pour chaque destinataire
la quantité totale de chaque article commandé doit être répartie en fonction du nombre de personnes ou lieux souhaités

référence	code coloris	désignation	prix unitaire €ttc	+ éco-participation €ttc (2)	quantité totale	prix total €ttc (3)	A	B	C	D	E
	034	exemple: Ballon d'initiation à la gymnastique rythmique	7,30		10	73,00	2	2	2	4	0
59384	020	Coussin géant Lulu la tortue	133,20		14	1885,66					
59618	008	Coussin animal bébé tortue de mer	43,32		1	43,42					

Code coloris obligatoire. Sans précision de votre part, Wesco se réserve le droit de choisir à votre place.

TOTAL	
frais de préparation et d'envoi : (quel que soit le montant de la commande)	+ 5,90
TOTAL de ma commande	1 929,08

MODE DE RÉGLEMENT
Pas d'escompte pour règlement anticipé.
Cartes bancaires débitées et chèques encaissés à l'expédition des articles.
- [ ] **Chèque joint à la commande** Minimum 100€
- [x] **Virement bancaire**
- [ ] **Mandat administratif** Cachet Mairie obligatoire

DATE, NOM et SIGNATURE du responsable de la commande + cachet de l'établissement
le 27/02/N
M. Martin
[signature]

En soumettant ce bon de commande, vous acceptez le contenu et l'applicabilité de nos conditions générales de vente telles qu'exposées sur nos sites Internet et notre catalogue.

(1) **Chorus Portail Pro** est une solution permettant le dépôt et la transmission par les fournisseurs des factures à destination de l'Etat et des collectivités territoriales.
(2) **L'éco-contribution ou EC** indiquée sur les produits concernés est un montant à ajouter au prix de l'achat de mobilier, des équipements électriques ou électroniques neufs, servant à finaliser la collecte et le recyclage des produits usagers.
(3) Prix TTC sous réserve du taux de TVA en vigueur à la livraison. La base de facturation sera HT.

Besoin d'un nouveau bon de commande papier ?
vous pouvez le télécharger sur notre site www.wesco.fr/BDC

Annexe 5 ▸ La notion d'erreur du consentement entre professionnels

En mai 2019, la cour d'appel de Paris a rendu deux arrêts (décisions) notables sur ce sujet.

Première affaire

Un antiquaire spécialisé dans la joaillerie et l'argenterie anciennes avait acquis lors d'une vente aux enchères une paire de flambeaux en argent attribués à un maître orfèvre réputé. Après l'achat, des analyses ont révélé qu'il s'agissait de « faux modernes ». L'antiquaire a alors demandé l'annulation de la vente pour erreur sur la substance. Un premier tribunal avait rejeté sa demande au motif que, en tant que professionnel averti, son erreur était inexcusable. La cour d'appel n'a pas confirmé cette décision, estimant que l'erreur était excusable car elle avait été partagée par d'autres professionnels, y compris les experts de la vente, et que des analyses spécifiques avaient été nécessaires pour déceler la contrefaçon. La vente a donc été annulée.

Seconde affaire

Une galerie d'art a acheté lors d'une vente aux enchères une sculpture attribuée à l'artiste Ossip Zadkine. Après la vente, il a été découvert que l'œuvre n'était pas authentique. La galerie a alors sollicité l'annulation de la vente pour erreur.
La cour d'appel de Paris a jugé que l'erreur de la galerie était excusable, malgré sa qualité de professionnelle, car elle n'était pas tenue de réaliser avant la vente toutes les recherches d'authenticité, responsabilité incombant au commissaire-priseur et à son expert. La vente a donc été annulée.

Ces décisions illustrent que, même entre professionnels, une vente peut être annulée pour erreur sur les qualités essentielles de la chose si l'erreur est jugée excusable. Les tribunaux apprécient au cas par cas le caractère excusable de l'erreur, en tenant compte notamment des efforts réalisés par les parties et de la complexité de la détection de l'erreur.

Annexe 6 ▸ Le rôle des conditions générales de vente (CGV)

L'article L. 111-1 du Code de la consommation [...] [impose au] vendeur professionnel une obligation générale d'information précontractuelle du client consommateur. Dans la pratique commerciale, cette notion est couverte par les conditions générales de vente. Il s'agit de l'ensemble des clauses qui mentionnent les informations essentielles de nature à encadrer la relation contractuelle (identité du vendeur, description du produit ou de la prestation, prix, garanties et recours...).
Plus qu'une obligation légale, la mention des CGV présente un réel intérêt : leur acceptation [...] par l'acheteur les lui rend opposables et constitue ainsi une protection efficace au bénéfice du commerçant. [...] Les conditions générales de vente dans le commerce classique doivent en principe être signées par l'acheteur. [...]

Bon à savoir : la vente en ligne est valablement conclue à condition que les CGV fassent l'objet d'une acceptation expresse de la part du consommateur. En règle générale, cette procédure est mise en œuvre au moyen d'une case à cocher portant la mention « Je reconnais avoir lu et accepté les conditions générales de vente applicables », en bas de page des conditions générales de vente.

Source : Mehdi Ouchallal, « CGV : sont-elles obligatoires ? », www.legalplace.fr, 27 mai 2021.

Annexe 7 ▸ Extraits des conditions générales de vente de Wesco

Préambule

[...] Toute commande de produits implique l'acceptation sans réserve par le client et son adhésion pleine et entière aux présentes conditions générales. Wesco se réserve la possibilité d'adapter ou de modifier à tout moment les présentes conditions. En cas de modification, seront appliquées pour chaque commande les conditions générales de vente en vigueur au jour de cette commande. [...]

Article 6. Transfert de propriété et de risques

6.1 Transfert de propriété

Wesco conserve l'entière propriété des produits et/ou équipements et accessoires livrés jusqu'à l'encaissement effectif et intégral de leur prix ainsi que jusqu'à la parfaite exécution par le client de ses obligations à l'égard de Wesco.

À défaut de paiement total ou partiel, Wesco [...] pourra obtenir de plein droit et sur notification adressée au client par lettre recommandée avec accusé de réception la restitution des produits et/ou équipements concernés aux frais du client.

6.2 Transfert des risques [...]

6.2.2 VOUS ÊTES UN PROFESSIONNEL ET COMMANDEZ POUR LES BESOINS DE VOTRE ACTIVITÉ PROFESSIONNELLE

Les marchandises voyagent aux risques et périls du destinataire [...].

Le jour de la livraison, reprenez le bordereau d'expédition et vérifiez en présence du livreur le nombre de colis reçus et l'état de la marchandise. Si l'un de vos colis vous parvient abîmé, veuillez immédiatement contrôler l'état des produits et mettre la mention « marchandise abîmée » si tel est le cas. Vous pouvez également refuser la livraison pour ce motif. (**Attention, la mention « sous réserve de déballage » ou « colis abîmé » ne permet AUCUN recours auprès du transporteur**).

Sur le récépissé, indiquez votre nom en toutes lettres, datez, signez et, si vous en possédez un, apposez votre tampon.

En cas d'avarie constatée vous disposez d'un délai de 72 heures (article L. 133-3 du Code de commerce) pour effectuer une réclamation par lettre recommandée auprès du transporteur ; une copie pour information devra être adressée à notre service client. Aucune réclamation ne pourra être prise en compte (colis manquants ou avaries) en cas de non-respect de cette procédure. [...]

7.5 Exigibilité des factures et pénalités de retard

Les délais de règlement éventuellement consentis par Wesco doivent être scrupuleusement respectés, à défaut, le client s'expose à :

- ce que le non-paiement de tout ou partie de la facture à l'échéance entraîne de plein droit l'exigibilité intégrale et immédiate de toutes les sommes dues ;
- pour les professionnels [...], qu'il leur soit appliqué des intérêts de retard au taux d'intérêt appliqué par la BCE en vigueur à la date d'échéance de la facture majoré de 10 points, et qu'il leur soit facturé en sus, à titre de clause pénale, une pénalité forfaitaire égale à 20 % du (des) montant(s) impayé(s) et ce sans mise en demeure préalable et sans préjudice des intérêts et frais en cas d'action judiciaire.

Il est rappelé qu'en application des dispositions de l'article L. 441-6-al 12 du Code de commerce, tout professionnel en situation de retard de paiement sera de plein droit débiteur à l'égard de Wesco d'une indemnité forfaitaire pour frais de recouvrement de **40 euros**. Si les frais de recouvrement exposés s'avéraient supérieurs au montant de cette indemnité, Wesco pourra demander une indemnisation complémentaire sur justification.

Source : Conditions générales de vente, www.wesco.fr.

Les contrats : importance, principes juridiques et évolution

I. L'omniprésence des contrats

Un contrat est un engagement qui crée des obligations entre deux ou plusieurs personnes physiques (ex. : un particulier) ou morales (ex. : une entreprise).

Un contrat n'est pas forcément écrit. Dans la vie quotidienne, nous passons de nombreux contrats.

Exemples : Pour communiquer (contrat d'abonnement téléphonique), pour se déplacer en bus (contrat de transport de personnes), pour utiliser une carte bleue (contrat de gestion de compte bancaire)...
Tous nos achats sont encadrés par des conditions générales de vente (CGV) qui sont contractuelles.

L'entreprise, pour son activité et son développement, est aussi amenée à passer de nombreux contrats :
- **à sa création :** les statuts déposés sont un contrat entre les créateurs ;
- **pour se financer :** contrats de prêt ou de crédit-bail avec les établissements financiers ;
- **pour produire :** contrats d'achat (vente) de matières premières ou de prestations de services avec les fournisseurs, contrats de travail avec les salariés, contrats de sous-traitance avec d'autres entreprises qui vont réaliser une partie de son activité ;
- **pour vendre :** contrats de vente avec les clients, contrats de distribution (franchise, concession) avec des sociétés commerciales, contrats de transport avec des sociétés de livraison ;
- **pour développer sa notoriété et/ou ses ventes :** contrats avec des apporteurs d'affaires, contrats avec des influenceurs...

Ces contrats sont des outils juridiques permettant à l'entreprise de sécuriser son activité et ses relations avec ses différents partenaires.

II. Les principes fondamentaux du droit des contrats

Trois grands principes régissent le droit des contrats. Ce droit a pour source le Code civil.

La liberté contractuelle	C'est la liberté pour les parties de contracter ou non, de choisir leur(s) cocontractant(s) et de prévoir le contenu du contrat (autonomie de la volonté). Le consentement des parties suffit à la formation du contrat, l'écrit n'est pas obligatoire.
La bonne foi	Elle s'impose aux parties contractantes, qui doivent faire preuve de transparence et d'honnêteté. Le but est d'établir des relations loyales et équilibrées.
La force obligatoire des contrats	Toutes les obligations stipulées dans un contrat doivent être remplies (exécutées) conformément à ce qui était prévu, si nécessaire sous la contrainte de l'autorité publique (par décision de justice). Le contrat conclu a force de loi pour les cocontractants. Ne pas le respecter expose à des sanctions. *Exemple : Un contrat de vente oblige un vendeur à livrer une chose et un acheteur à la payer.*

Ces principes permettent d'assurer la loyauté et l'équilibre des échanges. Ils permettent aux entreprises de nouer des relations avec leurs partenaires sur des bases claires, sécurisantes et durables.

III. L'évolution des contrats et du droit des contrats

Face aux changements économiques, sociaux, technologiques et juridiques, les contrats aussi évoluent. Les contenus et les formes s'adaptent pour mieux protéger les cocontractants. Ils intègrent notamment :
- **les nouvelles pratiques commerciales :** contrats électroniques ;
- **les normes internationales** avec l'expansion du commerce international ;
- **les progrès technologiques :** intelligence artificielle ;
- **la prévention des abus liés à la société contemporaine :** protection des plus vulnérables, des consommateurs ;
- **les changements sociaux :** nouveaux modes de travail (télétravail).

De plus, les différentes décisions rendues par les tribunaux et les cours de justice pour trancher des situations juridiques particulières en matière de contrats font évoluer le droit. On parle d'évolution jurisprudentielle du droit des contrats.

Le contrat : formation et conditions de validité

I. La formation du contrat

Un contrat est considéré comme formé (conclu) dès qu'il y a **rencontre entre une offre et une acceptation** de cette offre, dès que les parties manifestent leur volonté de s'engager. Cela implique :

- **le consentement des parties** : les parties doivent être d'accord ;
- **l'absence de forme impérative** : une poignée de main ou une entente verbale suffisent. Toutefois, dans le cadre des contrats que passe une entreprise, le consentement écrit est plus que recommandé.

II. La période précontractuelle ou les pourparlers

Pour certains contrats importants (transactions immobilières, transactions entre entreprises), avant de s'entendre, les parties passent par une période précontractuelle : **les pourparlers,** durant lesquels peuvent notamment être établis des devis.

Les négociations précontractuelles ont pour but de caler les conditions d'engagement et de construire la future relation contractuelle. Durant cette période, les parties, qui tentent de rapprocher leurs points de vue, de concilier leurs intérêts, ont une **obligation d'information** réciproque.

Il pourra en résulter un avant-contrat (promesse ou compromis de vente, lettre d'intention) ou un contrat. Les négociations précontractuelles peuvent en principe être rompues librement (sous réserve de **bonne foi**). Cette période permet de garantir la liberté contractuelle et de protéger les futurs cocontractants.

III. Les conditions de validité du contrat

Pour qu'un contrat soit valable, il doit respecter trois conditions essentielles.

- **Un consentement exempt de vice**

Le consentement doit être libre et éclairé, c'est-à-dire qu'il ne doit pas être vicié. En effet, si l'une des parties n'a pas donné son consentement en pleine connaissance de cause ou si elle a subi une pression, son consentement est vicié. On liste trois vices du consentement :

L'erreur	Représentation fausse ou inexacte de la réalité pour l'une des parties.
Le dol	Tromperie ou manœuvre frauduleuse de l'une des parties pour décider l'autre à contracter.
La violence	Contrainte physique ou morale sur la volonté d'une personne pour l'obliger à donner son consentement.

- **La capacité des parties**

Toutes les parties doivent avoir la capacité juridique, c'est-à-dire être aptes à exercer leurs droits et leurs obligations. Les mineurs non émancipés et les majeurs incapables ne peuvent pas contracter.

Les entreprises (personnes morales) sont représentées par une personne physique dotée de la capacité juridique. Ce représentant légal, désigné par les statuts, est généralement le dirigeant.

- **Un contenu certain et licite**

L'objet (le bien ou la prestation) du contrat sur lequel les parties s'engagent doit être déterminé (c'est-à-dire clairement identifié) ou déterminable (le bien ou la prestation n'est pas entièrement défini au moment de la conclusion du contrat, mais il peut être précisé plus tard).

*Exemples : **Objet déterminé :** la vente d'un véhicule de marque X, modèle Y, immatriculé Z ; **objet déterminable :** 100 tonnes de blé récoltées dans le champ de l'agriculteur X lors de la prochaine saison.*

S'il s'agit d'une obligation de faire ou ne pas faire, la prestation doit être possible, déterminée et licite. Le but (raison, motif) qui conduit chaque partie à contracter doit également être licite : conforme aux lois et au respect de l'ordre public.

IV. La nullité du contrat

Un contrat dont l'une des trois conditions de validité n'est pas respectée est susceptible d'être **annulé** par une action en justice. Le délai est de cinq ans. Si la **nullité** est reconnue, le contrat est considéré comme n'ayant jamais existé (anéantissement rétroactif du contrat). Chacune des parties doit restituer ce qu'elle a reçu (remise en l'état des parties).

Le contenu du contrat

Le contenu du contrat est librement déterminé par les parties (on parle d'autonomie de la volonté), sous réserve de respecter la condition de contenu licite et certain (fiche ressource 2).

I. Les principaux éléments figurant au contrat

Il est **composé d'un titre** (qui indique sa nature), **d'un préambule** (qui précise le contexte ou les objectifs), il identifie les **parties contractantes** (impliquées), il **formule l'objet** (la raison du contrat), les obligations des parties, la durée, les conditions financières, les garanties et d'autres **clauses** nécessaires à son exécution.
Le contrat a **force obligatoire**, ce qui signifie qu'une fois signé, il crée des effets de droit (droits et obligations) auxquels les cocontractants devront se soumettre.
Lorsque le contrat porte sur la vente d'un produit ou d'une prestation de services, on y adjoint la plupart du temps des conditions générales de vente (CGV).

II. Les clauses particulières du contrat

Différentes clauses qualifiées de « particulières » peuvent être prévues dans les contrats. Ces dispositions spécifiques viennent alors compléter ou adapter les obligations réciproques en fonction des besoins des parties et de la situation. Une ou plusieurs de ces clauses peuvent faire l'objet de négociations lors de la période précontractuelle et être rédigées sur mesure pour un besoin particulier.

Clause	Description et exemple	Intérêt
Clause pénale	Par laquelle une partie à un contrat s'engage à payer à son cocontractant une somme prévue de manière forfaitaire en cas d'inexécution de ses obligations. *Exemple : En cas de retard dans l'exécution des obligations, la partie défaillante s'engage à verser une pénalité de 100 € par jour de retard.*	Garantie d'une indemnisation en cas d'inexécution.
Clause de renégociation	Par laquelle les parties à un contrat s'engagent à rediscuter et éventuellement modifier certaines des conditions du contrat en cas de survenance d'un évènement imprévu. *Exemple : En cas de variation de plus de 20 % du prix des matières premières, il sera possible de réviser les prix.*	Révision possible : les cocontractants peuvent revoir leurs engagements si l'environnement évolue.
Clause résolutoire	Qui permet de sanctionner les manquements d'une partie à ses obligations contractuelles, en prévoyant que le contrat sera résilié aux torts de la partie fautive. *Exemple : En cas de non-paiement de la somme due dans un délai de 30 jours, le contrat sera automatiquement résilié.*	Simplification de la résiliation contractuelle.
Clause limitative de responsabilité	Qui limite ou exclut la responsabilité d'une partie au contrat en cas de dommage ou de manquement à ses obligations. *Exemple : La responsabilité de l'établissement Leblanc est limitée à 500 € en cas de non-exécution de ses obligations, sauf en cas de faute lourde.*	Limitation d'avance des risques contractuels.
Clause de réserve de propriété	Généralement insérée dans un contrat de vente, elle permet au vendeur de conserver la propriété du bien vendu jusqu'à son paiement intégral, même si le bien a été livré à l'acheteur. *Exemple : La propriété des biens livrés reste réservée au vendeur jusqu'au paiement complet du prix par l'acheteur.*	Assurance d'être réglé avant de se séparer du bien.

Comment les contrats sécurisent-ils les relations entre l'entreprise et ses partenaires ?

Les contrats sont des outils juridiques qui contribuent à sécuriser les relations :

- Accords formels
- Entre l'entreprise et ses partenaires
- Qui établissent des droits et des obligations mutuels

Trois principes fondamentaux dans un contrat

- **La liberté contractuelle** Aucune obligation de passer le contrat, cocontractant et contenu librement choisis.
- **La bonne foi** Les parties doivent être honnêtes et transparentes.
- **La force obligatoire** Ce qui est prévu au contrat doit obligatoirement se réaliser.

Un contrat est formé par la rencontre entre :

- Une offre
- Une acceptation de cette offre

Cette rencontre implique en droit

- **Le consentement** Tout le monde doit être d'accord
- **Aucune forme imposée** (sauf exceptions et écrit recommandé pour les entreprises)
- **L'autonomie de la volonté** Le contenu du contrat est librement déterminé

Pour qu'un contrat soit valide, il doit respecter trois conditions essentielles :

- Un consentement exempt de vice
- La capacité des parties
- Un contenu licite et certain
  - **Licite :** non contraire à la loi
  - **Certain :** objet identifié/identifiable

Si une seule de ces conditions n'est pas respectée, un juge peut annuler le contrat (prononcer la nullité). Le contrat est alors considéré comme n'ayant jamais existé et chaque partie doit restituer ce qu'elle a reçu.

Le contenu du contrat établit un cadre clair et formel des droits et obligations des parties :

- Précisions sur les termes de la collaboration : parties contractantes, délais, responsabilité, ressources à fournir, prix ou rémunération...
- Clauses particulières possibles pour compléter en fonction des besoins : clause pénale, clause de renégociation, clause limitative de responsabilité, clause de réserve de propriété.

Activités complémentaires

1 Tester vos connaissances

Quiz
Se tester sur les savoirs associés de la question 2
liennathan.fr/8s13w6

→ Réaliser le quiz en ligne et noter votre score.

Remarque : vous pouvez recommencer autant de fois que vous le souhaitez jusqu'à atteindre le score que vous estimez satisfaisant en fonction de vos objectifs.

2 Analyser les conditions de validité d'un contrat *

→ Pour chacune des situations contractuelles présentées :
- repérer si la condition du consentement exempt de vice est respectée ;
- repérer si la condition de capacité des parties est respectée ;
- repérer si la condition de contenu (objet) licite et certain est respectée ;
- conclure sur la validité du contrat.

Annexe ▸ Situations

Paul (17 ans) a hérité d'une Ferrari modèle 1990. Il la vend à Mme Leblanc qui lui verse la somme de 80 000 € lors de la remise du véhicule. Lorsqu'elle l'essaye sur un trajet long le week-end suivant, elle tombe en panne du fait d'une fuite quasi imperceptible dans le moteur.

Alfred (25 ans) est auto-entrepreneur, il propose des réparations et des prestations informatiques. Il s'engage à fournir à Mathieu un service de piratage informatique pour accéder au système d'information d'une entreprise concurrente et récupérer des informations confidentielles.

L'entreprise Matériauxbois, spécialisée dans la fabrication de matériaux écologiques, a signé avec l'entreprise Boisvert un contrat relatif à l'achat d'une grande quantité de bois certifié FSC. À la livraison, Matériauxbois découvre que le bois livré ne respecte pas la certification FSC.

L'entreprise Technokit, spécialisée dans la vente de matériel électronique, achète à la société Surdata, qui propose des services de cybersécurité, un logiciel permettant de surveiller l'activité en ligne de ses clients à leur insu, afin de mieux cibler ses offres commerciales.

3 Évaluer la validité d'une rupture de période précontractuelle ***

Linda est propriétaire d'un restaurant italien réputé pour ses plats à base de produits frais dans le 15e arrondissement de Paris. Son principal fournisseur de fruits et légumes, qui lui proposait des produits de très bonne qualité à prix compétitifs, va fermer d'ici deux mois. Pour anticiper, elle a identifié un autre fournisseur, Biofin, qui propose des fruits et légumes similaires mais à des tarifs supérieurs. Linda échange avec ce fournisseur depuis quinze jours pour mettre en place un cahier des charges afin de garantir la régularité des approvisionnements et la qualité des produits. Il y a deux jours, un de ses confrères lui a présenté un autre fournisseur qui remplit toutes les conditions qu'elle recherche. Elle décide donc de ne pas aller plus loin avec Biofin.

→ 1. En utilisant les termes juridiques appropriés, exprimer la situation dans laquelle se trouvent Biofin et Linda ainsi que la décision de Linda.

→ 2. Indiquer la règle de droit qui s'applique à cette situation juridique.

→ 3. Conclure sur la validité de la décision de Linda.

Annexe ▸ Article 1112 du Code civil

« L'initiative, le déroulement et la rupture des négociations précontractuelles sont libres. Ils doivent impérativement satisfaire aux exigences de la bonne foi.

En cas de faute commise dans les négociations, la réparation du préjudice qui en résulte ne peut avoir pour objet de compenser ni la perte des avantages attendus du contrat non conclu, ni la perte de chance d'obtenir ces avantages. »

4 Analyser les clauses et les effets juridiques d'un compromis de vente ***

Le 15 janvier N, la société Immo Pro (vendeur) et la société Bureau Express (acquéreur) signent un compromis de vente pour un local commercial situé dans le centre-ville de Beaune, au prix de 500 000 €.

Le 10 mars N, plusieurs complications apparaissent :
- Bureau Express n'obtient pas son prêt bancaire, malgré plusieurs démarches ;
- Immo Pro reçoit une offre d'un autre acquéreur à 550 000 € et souhaite annuler le compromis pour vendre à un meilleur prix ;
- Bureau Express découvre que le local est concerné par un projet municipal d'expropriation partielle, ce qui réduit son intérêt pour l'achat.

Les deux parties contestent la validité du compromis et cherchent à se dégager de leurs obligations.

→ 1. Indiquer si l'acquéreur peut se rétracter et récupérer son dépôt de garantie en invoquant la condition suspensive du prêt bancaire.

→ 2. Préciser si le vendeur peut annuler le compromis pour vendre à un autre acquéreur plus offrant.

→ 3. Évaluer si le défaut d'information sur le projet d'expropriation peut être invoqué par l'acquéreur pour annuler le compromis.

→ 4. Présenter les conséquences financières et juridiques pour chaque partie en cas de rupture du compromis.

4 Annexe 1 ▸ Compromis Immo Pro – Bureau Express (extraits)

• Garantie

Un dépôt de garantie de 10 % du montant de la valeur du bien sera versé par l'acquéreur à la signature du compromis de vente. Le vendeur sera en droit de conserver ce dépôt si le présent compromis venait à être rompu aux torts de l'acquéreur.

• Condition suspensive

La vente définitive ne pourra intervenir qu'à condition de l'obtention effective par l'acquéreur d'un prêt bancaire à hauteur de 400 000 €.

• Clause de rétractation

Tout acquéreur non professionnel bénéficie d'un délai de 10 jours au cours duquel il peut déclarer renoncer à son intention d'acheter.

• Vente définitive

La date limite de signature de l'acte authentique est fixée au 30 avril N.

• Clause pénale

Le non-respect de ses obligations par l'une des parties l'engage à verser à l'autre une indemnité forfaitaire de 50 000 €.

Annexe 2 ▸ Le compromis de vente d'un bien immobilier

Après la signature du compromis de vente, l'acheteur dispose d'un **délai de rétraction fixé par la loi à 10 jours calendaires** pour changer d'avis sur l'achat d'un bien immobilier. Ce délai de 10 jours débute **le jour de la signature du compromis de vente**.

Comment se rétracter ?

Après la signature du compromis de vente, l'acheteur a le droit de se rétracter en respectant le délai de rétractation légal. Pour cela, il doit envoyer un courrier recommandé avec un accusé de réception. Une fois que la demande de rétractation est effectuée, l'acheteur ne paie aucune pénalité pour sa rétraction.

Que se passe-t-il en cas de non-respect des délais ?

Lorsque le délai de rétractation n'est pas respecté, l'acheteur perd son droit de se retirer de l'achat du bien immobilier, et s'engage fermement dans son achat. Il est également tenu de poursuivre les démarches nécessaires pour l'achat du bien en question.

Source : NCT, « Compromis de vente local professionnel : les étapes », février 2024.

5 Enquêter sur les pratiques commerciales douteuses **

Avec la sensibilité croissante de la société civile aux dangers du réchauffement climatique, l'équipement en panneaux photovoltaïques a le vent en poupe. Ces panneaux permettent en effet de produire de l'énergie « verte » pour sa propre consommation et de réduire ainsi la facture d'électricité ou de gaz. Ce secteur d'activité attire du coup des entreprises peu scrupuleuses contre lesquelles un certain nombre de procès ont été intentés devant différents tribunaux.

Travail à réaliser par groupe de trois :

→ 1. Rédiger un prompt sur ChatGPT (ou un autre outil d'IA) pour obtenir une liste pertinente de dix affaires réelles jugées sur les dix derniers mois et portant sur des relations contractuelles entre des particuliers et des entreprises spécialisées en photovoltaïque.

→ 2. Classer et analyser ces résultats : pour les contrats ou précontrats le plus fréquemment cités, quel objet est énoncé ? Les décisions des juges s'appuient-elles plus sur des questions juridiques de validité du contrat ou de non-respect des obligations des parties ?

→ 3. Rédiger une liste de conseils sur les trois principaux risques à éviter pour toute personne qui souhaiterait faire installer des panneaux photovoltaïques sans être familière du droit des contrats.

6 Analyser les conditions de validité d'un contrat de franchise ***

La société Couleurs et Chocolats (franchisée) a conclu un contrat de franchise avec la société C... (franchiseur) pour l'exploitation d'une boutique spécialisée. Après des résultats financiers décevants, la société Couleurs et Chocolats a été placée en liquidation judiciaire. Le liquidateur ainsi que les associés de la société franchisée ont alors assigné le franchiseur en annulation du contrat de franchise pour vice du consentement, invoquant une erreur sur la rentabilité de l'activité. Selon leurs arguments, les chiffres prévisionnels annoncés par le franchiseur sur l'activité de la boutique en franchise étaient exagérément optimistes.

→ 1. Identifier les parties engagées dans le contrat.

→ 2. Préciser l'objet du contrat.

→ 3. Identifier les obligations de chaque partie.

→ 4. Présenter le motif invoqué pour demander l'annulation du contrat et l'appréciation des juges de la Cour de cassation sur ce motif.

→ 5. Rappeler les autres conditions qui doivent être réunies pour qu'un contrat soit valable.

Annexe 1 ▸ Le contrat de franchise

Le contrat de franchise scelle l'accord entre un franchisé et le franchiseur qui lui accorde le droit d'exploiter sa marque et son savoir-faire dans le but de commercialiser les produits et/ou services du réseau de franchise. [...]

Le contrat doit comporter les mentions suivantes : [...]

- Description détaillée du concept de la franchise : nature de l'activité, description du savoir-faire, caractéristiques des produits ou services offerts, **caractéristiques du marché**, clientèle cible, etc.
- Obligations du franchiseur : transmission d'un savoir-faire, formations initiale et continue, support opérationnel et marketing, etc.
- Obligations du franchisé : respect des normes et des procédures de la franchise, paiement du droit d'entrée et des redevances, participation aux formations, etc. [...]

Source : « Déroulement du contrat de franchise », entreprendre.service-public.fr

Annexe 2 ▸ Arrêt n° 18-21.536, Cour de cassation, chambre commerciale, 10 juin 2020

Dans [cet] arrêt [...], la chambre commerciale de la Haute Juridiction a admis qu'un contrat de franchise soit annulé en retenant une « erreur sur la rentabilité », en constatant que les résultats réels du franchisé présentaient un écart suffisamment important avec les éléments fournis par le franchiseur. Elle a notamment relevé, à cet égard, que les mauvais chiffres n'étaient pas dus au fait du franchisé lui-même. La cour d'appel est également approuvée en ce qu'elle a estimé que le local choisi était d'une trop grande superficie avec un loyer excessif. À noter toutefois que l'appréciation critiquable du franchiseur quant au choix du local n'induit pas en elle-même le vice du consentement.

Source : Gebauer Stein Avocats, « Le contentieux de l'annulation du contrat de franchise : l'erreur sur la rentabilité du concept de la franchise », 8 mars 2022.

Question 3

De quelle manière l'entreprise s'inscrit-elle dans son environnement ?

Compétences visées et points d'étude dans le chapitre :

- Identifier les finalités économique, sociale et sociétale de l'entreprise
  → Contexte | Mission 1 | Fiche ressource 1 | Activité 2
- Caractériser les différentes parties prenantes de l'entreprise
  → Contexte | Mission 2 | Fiche ressource 2 | Activité 2
- Distinguer une démarche entrepreneuriale d'une démarche managériale
  → Mission 2 | Fiche ressource 3 | Fiche ressource 4 | Activité 3 | Activité 4 | Activité 5
- Caractériser les étapes de création d'une entreprise
  → Mission 2 | Fiche ressource 3 | Activité 3
- Identifier les différentes composantes de la performance de l'entreprise
  → Mission 3 | Fiche ressource 5 | Activité 4 | Activité 6

Contexte

Nannybag

2016, Matthieu, co-fondateur & CEO [directeur général] de Nannybag, est à New York et doit quitter son Airbnb en fin de matinée, seulement, son vol de retour vers Paris est en début de soirée. Il a donc passé plusieurs heures à chercher un endroit où déposer ses valises et profiter pleinement de la dernière journée de son séjour (comme des milliers de personnes avant lui), pour finalement confier ses bagages à une boutique new-yorkaise, Nannybag était né !

Source : « Nannybag », www.jaimelesstartups.fr, 9 janvier 2020.

Lancé à Paris en 2017, le service rencontre vite le succès, tant du côté des voyageurs utilisateurs que des « nannies » partenaires (hôtels, boutiques, restaurants). Basé sur un site Internet et une application mobile accessibles 7 jours/7 et 24 heures/24, il permet la mise en relation sécurisée des demandeurs et des offreurs d'espace de stockage, en échange d'une commission de 50 %. Ce système de consigne collaborative coûte environ 6 € par jour et par bagage et est très concurrentiel.

Le réseau Nannybag compte aujourd'hui plus de 10 000 points de stockage dans 40 pays et près de 500 villes à travers le monde. La réservation en ligne est très facile pour les voyageurs ayant besoin de se libérer de leurs bagages. Leurs biens sont soigneusement étiquetés, scellés et également assurés en cas d'incident, jusqu'à 10 000 €. Les points partenaires ont quant à eux l'opportunité de faire découvrir leur établissement tout en monnayant leur espace disponible.

Site Internet
Nannybag
liennathan.fr/k1xx6k

L'étude est composée de trois missions…

- Mission 1 : Finalités et parties prenantes de Nannybag
- Mission 2 : Nannybag, entre logique entrepreneuriale et logique managériale
- Mission 3 : L'analyse de la performance globale de Nannybag

… et d'un dossier documentaire

- Annexe 1 : Nannybag, une start-up dans un environnement difficile
- Annexe 2 : Nannybag poursuit son déploiement, ses recrutements et ses partenariats
- Annexe 3 : Rencontre avec Matthieu Ballester de Nannybag
- Annexe 4 : De l'entrepreneur au manageur
- Annexe 5 : Quelques chiffres des performances de Nannybag
- Annexe 6 : Aperçu des avis clients
- Annexe 7 : Quelques avis salariés

→ En prenant appui sur le contexte, le dossier documentaire et les fiches ressource, il vous est demandé de répondre aux questions relatives aux missions.

Étude du contexte

Mission 1. Finalités et parties prenantes de Nannybag

Nannybag, en tant que plate-forme de mise en relation, a la particularité d'impliquer de nombreux acteurs pour proposer ses services.

▶ Contexte ▶ Annexe 1 ▶ Annexe 2 ▶ Fiche ressource 1 ▶ Fiche ressource 2

1.1 Préciser quelle est la finalité économique de Nannybag. Identifier son utilité sociale.

1.2 Lister les différentes parties prenantes de l'entreprise en indiquant pour chacune d'elles si elle est interne ou externe.

1.3 Identifier les interactions entre Nannybag et ses parties prenantes.

Mission 2. Nannybag, entre logique entrepreneuriale et logique managériale

Créée en 2016, l'entreprise a maintenant plusieurs années d'existence. Les créateurs, Matthieu Ballester et Samir Senouci, témoignent avec recul de leur parcours pas toujours évident.

▶ Annexe 2 ▶ Annexe 3 ▶ Annexe 4 ▶ Fiche ressource 3 ▶ Fiche ressource 4

2.1 Montrer la démarche entrepreneuriale qui a abouti à la création de Nannybag. Imaginer les risques pris par les fondateurs.

2.2 Présenter par ordre chronologique les étapes qui leur ont permis de démarrer leur activité.

2.3 Repérer les éléments montrant que Matthieu et Samir ont dû adopter une démarche managériale. Identifier les rôles managériaux qu'ils exercent.

Mission 3. L'analyse de la performance globale de Nannybag

La pandémie de Covid-19 a failli être fatale à l'entreprise, et les créateurs ont dû réagir pour sauver la situation. La performance de Nannybag s'en est ressentie.

▶ Annexe 5 ▶ Annexe 6 ▶ Annexe 7 ▶ Fiche ressource 5

3.1 Analyser le résultat d'exploitation de Nannybag en 2022 et expliquer ce qu'il indique sur la performance économique de l'entreprise.

3.2 Comparer le résultat d'exploitation et le chiffre d'affaires de Nannybag aux mesures médianes en France.

3.3 Préciser à quels types de performances les annexes 6 et 7 font référence.

3.4 Proposer une évaluation de la performance globale de Nannybag à partir des indicateurs présentés.

Dossier documentaire

Annexe 1 ▶ Nannybag, une start-up dans un environnement difficile

Le service en ligne de consignes à bagages dans des commerces et hôtels, financé [auparavant] par Fa Dièse, Expon Capital et des *business angels* mais durement touché par le Covid, cède 49 % à Pickup, filiale de GeoPost (La Poste). [...] Les deux dirigeants vendent une partie de leurs actions mais restent donc tout juste majoritaires. [...]

La pandémie avait contraint le service en ligne de consignes à bagages à réduire drastiquement la voilure, diminuant son effectif de 30 à 6 salariés et fermant ses bureaux à Montréal et Singapour ouverts trois et un mois plus tôt. Après un été 2021 encore inférieur de moitié à l'été 2019 en chiffre d'affaires, le retour à la situation pré-Covid n'eut lieu [...] [qu'en 2022].

Le réseau de Nannybag [...] bénéficie de partenariats, par exemple de mise en avant, avec la compagnie aérienne portugaise TAP, Carrefour et Airbnb. Le stockage génère 80 % des revenus de la start-up, qui facture 6 € par bagage et par jour, prélevant une commission de 50 %. Son principal concurrent, l'italien Radical Storage, est un euro moins cher mais ne propose pas de système de scellé contrairement au français.

Source : Baptiste Rubat du Mérac, « Nannybag réserve un espace à la filiale d'un groupe public », www.cfnews.net, 22 avril 2022.

Annexe 2 ▶ Nannybag poursuit son déploiement, ses recrutements et ses partenariats

La start-up, qui propose un réseau collaboratif de plus de 10 000 consignes à bagages partout dans le monde, connaît une forte croissance. Elle entame à présent un nouveau chapitre de son histoire avec l'ouverture de 20 nouveaux pays et le recrutement de 50 *business developers**. [Un job largement plébiscité par les étudiants en quête d'un complément de revenu et d'une expérience professionnelle enrichissante.] [...]

Matthieu Ballester et Samir Senouci, les deux fondateurs de la start-up, [ont souhaité] renforcer leur présence aux États-Unis, dans plusieurs pays asiatiques (notamment au Japon) ainsi qu'en Australie. En ciblant plus particulièrement les gares, les quartiers touristiques et les zones autour des monuments et musées.

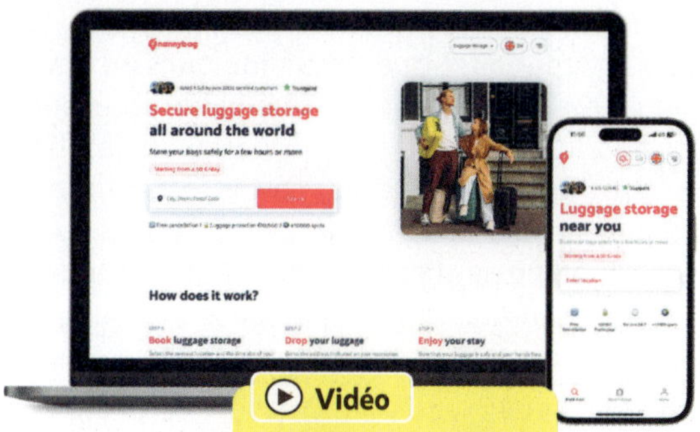

▶ Vidéo
SNCF Gares & Connexion s'associe à Nannybag (jusqu'à 4'30)
liennathan.fr/f67ith

Source : Jacques Taurence, « La start-up Nannybag se déploie dans 20 pays et recrute 50 *business developer* », www.entreprendre.fr, 3 mars 2023.

* *Business developer* (responsable développement) : il a pour rôle de développer l'activité de l'entreprise en cherchant de nouvelles opportunités.

Annexe 3 ▸ Rencontre avec Matthieu Ballester de Nannybag

Quel est le problème à résoudre qui a lancé Nannybag ?

[...] J'étais donc bloqué dans la ville [de New York] avec mes bagages, sans pouvoir faire grand-chose. C'est là que l'idée d'un service de consignes à bagages a germé dans mon esprit.

J'ai analysé le marché de la consigne à bagages aux États-Unis : elles ont été supprimées en gare. En France, sur les 3300 gares du pays, seulement huit disposaient de consignes. Il y avait donc tout à faire. C'est sur la base de ce constat que nous avons lancé Nannybag avec mon associé, Samir Senouci, l'actuel CTO [directeur technique]. [...]

Quels conseils donneriez-vous à ceux qui voudraient se lancer ?

Les personnes qui ont une idée ont souvent peur d'en parler au risque de se la faire voler. C'est à mon sens un mauvais raisonnement : ce qui compte dans une idée, c'est sa mise en œuvre. [...] Si vous parlez de votre concept et qu'il est bon, d'autres personnes en parleront à leur tour, ce qui donnera une indication de l'intérêt suscité par l'idée de base. Pour évaluer l'intérêt porté à l'idée par le public, j'ai simplement fait un sondage Google. Mon conseil à ceux qui veulent se lancer est de ne pas hésiter à parler de leur idée et de la tester [...].

Source : Balthazar Dadvisard, Alexandra Tondowski, « Rencontre avec Matthieu Ballester, co-fondateur et CEO de Nannybag », islean-consulting.fr, 20 février 2020.

Annexe 4 ▸ De l'entrepreneur au manageur

As-tu toujours voulu ouvrir une boîte ?

Je dois reconnaître que j'avais toujours eu envie de monter ma boîte, je ne saurais pas trop expliquer pourquoi. C'est peut-être lié au fait qu'à chaque fois que j'ai fait des stages, j'avais le sentiment de m'ennuyer ou d'avoir fait le tour. Ce qui est un peu faux, car on ne peut pas dire qu'on a fait le tour d'un poste en six mois, ce n'est pas possible, selon moi, il faut beaucoup plus de temps. [...]

Comment avez-vous pu financer le projet ?

On a levé 2 millions et à partir de là, on avait assez de fonds pour financer le projet, pour se développer. On a commencé à se développer dans pas mal de villes en Europe. Toutes les villes où on va en vacances et là, Covid ! Ce fut moins drôle, tous les commerces ont fermé, les voyageurs ne pouvaient plus partir. Pendant deux ans, nous n'avions plus de réservation, c'était assez compliqué, et finalement, on a tenu, on s'est restructurés. Et depuis début 2022, l'activité [...] [a repris] très fort, [...] ça se voit beaucoup sur le site, on a beaucoup de personnes qui veulent déposer des bagages. [...]

À quoi ressemble une de tes journées en tant que fondateur de Nannybag ?

[...] Au début, on est micro-entrepreneur et ensuite, on devient manager et ça n'a rien à voir. Il y a beaucoup d'entrepreneurs qui ne sont pas de bons managers, très souvent je pense même, et c'est pour cette raison qu'il faut apprendre à être manager, c'est de « l'humain », c'est assez compliqué.

Donc la vie d'un entrepreneur, elle est très variée parce que c'est aussi la vie d'un manager et il est possible de passer une heure à travailler sur le référencement [en ligne], l'heure d'après faire un point avec tes équipes, ensuite manger, aller au sport et ensuite reprendre, travailler sur la finance, regarder la trésorerie.

Source : Shana Marie-Joseph et Margaux Baudon, « Interview de Matthieu Ballester de Nannybag », blog.getbiz.fr, 28 juin 2022.

Annexe 5 ▶ Quelques chiffres des performances de Nannybag

Chiffre d'affaires (CA) : **749 600 €**		Résultat d'exploitation* (REX) : **– 409 600 €**	
CLASSEMENT SUR SON SECTEUR D'ACTIVITÉ		CLASSEMENT SUR SON SECTEUR D'ACTIVITÉ	
CA médian en France : **516 400 €**	CA médian en Île-de-France : **963 200 €**	REX médian en France : **7 500 €**	REX médian en Île-de-France : **13 600 €**
468e sur 1 045 sociétés de services d'information	**275e** sur 518 sociétés de services d'information	**944e** sur 1 045 sociétés de services d'information	**446e** sur 518 sociétés de services d'information
CLASSEMENT SUR TOUS LES SECTEURS D'ACTIVITÉS CONFONDUS		CLASSEMENT SUR TOUS LES SECTEURS D'ACTIVITÉS CONFONDUS	
CA médian en France : **236 500 €**	CA médian en Île-de-France : **254 700 €**	REX médian en France : **5 800 €**	REX médian en Île-de-France : **5 700 €**
133 217e sur un total de 381 373 sociétés	**37 636e** sur un total de 107 395 sociétés	**370 655e** sur un total de 381 373 sociétés	**102 477e** sur un total de 107 395 sociétés

Source : www.societe.com. Données pour l'année 2022 consultées en février 2025.

* Le résultat d'exploitation (REX) d'une entreprise, ou résultat opérationnel, est un indicateur qui mesure la capacité d'une entreprise à générer des ressources avec son activité principale, c'est-à-dire des gains (ou des pertes). Il correspond à la différence entre ses produits d'exploitation (son chiffre d'affaires) et ses charges d'exploitation.

Annexe 6 ▶ Aperçu des avis clients

Besoin d'un avis Nannybag ?

★ Trustpilot 4.5/5 (24599)

Retrouvez sur Trustpilot des milliers d'avis sur les consignes Nannybag

AB **Anne-Lise Bonnet** ★★★★★
À Paris

Établissement très bien placé par rapport à la gare. Très bien accueillis (aller et retour). Bon stockage des bagages (sécurisé). Je recommande

VT **Valérie Trocmé** ★★★★★
À Paris

1ère expérience réussie ! Un accueil des plus agréable et dépose/reprise très simple. Je continuerai avec cet hôtel et Nannybag sans aucune hésitation.

SD **Sophie Duval** ★★★★★
À Grenade

Vraiment très pratique, et situé à proximité de l'arrêt de bus pour l'aéroport (et la gare). De plus l'accueil est très agréable. Je recommande.

Lire plus d'avis

Sources : nannybag.fr et fr.trustpilot.com

De quelle manière l'entreprise s'inscrit-elle dans son environnement ?

Annexe 7 ▸ Quelques avis salariés

Glassdoor.fr et **Indeed.com** sont des sites Internet de recherche d'emploi où les employés actuels et anciens employés d'entreprises évaluent leur environnement de travail, de manière anonyme.

Glassdoor.fr

Avis sur NannyBag

5,0 ★★★★★

Soyez le premier à recommander cette entreprise
(2 avis au total)

Perspective commerciale positive 36 %

Les entreprises ne peuvent ni modifier ni supprimer les avis. (Vraiment !) Découvrez comment Glassdoor protège les utilisateurs et le contenu. ×

Évaluations par catégorie

5,0	Culture et valeurs
5,0	Diversité et inclusion
5,0	Dirigeants
4,7	Opportunités professionnelles
4,4	Équilibre vie pro/vie perso
4,0	Rémunération et avantages

Répartition des évaluations

5 étoiles	100 %
4 étoiles	0 %
3 étoiles	0 %
2 étoiles	0 %
1 étoile	0 %

Avis sur NannyBag

5,0 ★★★★★

Soyez le premier à recommander cette entreprise
(2 avis au total)

Perspective commerciale positive 36 %

Les entreprises ne peuvent ni modifier ni supprimer les avis. (Vraiment !) Découvrez comment Glassdoor protège les utilisateurs et le contenu. ×

16 mars 2021 •••

5,0 ★★★★★

Bon stage

International business developer

Stagiaire (ancien), moins d'un an · Paris

✓ Recommander · Approbation du PDG · — Perspective commerciale

Avantages
Autonomie, ecoute, bonne équipe, collaboration, bon stimuli

Inconvénients
Temps de travail
Process répétitifs
Manque de réussite dans la prospection

Utile · Partager

Source : « Avis sur Nannybag », www.glassdoor.fr.

Indeed.com

5,0 ★★★★★

Environnement de travail agréable et dynamisant

Business Developer (ancien employé) - Barcelona, Barcelona provincia - 9 octobre 2022

L'expérience à Nannybag en tant que Business Développer a Barcelone a été formatrice dans la prospection et la vente. Les objectifs sont atteignables et la confiance entre managers et employés est élevée. Le cadre de travail est aussi agréable, étant amenés à nous déplacer souvent. Je recommande cette entreprise.

Avez-vous trouvé cet avis utile ?

Oui · Non · Signaler · Partager

4,0 ★★★★☆

Environnement de travail agréable

Customer Success Manager (ancien employé) - Paris (75) - 21 avril 2020

L'environnement de travail a contribué à faire de mon séjour à Nannybag un moment très agréable. Il y avait un esprit d'équipe qui permettait de régler facilement les problèmes.

Avez-vous trouvé cet avis utile ?

Oui · Non · Signaler · Partager

Note globale

4,5 ★★★★☆

D'après 2 avis

5 ★	1
4 ★	1
3 ★	0
2 ★	0
1 ★	0

Notes par catégorie

3,5 ★	Équilibre vie professionnelle/personnelle
3,5 ★	Salaire/Avantages sociaux
4,0 ★	Sécurité de l'emploi/Évolution de carrière
4,0 ★	Direction
4,5 ★	Culture d'entreprise

Source : « Avis des employés pour Nannybag », fr.indeed.com.

Les finalités de l'entreprise

Toute entreprise est un collectif organisé pour poursuivre différents buts ou finalités. La finalité première d'une entreprise est de satisfaire les attentes de ses clients, c'est-à-dire d'individus présents dans son environnement, tout en assurant sa pérennité et son développement.

I. La notion de finalité

Peter Drucker définit la finalité d'une entreprise comme sa raison d'être. Elle est souvent qualitative, générale et inscrite dans une démarche de long terme.

Exemple : Le groupe agroalimentaire Danone, coté en Bourse, a pour raison d'être « apporter la santé par l'alimentation au plus grand nombre ».

Il ne faut pas confondre finalité et **objectif**.

Un objectif un moyen de concrétiser une finalité. Il est souvent mesurable et limité dans le temps.

Exemple : Danone a pour objectifs d'augmenter son chiffre d'affaires de 3 à 5 % d'ici trois ans, de proposer des produits qui améliorent la santé tout en préservant la planète, de construire le futur avec ses équipes, de promouvoir une croissance inclusive.

Une entreprise a plusieurs finalités.

II. Les différentes finalités de l'entreprise

- **La finalité économique (ou financière)**
  L'entreprise a pour finalité économique de produire des biens et des services destinés à répondre aux besoins d'une clientèle et à être vendus sur un marché pour créer une richesse supplémentaire.
  D'un point de vue financier, quelle que soit sa taille ou son activité, la finalité d'une entreprise, dans le système capitaliste, consiste à **générer des profits** (première condition de sa pérennité : sa capacité à durer dans le temps et à continuer son activité).
  Exemple : Fin 2024, le magazine 60 millions de consommateurs *a vu ses abonnés diminuer de presque 50 % en cinq ans et présente des comptes déficitaires depuis sept ans. Faute d'un repreneur ayant les moyens de combler le déficit et de réinvestir, il devra cesser son activité.*

- **La finalité sociale**
  L'entreprise va chercher à satisfaire des besoins sociaux : garantir des conditions de travail favorables, motiver ses équipes (apporter une reconnaissance sociale), être socialement utile pour ses clients.
  Exemple : Implanter une agence bancaire dans une zone peu peuplée.

- **La finalité sociétale**
  Elle correspond aux effets écologiques et sociaux que les activités de l'entreprise engendrent sur son environnement et sur la société. L'entreprise participe au bien collectif. L'impôt qu'elle paie contribue à financer le développement économique, la formation ou la recherche.
  Exemple : Commercialiser des produits dont les emballages sont 100 % recyclables permet de limiter la production de déchets.

La **Commission européenne** a publié en 2001 un livre vert sur la **RSE (responsabilité sociétale des entreprises)** qui encourage les entreprises à intégrer, volontairement, les questions sociales et écologiques à leurs activités et à leurs relations avec les autres agents économiques. Elle préconise notamment :
- la réduction de l'impact négatif des activités commerciales et industrielles sur la santé, la sécurité et l'environnement ;
- l'adoption d'une politique sociale visant à valoriser les employés ;
- l'engagement dans davantage d'actions citoyennes telles que la recherche dans différents domaines scientifiques et médicaux ou dans une politique de mécénat envers la jeunesse.

La responsabilité sociétale de l'entreprise est un concept inscrivant l'entreprise dans une démarche de **développement durable**.

Les parties prenantes et leurs caractéristiques

Le concept de partie prenante a été développé dans les années 1980 par un philosophe et universitaire américain, Edward Freeman. Pour ce dernier, tous les acteurs qui interagissent de près ou de loin avec une entreprise doivent être pris en compte pour garantir sa pérennité.

I. Les différents types de parties prenantes de l'entreprise

Les parties prenantes regroupent l'ensemble des acteurs qui ont un intérêt dans les activités de l'entreprise. Ces parties prenantes peuvent participer à sa vie économique.

Ces différents acteurs peuvent être caractérisés selon leur situation interne ou externe par rapport à l'entreprise, selon leurs attentes vis-à-vis de l'entreprise et selon la façon dont elles interagissent avec elle.

Les parties prenantes internes	Les parties prenantes externes
• Les **dirigeants** sont les cadres supérieurs qui **gèrent l'entreprise** au quotidien. Ils font partie des instances de décision (conseil d'administration, direction générale, etc.) et se situent au sommet de la **chaîne hiérarchique**.	• Les **clients** sont les **destinataires finaux des biens** ou services proposés par l'entreprise. En tant que consommateurs, la prise en compte de leurs attentes est essentielle et ils possèdent un **pouvoir important sur l'entreprise**.
• Les **collaborateurs ou salariés** sont les « parties constituantes » de l'entreprise. Ils contribuent aux activités de l'entreprise par leur travail. Ils peuvent faire grève et gêner son fonctionnement.	• Les **fournisseurs** sont des parties prenantes très impliquées dans l'entreprise. Ils lui apportent les ressources qui lui permettent de fonctionner (matières premières, équipement, énergie, etc.).
• Les **actionnaires ou associés** sont les **propriétaires de la société**, dont ils détiennent une fraction du capital. Ils sont associés à certaines décisions stratégiques et contrôlent les décisions des dirigeants, qu'ils désignent et peuvent renvoyer.	• Les **pouvoirs publics** et les **communautés locales** mettent en place des réglementations et sont également des acteurs économiques dans l'entreprise, par le biais d'appels d'offres, de l'actionnariat, d'achats ou d'aides.
• Les **syndicats** défendent les intérêts des salariés de l'entreprise et contribuent au dialogue social.	• Les associations regroupent des adhérents autour de causes communes et les défendent par leur action. Elles ont le pouvoir d'**influencer le cadre réglementaire** et les décisions internes à l'entreprise.

II. Les intérêts des parties prenantes

Chacune de ces parties a **des intérêts et des attentes spécifiques** :
– les actionnaires souhaitent des rendements financiers ;
– les employés recherchent de bonnes conditions de travail ;
– les clients attendent des produits de qualité ;
– les fournisseurs veulent de bonnes conditions commerciales ;
– les pouvoirs publics cherchent à préserver l'intérêt général.

Toute la difficulté pour l'entreprise qui cherche à satisfaire les attentes de ses parties prenantes est que **ces attentes peuvent être contradictoires**.
La **gouvernance** de l'entreprise désigne les différents mécanismes qui vont délimiter les pouvoirs et influencer les décisions des dirigeants. On dit aujourd'hui qu'une bonne gouvernance doit être partenariale, c'est-à-dire s'efforcer de tenir compte des intérêts de l'ensemble des parties prenantes.

III. La nature des interactions

Les parties prenantes ont différents types d'interactions avec une entreprise en :
- **contribuant directement à ses activités** (dirigeants, collaborateurs, fournisseurs, clients) ;
- **observant ou influençant son comportement** (syndicats, associations, ONG) ;
- **étant affecté, directement ou indirectement, positivement ou négativement, par ses activités** (riverains, collectivités territoriales, État, concurrents...).

La logique entrepreneuriale

Selon Joseph Schumpeter, l'entrepreneur n'est pas un simple créateur ou repreneur d'entreprise : il est le moteur de l'évolution économique. Il vient bouleverser l'activité économique en apportant l'innovation. Son dynamisme et sa volonté de créer sont au cœur de la croissance du système capitaliste.

I. La notion d'entreprenariat

Logique entrepreneuriale ou entreprenariat : recherche d'opportunités et capacité à prendre des risques qui permettent la création d'une entreprise ou le développement de nouvelles activités.

La logique entrepreneuriale représente un phénomène complexe, mobilisant un individu ou un petit groupe d'individus dotés d'un état d'esprit particulier et animé par un projet.
Ce projet (parfois collectif), dans un environnement spécifique, pousse l'entrepreneur à saisir des opportunités, à prendre des risques et à innover, dans le but de lancer ou relancer une activité génératrice de valeur économique et/ou sociale.

Exemple : La production de véhicules électriques.

II. Les six étapes de la création d'entreprise

1 Trouver l'idée	2 Transformer l'idée en projet	3 Valider le projet, évaluer les moyens	4 Trouver les moyens financiers	5 Choisir une forme juridique	6 Réaliser les démarches administratives
La bonne idée peut être nouvelle ou consister dans l'amélioration d'une idée déjà exploitée.	Réaliser une étude de marché pour confirmer l'intérêt de l'idée et partir sur un vrai projet.	Préparer un *business model* (décrire la façon de gagner de l'argent) et tester les idées.	Préparer un *business plan* (décrire la stratégie commerciale et financière) et mobiliser des fonds.	Conséquences : formalités de création, souplesse de gestion de l'entreprise, régimes fiscal et social, etc.	Formalités variables selon la forme choisie. Il faut domicilier l'entreprise, rédiger ses statuts, la déclarer et l'immatriculer.

Puis, une fois l'entreprise lancée, il s'agira pour l'entrepreneur d'évaluer ses résultats en les comparant aux objectifs qu'il s'était fixé.

III. Les risques liés à la logique entrepreneuriale

Les entrepreneurs sont confrontés à de nombreux risques, tels que la faillite, les risques financiers, les risques concurrentiels, les risques environnementaux, les risques de réputation, les risques politiques et économiques.

Exemple : Selon une étude de l'INSEE, 25 % des nouvelles entreprises ne passent pas le cap des deux années d'activité, et 50 % échouent avant de fêter leurs cinq ans.

Les entrepreneurs doivent donc planifier judicieusement leur budget et montrer aux investisseurs qu'ils prennent en compte les risques en créant un *business plan* (plan d'affaires) réaliste.

Exemple : Au début des années 2000, une entreprise très prometteuse s'est lancée sur un créneau en plein développement : le paiement par empreinte digitale (PayByTouch). Après avoir réussi une importante levée de fonds (340 millions de dollars) et malgré les perspectives du marché, elle a dû mettre la clé sous la porte du fait de sa mauvaise gestion par son fondateur.

La logique managériale

La logique managériale se distingue de la logique entrepreneuriale car c'est une logique de gestion des ressources existantes et non une logique d'accroissement des ressources de l'entreprise.

I. Le manager et son rôle

Le management est un processus qui consiste à fixer des objectifs et à coordonner les efforts des membres d'un groupe pour pouvoir les atteindre.

Exemple : Recruter, promouvoir, mais également sanctionner et rompre un contrat de travail sont autant d'actes de management.

Le manager est une personne qui exerce une fonction relevant du management. Il a pour mission principale l'optimisation des ressources qui lui ont été confiées afin de développer l'entreprise.

Exemples : Grands dirigeants, gérant, directeur, chef de service, chef d'équipe.

Diriger une entreprise, un service, une équipe nécessite l'accomplissement d'un certain nombre d'activités regroupées sous l'expression « **processus de management** ».

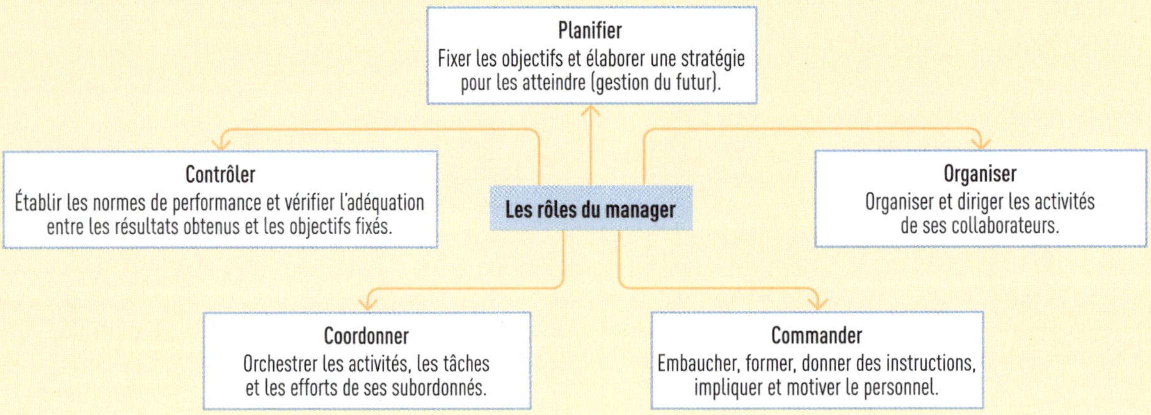

II. Les compétences managériales

Pour remplir efficacement son rôle, le manager doit développer certaines compétences :
- **l'orientation** : il doit être capable d'identifier les priorités sans se laisser distraire par les détails, tout en gardant à l'esprit les objectifs visés ;
- **la conduite de l'action** : il doit maîtriser l'organisation, la délégation des responsabilités, ainsi que la coordination et le suivi des tâches au sein de l'équipe :
- **la gestion d'équipe** : il doit savoir sélectionner, motiver et encadrer ses collaborateurs.

Le manager agit de manière raisonnée, applique des méthodes et des normes de gestion pour minimiser les risques et garantir la pérennité de l'entreprise.

III. La complémentarité des démarches entrepreneuriale et managériale

- **La logique managériale** vise à optimiser l'allocation des ressources existantes.
- **La logique entrepreneuriale**, essentielle pour assurer le développement à long terme et la pérennité de l'entreprise, se complète par la logique managériale, indispensable au bon fonctionnement de l'organisation et à sa performance à court et moyen termes.
- **La complémentarité entre ces démarches** est un facteur clé de succès pour toute organisation. L'esprit entrepreneurial apporte la vision et le mouvement, tandis que le management assure le cadre et la cohérence nécessaires pour concrétiser les projets. Ensemble, elles permettent à une entreprise de se renouveler tout en restant solide, d'allier audace et rigueur pour construire une croissance durable.

La performance de l'entreprise

I. La notion de performance

Performance : capacité à réaliser une action en atteignant des résultats alignés avec des objectifs préalablement fixés, tout en optimisant les ressources et les processus mobilisés pour y parvenir.

La performance de l'entreprise intègre les notions d'efficacité et d'efficience. Être performant, c'est être efficace et efficient, tout en se donnant les moyens pour atteindre ses objectifs (pertinence).

- **L'efficacité** mesure la capacité de l'entreprise à atteindre des résultats conformes aux objectifs.
- **L'efficience** mesure la capacité de l'entreprise à produire des résultats avec les moyens engagés, dans un souci d'économie.

La performance se mesure avec des critères (ou indicateurs) qualitatifs ou quantitatifs de résultat.

Exemples : Le climat social (implication des salariés dans l'entreprise, turn-over, conflits), les produits (qualité, innovation, positionnement), l'image de l'entreprise (image de marque, notoriété), la technologie (maîtrise des technologies nouvelles)...

Pour évaluer la performance globale d'une entreprise, il est nécessaire d'effectuer des mesures à tous les niveaux (financier, économique, social, organisationnel et sociétal) et de prendre en compte aussi la satisfaction des parties prenantes de l'entreprise.
La mesure de la performance fournit des données concrètes qui aident à prendre des décisions éclairées en permettant des comparaisons entre différentes périodes et entre différentes entreprises.

II. Les composantes de la performance globale

L'évaluation de la performance globale d'une entreprise nécessite la définition de critères permettant d'apprécier l'ensemble des résultats de l'activité ainsi que ses conséquences économiques, sociales et environnementales. Les indicateurs retenus et suivis doivent être en lien avec les objectifs que l'entreprise cherche à atteindre.

Composantes	Explications	Critères et indicateurs
Performance économique	On distingue la performance financière dont l'objectif est l'optimisation des moyens disponibles et la performance commerciale dont l'objectif est la maximisation du profit.	• Critères financiers : rentabilité, productivité, coûts, retour sur investissement. • Critères commerciaux : chiffre d'affaires, part de marché, satisfaction clientèle, qualité de services...
Performance sociale	La performance sociale désigne les résultats obtenus par une entreprise en matière de climat social entre catégories de salariés et de comportement des dirigeants et des cadres à l'égard de leurs collaborateurs.	• Critères sociaux : bien-être au travail, promotion, absentéisme, turn-over, sécurité au travail, perspectives de carrière, développement des compétences, formation.
Performance sociétale	Elle correspond au rôle de l'entreprise dans la société et sur son territoire (respect des droits de l'homme, de l'écosystème local, promotion de la diversité et de l'inclusion au sein de l'entreprise).	• Critères sociétaux : parité, égalité homme-femme, discrimination, qualité de vie au travail. • Critères environnementaux : traitement des déchets, rejets de gaz à effet de serre, consommation énergétique...

Ces trois performances ne sont pas toujours conciliables et il faut trouver l'équilibre.

Exemple : En 2021, le PDG de Danone, Emmanuel Faber, avait été à l'origine d'une stratégie axée sur la durabilité et la responsabilité sociale (performances sociale et sociétale). Cette logique s'est opposée à celle de recherche de profitabilité des actionnaires (performance économique). Il a été démis de ses fonctions.

De quelle manière l'entreprise s'inscrit-elle dans son environnement ?

L'entreprise poursuit plusieurs finalités lui permettant de créer de la valeur en répondant aux enjeux économiques, sociaux et sociétaux de son environnement :

Finalité économique et financière
Produire des biens économiques, les vendre et générer des profits pour continuer à embaucher et investir

Finalité sociale
Garantir de bonnes conditions de travail, participer au développement économique et social en répondant aux besoins

Finalité sociétale
Garantir le bien-être collectif, adopter des pratiques durables et réduire son impact environnemental

L'environnement de l'entreprise est constitué de différentes parties prenantes qui influencent ses décisions et ses performances :

Parties prenantes
Ensemble des acteurs concernés par l'activité de l'entreprise.
En interne : actionnaires, salariés et dirigeants, syndicats
En externe : clients, fournisseurs, autorités publiques, associations ou ONG
Chacune a ses propres intérêts qui peuvent être contradictoires.

↔

Performances
Pour répondre aux attentes des parties prenantes, l'entreprise doit équilibrer sa performance économique (rentabilité et croissance), sa performance sociale (bien-être des employés) et sa performance sociétale (bien-être de la société et préservation de la planète).

En parvenant à satisfaire ses parties prenantes, l'entreprise renforce sa réputation et sa légitimité, créant ainsi des conditions favorables pour une performance globale et durable qui va garantir sa pérennité.

Pour émerger et se maintenir dans son environnement, l'entreprise doit être animée par deux logiques distinctes complémentaires :

Entreprendre
Initier de nouveaux projets, identifier des opportunités, prendre des risques pour créer de la valeur

L'entrepreneur est un visionnaire, un innovateur qui s'attache à développer de nouvelles idées, biens ou services.

Manager
Organiser, coordonner et optimiser les ressources pour atteindre les objectifs de l'entreprise

Le manager assure la stabilité et l'efficacité des opérations en mettant en place des processus, en structurant les équipes et en assurant le suivi des performances.

1 Tester vos connaissances

Quiz
Se tester sur les savoirs associés de la question 3
liennathan.fr/35jwji

→ Réaliser le quiz en ligne et noter votre score.

Remarque : vous pouvez recommencer autant de fois que vous le souhaitez jusqu'à atteindre le score que vous estimez satisfaisant en fonction de vos objectifs.

2 Repérer les finalités et les parties prenantes de Poppins *

Poppins est une application ludique destinée aux enfants atteints de troubles des apprentissages (dyslexiques, dysphoniques). Lancée en 2018 sous le nom de Mila, l'application rencontre un grand succès.

→ 1. Repérer les finalités de l'entreprise et préciser leur nature.

→ 2. Identifier les parties prenantes internes et externes de cette entreprise.

→ 3. Présenter les attentes de chacune de ces parties prenantes.

Annexe 1 ▸ Une application pour aider les enfants DYS

Avec sa start-up Poppins, le jeune ingénieur François Vonthron s'attaque aux troubles de l'apprentissage chez les enfants. Il vient d'être récompensé par le prestigieux prix Ivy Tech. [...]

Par l'intermédiaire d'un jeu vidéo (limité à 20 minutes par jour), l'appli permet aux écoliers dyslexiques et dysphoniques de rattraper leur retard en quelques mois. L'application a été conçue pendant six ans avec l'aide de médecins spécialisés. Elle vient d'être mise sur le marché. L'abonnement mensuel de 30 euros environ peut être remboursé par les mutuelles.

Source : Christophe Dansette, « Poppins, l'application qui vient en aide aux enfants dyslexiques », www.france24.com, 16 octobre 2024.

Vidéo
Interview de F. Vonthron (7:16)
liennathan.fr/4mwx53

Annexe 2 ▸ Mila devient Poppins et va accélérer le déploiement de sa thérapie digitale

[...] [Poppins] annonce une levée de fonds d'un montant de 8 M€ [...]. Cette opération bénéficie également du soutien des fonds spécialisés en santé Kurma Partners, BNP Paribas Développement et le Fonds Patient Autonome de Bpifrance, actionnaires historiques. [...]

En France, 7 millions de personnes sont concernées par les troubles dys et 4 à 5 % des élèves d'une classe sont dyslexiques, 3 % sont dyspraxiques et 2 % sont dysphasiques. Diagnostiqués souvent tardivement, ces troubles ont des conséquences sociales, scolaires et psychologiques qui impactent le développement et le bien-être de l'enfant. [...]

Jusqu'à présent, Poppins était uniquement proposé aux adhérents de complémentaires santé telles qu'AÉSIO Mutuelle et PRO BTP qui prennent en charge le financement de la thérapie digitale. De son côté, [l'assureur] Allianz France a choisi d'entrer au capital de Poppins [...].

Source : « Mila devient Poppins et lève 8 M€ pour accélérer le déploiement de sa thérapie digitale pour les enfants DYS », presse.bpifrance.fr, 16 octobre 2023.

3 Caractériser la démarche de Céline Lazorthes, créatrice de Leetchi *

Leetchi.com est une application bien connue de cagnottes en ligne pour des causes solidaires. Lancée en 2009 avec peu de moyens par Céline Lazorthes, alors jeune créatrice, c'est aujourd'hui le leader français des cagnottes en ligne avec environ 22 millions d'utilisateurs.

→ 1. Présenter l'idée initiale de Céline Lazorthes.

→ 2. Lister les étapes qui ont permis la création de Leetchi.

→ 3. Identifier les difficultés rencontrées par la créatrice.

→ 4. Préciser pourquoi on peut dire que Céline Lazorthes poursuit une démarche entrepreneuriale encore aujourd'hui.

Annexe ▸ Céline Lazorthes : portrait d'une entrepreneuse passionnée et accomplie

Les origines de Leetchi et les débuts compliqués de Céline Lazorthes

Céline Lazorthes faisait partie de l'équipe organisatrice du week-end d'intégration à HEC. De ce projet germe dans son esprit l'idée de remplacer les enveloppes traditionnelles par une cagnotte en ligne pour faciliter la collecte d'argent.

En sortant de HEC Paris en juin 2008, Céline Lazorthes fait face à un marché du travail morose [...]. Rapidement, elle comprit qu'elle allait avoir du mal à trouver des associés pour son projet. Elle faisait également face à la problématique classique du manque de crédibilité quand on est jeune diplômée. Elle enchaîne les échecs, mais ne perd jamais foi en son idée. C'est grâce au soutien de ses parents, mais aussi grâce à une aide étudiante de 20 000 € accordée par Ozéo, qu'elle réussit à sortir une première version de son projet en 2009. Concernant le nom Leetchi, il est né suite à un brainstorming avec ses amis autour d'un apéro. Ils lui proposent un nom de fruit, à la lumière d'Apple ou d'Orange, qui soit facile à retenir, court et utilisable à l'international.

La création du concept Leetchi par Céline Lazorthes

L'usage initial de Leetchi consistait à collecter de l'argent entre amis pour offrir des cadeaux ou organiser des événements communs. Au fur et à mesure, le concept de cagnotte solidaire voit le jour. [...]

La montée en puissance de Leetchi

Céline Lazorthes a confié [...] avoir pleuré deux fois. « *La première fois quand le site a été lancé, la deuxième quand je me suis rendu compte que je n'avais aucun client.* » Mais ce n'était plus qu'une question de temps avant que Leetchi ne devienne un grand succès. En 2015, Céline Lazorthes cède 86 % des parts de Leetchi au Crédit Mutuel Arkéa pour un montant de 50 millions d'euros. Elle continue néanmoins de diriger ses deux entreprises, Leetchi et Mangopay (solution de paiement en ligne pour les acteurs de l'économie collaborative lancée en 2014). En 2017, elle cède la direction de ses entreprises pour se consacrer pleinement à son enfant. Elle n'abandonne pas pour autant ses projets puisqu'elle garde la présidence du conseil de surveillance. [...]

L'engagement de Céline Lazorthes auprès des jeunes entrepreneurs

[...] Aujourd'hui, Céline Lazorthes s'engage pour améliorer la situation des entrepreneurs, en donnant de son temps et de son argent aux jeunes pousses. Elle est en effet *business angel* reconnue dans le monde de l'investissement français. Elle a notamment investi dans plusieurs start-ups : Frichti, Le Slip Français, etc.

Source : Faty Hadouni, « Le parcours inspirant de Céline Lazorthes, fondatrice de Leetchi », business-cool.com, 2 août 2021.

4 Suivre et améliorer les performances de Starbucks **

Starbucks, chaîne de café américaine, existe depuis 1971 aux États-Unis. Elle s'implante en France en 2004. La marque est connue pour la qualité et la variété de ses cafés, son concept de coffee-shop dans lequel les clients peuvent se détendre, lire, travailler, la personnalisation des boissons et son accueil des clients.

→ **1. Relever les critères de performance mis en avant (annexe 1 et annexe 2).**

→ **2. Analyser les performances économiques de l'entreprise Starbucks en 2024.**

→ **3. Présenter les décisions prises par Brian Niccol face à ces performances.**

→ **4. Préciser si ces décisions relèvent d'une logique managériale ou entrepreneuriale.**

Annexe 1 ▸ Un nouveau dirigeant à la tête du géant du café Starbucks

Décoration, gamme de produits, rapidité du service… Alors que les ventes de Starbucks sont en chute libre, Brian Niccol, le nouveau directeur général de la chaîne de café, souhaite modifier en profondeur l'expérience client pour relancer la chaîne.

Les ventes de la chaîne de café ne sont pas au beau fixe

Sur l'exercice 2024, […] Starbucks a perdu 7 % de ses ventes globales et jusqu'à 14 % en Chine. Au quatrième trimestre, l'entreprise a perdu 3 % […] malgré l'ouverture de 600 nouveaux points de vente dans le monde en l'espace d'un an (18 400 au total). Le résultat opérationnel*, lui, s'élève à 5,4 milliards de dollars, en recul de 7,9 %.

Arrivé en septembre à la tête de Starbucks, Brian Niccol s'est adressé à ses employés, au travers d'une vidéo, leur annonçant un « changement radical » dans la stratégie de l'entreprise, révèlent *Les Echos*. Pour regagner des clients et retrouver la croissance, l'homme d'affaires américain, spécialiste des chaînes de restauration rapide (passé par Pizza Hut, Taco Bell et Chipotle Mexican Grill), s'est fixé l'objectif d'améliorer l'expérience client. Le design des magasins va être revu pour les rendre plus accueillants et chaleureux, des tasses en céramique vont remplacer les gobelets en carton et les agréments au café (lait, sucre, etc.) seront disponibles en libre-service.

Moins de boissons différentes

La gamme de boissons sera aussi revue. Si elle s'était étendue à d'autres boissons […], Starbucks reviendra finalement à ses premières amours, le café. Enfin, restauration rapide oblige, il entend pousser ses salariés à servir les clients en quatre minutes chrono. Mais pour que tout cela fonctionne, Brian Niccol a prévenu les salariés qu'ils pourraient voir leurs heures de travail augmenter.

Par ailleurs, Starbucks a annoncé que ses prix ne gonfleraient pas sur le nouvel exercice, soit au moins jusqu'en octobre 2025. Le rythme des ouvertures de points de vente devrait aussi ralentir. En remplaçant Laxman Narasimhan en septembre, Brian Niccol a fait gagner plus vingt de milliards de dollars au titre Starbucks. […]

Source : Martin Hernot, « Le géant du café Strabucks fait mousser sa stratégie avec un "changement radical" », www.capital.fr, 31 octobre 2024.

* Résultat opérationnel : part du CA qui n'est pas consommée par les dépenses liées à l'activité de l'entreprise.

Annexe 2 ▸ Starbucks France : avis des employés

Sur **Indeed**, l'entreprise obtient la note globale de **3,8 sur 5** pour les 466 avis anonymes exprimés.
Elle se décompose comme suit :

- 3,6 * Équilibre vie privé/vie professionnelle
- 3,7 * Salaire et avantages
- 3,5 * Sécurité et évolution
- 3,3 * Direction
- 3,8 * Culture d'entreprise

Source : « Avis des employés pour Strabucks », fr.indeed.com, données février 2025.

5 Repérer les différents rôles d'un manager *

→ Pour chacune des situations présentées (annexe), préciser le principal rôle exercé par le manager (planifier, organiser, commander, coordonner ou contrôler).

Annexe ▶ Six situations en entreprise

1. Le manager de chez McDonald's demande à ses équipes de modifier leur planning.
2. Sophie est directrice d'agence chez ADECCO, elle est présente depuis une semaine sur un salon professionnel afin de rencontrer les meilleurs clients de l'agence.
3. Maël est chef des ventes chez Peugeot, il diffuse tous les mois un tableau de bord des performances à son équipe.
4. Armelle propose un challenge commercial à son équipe de commerciaux.
5. Walid, le directeur financier, présente à son équipe la nouvelle stratégie financière de l'entreprise.
6. Lydia convoque son équipe à une réunion afin de présenter les nouveaux produits au catalogue.

6 Gérer des situations de management **

Diplomé.e d'un BTS MCO (management commercial opérationnel) depuis deux ans, vous avez été embauché.e dans un magasin spécialisé en électroménager de taille moyenne.

Votre responsable est parti en congé pendant deux semaines. Il vous a laissé la responsabilité du magasin pendant son absence, c'est donc à vous de gérer les différentes tâches managériales.

→ Préciser comment vous comptez faire face à chacune des situations rencontrées (annexe).

Remarque : vous travaillerez en équipe. Chaque équipe dispose de dix minutes pour discuter et élaborer une solution à la situation présentée. Elle devra prendre en compte différents aspects tels que la communication, le budget, l'impact sur l'équipe ou l'entreprise. Chaque équipe présente ensuite son scénario et sa solution en deux-trois minutes.

Annexe ▶ Pilotage quotidien et imprévus

Situation 1 :
Vous avez reçu une plainte d'un client concernant un produit défectueux. Que faites-vous ?

Situation 2 :
Un membre de votre équipe ne respecte pas les délais de projet. Comment gérez-vous cette situation ?

Situation 3 :
Les résultats de l'entreprise montrent une baisse des ventes. Quelles mesures proposez-vous ?

Entraînement au BTS

L'étude est composée de trois missions :

- **Mission 1** : Café Joyeux, une entreprise inclusive
- **Mission 2** : L'emploi de travailleurs porteurs de handicap
- **Mission 3** : L'impact de la hausse du cours du café sur les performances

Composition du dossier documentaire :

- Annexe 1 : L'entreprise Café Joyeux
- Annexe 2 : L'intervention de l'État dans l'emploi des travailleurs handicapés
- Annexe 3 : Implanter un Café Joyeux Inside dans son entreprise
- Annexe 4 : Formation et management chez Café Joyeux
- Annexe 5 : Les externalités positives
- Annexe 6 : La capacité à contracter du majeur protégé
- Annexe 7 : La flambée du prix du café
- Annexe 8 : La renégociation du prix dans un contrat
- Annexe 9 : Les performances de Café Joyeux

En prenant appui sur vos connaissances, le contexte et le dossier documentaire, il vous est demandé de répondre aux questions relatives aux trois missions du sujet. Vous êtes invité(e) à mobiliser les concepts et les apports théoriques dès lors qu'ils sont pertinents et que le lien avec la mission est argumenté.

Sujet 1 : Café Joyeux

Contexte du sujet

Fondée en 2017 par Yann et Lydwine Bucaille-Lanrezac, Café Joyeux est la première chaîne de cafés-restaurants à former et employer des personnes en situation de handicap mental et cognitif – encadrées par des managers et des professionnels de la restauration. Ses missions sont de réduire les inégalités d'accès au marché du travail pour ces personnes, de leur offrir des emplois en milieu ordinaire, de rendre le handicap visible et de favoriser les rencontres, tout en construisant un modèle rentable. Aujourd'hui, 205 équipiers en situation de handicap mental ou cognitif travaillent pour Café Joyeux.

Le contexte prend appui sur un cas réel, mais des ajouts ont été effectués pour les besoins du sujet.

Mission 1. Café Joyeux, une entreprise inclusive

▸ Contexte ▸ Annexe 1 ▸ Annexe 2 ▸ Annexe 3 ▸ Annexe 4

Les Cafés Joyeux diversifient leur activité afin de continuer à ouvrir plus de cafés. Pour permettre à tous de contribuer à cette mission, des capsules de Café Joyeux sont disponibles dans plusieurs enseignes de supermarchés et des Cafés Joyeux Inside sont implantés dans les locaux des entreprises.

1.1 Montrer que la démarche de Yann Bucaille-Lanrezac relève à la fois d'une logique entrepreneuriale et managériale.

1.2 Expliquer les rôles des principaux agents économiques en relation avec l'organisation Café Joyeux.

1.3 Quel contrat et quelles obligations s'imposent pour ouvrir un Café Joyeux Inside dans ses locaux ?

Mission 2. L'emploi de travailleurs porteurs de handicap

▶ Contexte ▶ Annexe 4 ▶ Annexe 5 ▶ Annexe 6

L'entreprise Café Joyeux emploie 70 % de salariés porteurs de handicap. Lucas M., titulaire d'un CAP restauration, est porteur de handicap mental et cognitif, il souhaite travailler pour Café Joyeux.

2.1 ▶ Quelles sont les finalités de l'entreprise Café Joyeux ?
2.2 ▶ Indiquer quelles sont les externalités positives de Café Joyeux.
2.3 ▶ À quelles conditions la formation du contrat de travail entre Lucas M., majeur protégé sous la tutelle de son oncle, et Café Joyeux sera-t-elle juridiquement valide ?

Mission 3. L'impact de la hausse du cours du café sur les performances

▶ Annexe 7 ▶ Annexe 8 ▶ Annexe 9

La production de café dépend des conditions météorologiques. Café Joyeux suit son cours de près pour mieux négocier avec ses fournisseurs et garantir des prix acceptables à ses clients.

3.1 ▶ Analyser les mécanismes économiques justifiant l'évolution du prix du café.
3.2 ▶ Indiquer si Café Joyeux peut renégocier le prix de ses achats de café avec ses fournisseurs.
3.3 ▶ Montrer qu'une hausse du prix du café pourrait diminuer ses performances et son impact social.

Dossier documentaire

Annexe 1 ▶ L'entreprise Café Joyeux

[Yann et Lydwine Bucaille-Lanrezac] ont voulu créer des cafés-restaurants parce que ce sont des endroits où on peut se rencontrer, boire un bon café, manger une bonne pâtisserie et échanger. [...] Pour garantir l'indépendance et la pérennité du concept, le cofondateur, Yann Bucaille[-Lanrezac], a fait table rase des vieilles recettes humanitaires en misant sur le schéma entrepreneurial. « Notre modèle économique est hybride. La générosité des donateurs est requise sur les phases de lancement et d'investissement, les établissements devant ensuite atteindre la rentabilité [...] ». La marque de cafés, thés et tisanes, créée en 2018, contribue grandement à ce développement. [...] Café Joyeux met un coup d'accélérateur cette année en lançant une nouvelle gamme dans 284 magasins de l'enseigne Carrefour. Autre relais de croissance, l'implantation de Café Joyeux au sein des entreprises. Après Klesia, c'est au tour de Canal+, et bientôt du siège de Crédit Agricole... [...]

Source : Vanina Prelat L'Herminier, « La belle aventure de Café Joyeux », www.strategies.fr, 30 janvier 2024.

Annexe 2 ▶ L'intervention de l'État dans l'emploi des travailleurs handicapés

Vous êtes une entreprise privée ou un établissement public industriel et commercial de 20 salariés et plus ? Vous avez l'obligation d'employer au moins 6 % de travailleurs handicapés. Si ce n'est pas le cas, vous devez alors calculer, déclarer et, si nécessaire, payer une contribution annuelle auprès de l'Urssaf.

Source : « La contribution annuelle à l'obligation d'emploi des travailleurs handicapés (OETH), www.urssaf.fr, 26 février 2025.

Tout employeur peut bénéficier d'aides financières en cas d'embauche d'un salarié handicapé.

Source : « Aides financières pour l'embauche d'un travailleur handicapé », www.entreprendre.service-public.fr, 1er novembre 2024.

Annexe 3 ▸ Implanter un Café Joyeux Inside dans son entreprise

À Montreuil, cette entreprise a trouvé un truc en plus pour faire revenir ses salariés à la cantine

Le site de Montreuil du groupe Klésia a inauguré un nouveau restaurant tenu par Café Joyeux. [...] Certains salariés de Klésia affirment avoir repensé leur rapport au service depuis l'arrivée des nouveaux serveurs. « On est exigeant comme avec n'importe quel prestataire. Il ne faut pas gommer la différence, il faut faire avec », plaide Valérie Taurus, directrice du site. [...]

Source : Inès Cussac, « À Montreuil, cette entreprise a trouvé un truc en plus pour faire revenir ses salariés à la cantine », actu.fr, 2 décembre 2024.

Externaliser certaines activités de son entreprise

L'externalisation [...] consiste pour une entreprise à confier la réalisation de certaines tâches à **un prestataire** externe, expert dans son domaine. [...]

La rédaction d'un contrat d'externalisation est obligatoire. [...] [Elle] doit fixer les obligations de chaque partie [...].

Le prestataire a l'obligation d'exécuter les missions dans les conditions prévues au contrat. [...] Le prestataire est également tenu à une obligation de conseil. Il doit s'informer des besoins de votre entreprise et orienter vos choix en préconisant la solution qui lui apparaît la plus adaptée. [...]

[Le client professionnel s'engage] tout d'abord à payer le prestataire conformément au contrat établi [...]. [Il a] une obligation de collaboration [et doit] tout mettre en œuvre pour que le prestataire puisse exécuter dans de bonnes conditions les missions qui lui sont confiées. [Le client professionnel doit se mettre d'accord avec son prestataire pour] définir précisément [ses] besoins, [se] renseigner et poser les questions nécessaires.

Source : « Externaliser certaines activités de son entreprise », www.entreprendre.service-public.fr, 27 octobre 2023.

Annexe 4 ▸ Formation et management chez Café Joyeux

[...] Notre recherche, c'est le bien-être des équipes et leur formation à un métier. Les performances économiques sont importantes, mais on mise surtout sur le progrès humain. [...] On propose à tous les équipiers de suivre une formation de deux ans qui permet d'avoir un diplôme d'agent de restauration. [...] Soit les équipiers décident de faire cet apprentissage, soit ils ont parfois déjà une formation ou ils ne souhaitent pas passer le diplôme, et dans ce cas ils sont embauchés en CDI. [...]

On est une entreprise ordinaire, on ne veut pas non plus que ça soit trop adapté pour qu'ensuite ils puissent travailler dans d'autres restaurants, mais on adapte, bien entendu. [...] On a une chargée de mission inclusion qui nous aide à mettre en place des outils pour rendre les équipiers autonomes. [...]

Si un équipier a envie de rester chez nous, on sera bien sûr ravis de le garder, mais le but c'est qu'il puisse aussi aller travailler ailleurs. Ça a été le cas d'une équipière qui travaille maintenant chez Lecointre, le restaurant du siège de Dior, et qui en est très heureuse. Je pense aussi à un équipier qui est très doué en cuisine et qui rêve un jour de travailler dans un étoilé. Eh bien, on l'accompagnera pour qu'il puisse le faire. Le faire évoluer dans sa vie professionnelle, c'est précieux pour nous.

[Enfin, le choix des entreprises avec lesquelles nous travaillons est important pour nous.] Le prestataire [...] de notre cuisine centrale emploie des coursiers en situation de réinsertion. Notre torréfacteur [qui fournit notre café] emploie des personnes en situation de handicap, tout comme notre prestataire logistique pour notre gamme de café. Donc on fait attention à nos partenaires pour travailler dans un écosystème qui partage nos valeurs [...].

Source : « Solidaires et performants, la recette du succès des Cafés Joyeux », www.20minutes.fr, 12 janvier 2024.

Annexe 5 ▸ Les externalités positives

[...] L'accent mis sur l'éducation constitue également une externalité positive. L'investissement dans l'éducation conduit à une main-d'œuvre plus [apte au travail]. Les entreprises ont intérêt à embaucher des employés instruits parce qu'ils sont compétents. Cela profite aux employeurs, car une main-d'œuvre mieux instruite nécessite moins d'investissements dans les coûts de formation et de développement des employés.

Source : « Externalité : ce que cela signifie en économie, avec des exemples positifs et négatifs », www.partageonsleco.com, 21 décembre 2024.

Annexe 6 ▶ La capacité à contracter du majeur protégé

Article 1146 du Code civil

Sont incapables de contracter, dans la mesure définie par la loi :

1° Les mineurs non émancipés ;

2° Les majeurs protégés au sens de l'article 425.

La conclusion du contrat de travail d'un majeur protégé est donc en principe un acte d'administration. D'où les conséquences en matière de tutelle et de curatelle (C. civ., art. 504, 505 et 467).

En tutelle aux biens, c'est en théorie le tuteur qui signe seul le contrat de travail et ses éventuels avenants au fil du temps. Il paraît toutefois évident qu'il doit en apprécier la nécessité avec le majeur protégé et obtenir son accord.

Source : « Le majeur protégé et le monde du travail », www.lagbd.org, 11 janvier 2022.

Annexe 7 ▶ La flambée du prix du café

Pour l'arabica, variété [de café] haut de gamme la plus consommée, les prix ont augmenté de presque 80 % en un an. Des records qui n'avaient pas été observés depuis 1977. Le robusta, utilisé surtout pour le café soluble [...], voit lui aussi ses prix s'envoler. Parmi les raisons de ces hausses de prix, il y a d'abord la météo. Le Brésil, principal producteur d'arabica, a connu une immense sécheresse et des incendies en 2024 [...]. Et les effets devraient encore se faire sentir pour la récolte de cette année. De mauvaises conditions météorologiques également au Vietnam, premier producteur de robusta. [...] Or les deux pays représentent respectivement 30 et 17 % de la production mondiale de café [...]. La production de café est donc très marquée par les baisses de rendements [...] Pour Philippe Chalmin, professeur d'économie à l'Université de Paris Dauphine, tout ce contexte a joué sur le comportement du marché et fait monter les prix.

Source : Catherine Petillon, extrait du podcast « Le journal de l'éco », www.radiofrance.fr, 13 février 2025.

Annexe 8 ▶ La renégociation du prix dans un contrat

Article 1193 du Code civil

Les contrats ne peuvent être modifiés ou révoqués que du consentement mutuel des parties, ou pour les causes que la loi autorise.

Article L441-8 du Code de Commerce (extrait)

[...] Les contrats d'une durée d'exécution supérieure à trois mois portant sur la vente des produits agricoles et alimentaires dont les prix de production sont significativement affectés par des fluctuations des prix [...] comportent une clause relative aux modalités de renégociation du prix permettant de prendre en compte ces fluctuations à la hausse comme à la baisse. [...]

La renégociation de prix est conduite de bonne foi dans le respect du secret des affaires, ainsi que dans un délai, précisé dans le contrat, qui ne peut être supérieur à un mois. [...]

Le fait de ne pas prévoir de clause de renégociation conforme aux deux premiers alinéas du présent I, de ne pas respecter le délai fixé au troisième alinéa, de ne pas établir le compte rendu prévu au même troisième alinéa ou de porter atteinte, au cours de la renégociation, aux secrets de fabrication ou au secret des affaires est passible d'une amende administrative dont le montant ne peut excéder 75 000 € pour une personne physique et 375 000 € pour une personne morale.

Annexe 9 ▶ Les performances de Café Joyeux

[...] Cette société de 4 millions d'euros de chiffre d'affaires [a pour] seul but [...] de réinjecter tous les bénéfices dans l'ouverture de nouvelles adresses et produits, l'emploi ou la formation. [...] « Pour nous, c'est un engagement fort car, contrairement à la plupart des restaurants, Café Joyeux n'a pas de turn-over », souligne Yann Bucaille-Lanrezac [...]. L'impact est bel et bien là « sociétal et financier ». Rémunérés au smic horaire avec des plannings adaptés, tous ses employés « se sentent utiles, gagnent en autonomie, peuvent se loger », assure Yann Bucaille-Lanrezac pour qui « rien ne sert de créer de la valeur pour la garder pour soi ».

Source : Virginie de Kerautem, « Prix de l'entrepreneur social : la réussite des Cafés Joyeux, où 70 % des employés sont atteints de trisomie 21 ou de troubles cognitifs », www.leparisien.fr, 10 mars 2022.

Question 4

Quel est le rôle de l'État dans la régulation économique ?

Compétences visées et points d'étude dans le chapitre :

- Identifier les principales politiques économiques et leurs outils
  → Mission 1 | Fiche ressource 1 | Mission 2 | Fiche ressource 2 | Activité 3 | Activité 5
- Repérer l'impact des politiques sur l'environnement de l'entreprise
  → Mission 1 | Fiche ressource 1 | Mission 2 | Fiche ressource 2 | Mission 3 | Fiche ressource 3 | Activité 2 | Activité 4 | Activité 5

Contexte

TotalEnergies

TotalEnergies est une entreprise privée française d'énergie, spécialisée dans l'exploration et la production de pétrole et de gaz, la production d'électricité, les énergies renouvelables (l'éolien, le solaire, l'hydroélectrique) et la distribution de produits énergétiques (stations-service).

Créée en 1924 sous le nom de Compagnie française des pétroles (CFP), l'entreprise devait permettre au pays d'être indépendant en matière de ressources énergétiques.

TotalEnergies a une longue histoire de production et de distribution d'énergie et est aujourd'hui une compagnie internationale, au cœur des enjeux énergétiques mondiaux du XXIe siècle. Elle est présente dans plus de 130 pays, emploie plus de 100 000 salariés (dont environ 25 % en France) et son siège social se situe dans le quartier de La Défense à Paris.

Souvent critiquée pour les émissions de gaz à effet de serre de ses activités liées au pétrole et au gaz, l'entreprise modifie son nom (Total devient TotalEnergies) et communique massivement sur ses investissements dans les énergies renouvelables et sur son rôle dans la transition énergétique.

TotalEnergies a inscrit le développement durable au cœur de sa stratégie de développement et est engagée dans différentes initiatives internationales telles que la lutte contre le réchauffement climatique, la promotion du dialogue social, la préservation de la biodiversité, la transparence dans la conduite des affaires.

L'entreprise est attentive aux mesures prises par l'État dans le cadre de la politique économique et à ses relations avec les instances publiques.

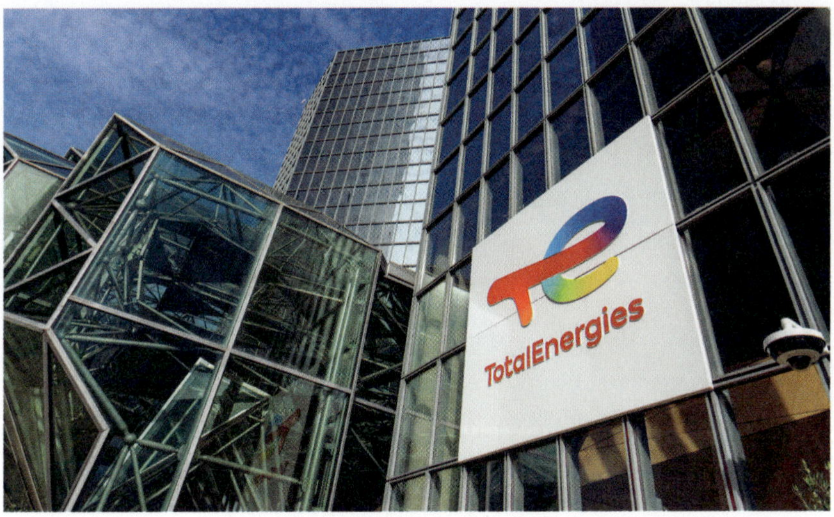

L'étude est composée de trois missions…

- **Mission 1 :** Le rôle de l'État et son influence sur l'activité de TotalEnergies
- **Mission 2 :** Les outils des politiques économiques et leurs impacts sur l'environnement de TotalEnergies
- **Mission 3 :** L'influence du cadre européen sur les politiques et les entreprises nationales

… et d'un dossier documentaire

- **Annexe 1 :** TotalEnergies au cœur d'une enquête menée par le Sénat
- **Annexe 2 :** Les stratégies de l'État actionnaire
- **Annexe 3 :** Les recommandations de la commission d'enquête du Sénat
- **Annexe 4 :** TotalEnergies, une entreprise engagée avec la jeunesse
- **Annexe 5 :** Aides à l'embauche des jeunes en alternance renouvelées
- **Annexe 6 :** Le chèque énergie, une aide de l'État mise en place en 2018
- **Annexe 7 :** Le plan public France 2030
- **Annexe 8 :** Les engagements de la direction France de TotalEnergies
- **Annexe 9 :** Des investissements disciplinés et durables
- **Annexe 10 :** La politique environnementale de l'Union européenne

→ En prenant appui sur le contexte, le dossier documentaire et les fiches ressource, il vous est demandé de répondre aux questions relatives aux missions.

Étude du contexte

Mission 1. Le rôle de l'État et son influence sur l'activité de TotalEnergies

Un récent rapport d'enquête du Sénat s'intéresse à l'entreprise TotalEnergies et à son rôle dans le maintien de la souveraineté énergétique de la France.

▶ Annexe 1 ▶ Annexe 2 ▶ Annexe 3 ▶ Annexe 4 ▶ Annexe 5 ▶ Fiche ressource 1

1.1 Repérer la ou les fonctions de l'État qui le conduisent à s'intéresser aux activités et au capital de TotalEnergies. Quelles sont les raisons précises de cet intérêt ?

1.2 Présenter les mesures prises par l'État pour la formation des jeunes.

1.3 Repérer à quelle fonction de l'État correspondent ces mesures. Expliquer les objectifs recherchés sur l'activité économique.

1.4 Préciser l'influence possible sur l'activité de TotalEnergies de ces différentes interventions de l'État.

Mission 2. Les outils des politiques économiques et leurs impacts sur l'environnement de TotalEnergies

TotalEnergies s'engage à fournir au plus grand nombre une énergie plus abordable, plus disponible et plus durable. Présente dans environ 130 pays, TotalEnergies inscrit le développement durable au cœur de sa stratégie, de ses projets et de ses opérations.

▶ Annexe 6 ▶ Annexe 7 ▶ Annexe 8 ▶ Fiche ressource 2

2.1 Repérer quelle politique est mise en place avec le dispositif du chèque énergie.

2.2 Expliquer quel peut être l'impact de ce dispositif sur l'activité de TotalEnergie.

2.3 Identifier si l'activité de l'État dans le cadre du plan France 2030 relève d'une politique économique conjoncturelle ou structurelle. Préciser les objectifs de cette politique.

2.4 Montrer que les décisions de TotalEnergies sont en phase avec les orientations de la politique économique nationale.

Mission 3. L'influence du cadre européen sur les politiques et les entreprises nationales

L'Union européenne encadre de nombreuses politiques économiques nationales. Les mesures en faveur des entreprises peuvent donc être limitées par cette régulation supranationale.

▶ Annexe 9 ▶ Annexe 10 ▶ Fiche ressource 3

3.1 ▸ Présenter les contraintes européennes qui peuvent peser sur les décisions de l'État en matière de politique budgétaire.

3.2 ▸ Expliquer l'impact national de la politique monétaire et de la politique environnementale décidées par l'Union européenne. Comment ces deux politiques peuvent-elles influencer les décisions des entreprises et de TotalEnergies ?

3.3 ▸ Préciser si ces deux politiques relèvent de compétences exclusives ou partagées de l'UE avec les États membres.

Dossier documentaire

Annexe 1 ▸ TotalEnergies au cœur d'une enquête menée par le Sénat

Extrait du rapport de la commission d'enquête du Sénat – Juin 2024

[...] Quel est le sens [...] pour une commission d'enquête sénatoriale de s'intéresser plus particulièrement à une grande entreprise comme TotalEnergies et à la façon dont l'État réussit, ou non, à lui appliquer des règles et à réguler son activité dans le contexte de la transition énergétique ?

[...] Le groupe français qui célèbre son centenaire cette année résume finalement assez bien depuis sa création les réussites et les échecs de la France dans ses choix énergétiques. Le groupe est devenu en quelque sorte un symbole : le symbole de nos ambitions, de nos excès et maintenant, sans doute aussi, de notre capacité collective à transformer ou non nos sociétés face au défi climatique.

Créé pour assurer notre indépendance énergétique à l'issue du premier conflit mondial, Total a accompagné le développement de notre économie, largement fondé sur le pétrole et la révolution des transports. [...]

Total a ensuite incarné à maints égards nos excès [...]. La privatisation du groupe [en 1994] et son entrée dans le club des « *majors* » mondialisées a coïncidé avec l'émergence d'une économie globalisée de moins en moins régulée. [...]

Avec le retour de la guerre en Europe, la question de notre souveraineté* énergétique est redevenue prégnante et interroge le choix fait au siècle dernier de considérer que Total n'était plus une entreprise stratégique tout comme l'idée que notre approvisionnement en hydrocarbures n'était plus menacé.

Avec l'accélération du réchauffement climatique, la question du renforcement de la régulation et de l'accompagnement du groupe dans son projet de transformation se pose également.

[...] Nous devons par ailleurs considérer le fait qu'une entreprise complètement privée ne peut

▶ Vidéo
Le contrôle des obligations climatiques de TotalEnergies (2'26)
liennathan.fr/w1empo

probablement pas engager seule un changement de modèle qui fragilise sa profitabilité et mener ce changement à un rythme en phase avec les attentes de la société.

De la même façon que la relance de la filière nucléaire a nécessité un réinvestissement de l'État, la sortie des énergies fossiles et le basculement dans un nouveau modèle peuvent également justifier une implication plus forte de la puissance publique afin de corriger les excès et les faiblesses de l'économie de marché mondialisée.

[...] Il est devenu essentiel de mieux utiliser tous les moyens dont dispose l'État pour inciter, aider ou encore obliger une entreprise à agir conformément à l'intérêt général.

Source : Extrait du rapport d'information n° 692 (2023-2024) « TotalEnergies : une entreprise à nouveau stratégique pour garantir notre souveraineté énergétique durable », tome 1, fait au nom de la commission d'enquête sur les moyens mobilisés et mobilisables par l'État pour assurer la prise en compte et le respect par le groupe TotalEnergies des obligations climatiques et des orientations de la politique étrangère de la France et déposé le 14 juin 2024.

* Capacité d'un pays à gérer de manière autonome ses ressources énergétiques.

Annexe 2 ▸ Les stratégies de l'État actionnaire

Répartition des principales participations de l'État
Portefeuille coté au 30 juin 2024, en millions d'euros

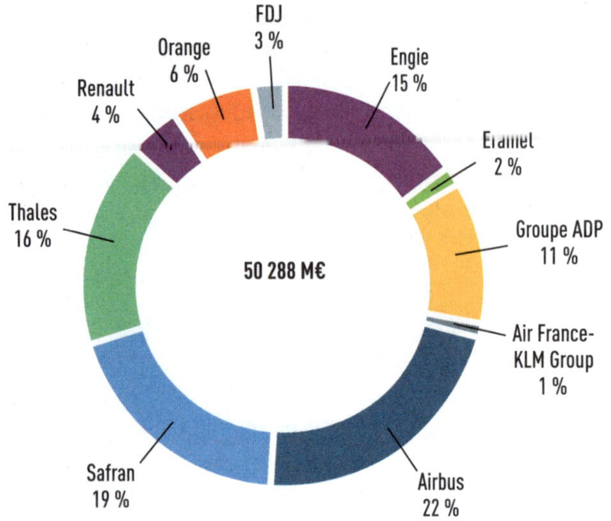

L'État n'est pas un investisseur comme les autres, et ses participations se font sur le long terme […]. De ce fait, il va pouvoir investir dans des projets stratégiques correspondant à sa politique industrielle sans que les rendements financiers soient le premier critère d'investissement.

Plus précisément, le Gouvernement a fixé trois axes prioritaires pour ses investissements dans les entreprises. Ainsi, il entend intervenir dans trois types d'entreprises :

- entreprises stratégiques qui contribuent à la souveraineté du pays (défense et nucléaire) ;
- entreprises participant à des missions de service public et pour lesquelles la régulation serait insuffisante ;
- entreprises en difficulté dont la disparition pourrait entraîner un risque systémique.

Au 30 juin 2022, la valorisation boursière du portefeuille de l'État s'élevait à 70,3 milliards d'euros et 83 entreprises relevaient de son périmètre (dont 11 cotées), dans des secteurs très variés. Cela va de Safran dans l'industrie aéronautique à Orange dans les télécommunications, en passant par l'audiovisuel avec France TV.

Source : « L'État actionnaire : entre nationalisations et privatisations », www.lafinancepourtous.com, 27 janvier 2025.

Annexe 3 ▸ Les recommandations de la commission d'enquête du Sénat

Après avoir mené plus de 40 auditions, cette commission d'enquête « sur les moyens mobilisés et mobilisables par l'État pour assurer la prise en compte et le respect par le groupe TotalEnergies des obligations climatiques et des orientations de la politique étrangère de la France » formule 33 recommandations à l'adresse de l'État.

La première préconise « la détention par l'État d'une action spécifique au capital de TotalEnergies ».

« Une action spécifique permettrait à l'État de disposer d'un droit de regard sur les évolutions actionnariales du groupe et d'une plus grande information, voire une plus grande influence, en ce qui concerne les décisions stratégiques de son conseil d'administration », souligne le rapport.

La commission d'enquête justifie cette proposition au vu de « l'évolution des menaces qui pèsent sur la souveraineté énergétique de la France et de l'Europe, de l'évolution de la structure de l'actionnariat de TotalEnergies », très tourné vers les États-Unis, « et de la nécessité d'accompagner une *major* européenne dans ses efforts de transition énergétique ».

Vidéo
Recommandations du Sénat (2'07)
liennathan.fr/2tqmgh

Source : « TotalEnergies : la commission d'enquête recommande que l'État détienne une "action spécifique" », www.ouest-france.fr, 19 juin 2024.

Annexe 4 TotalEnergies, une entreprise engagée avec la jeunesse

EMPLOI – Alternance – Animateur HSE (H/F) SUR SITE TERTIAIRE

Profil du candidat

Vous préparez un bachelor HSEQ (hygiène sécurité environnement qualité) / un master Animateur ou Responsable qualité sécurité environnement / un master Gestion des risques, santé, sécurité, environnement.

Vous recherchez une alternance de 12 mois avec possibilité de stage en amont de six mois.

Cette alternance vous permettra de développer des capacités d'analyse et de synthèse, de comprendre un contexte en pleine mutation, de travailler en collaboration avec des équipes variées (moyens généraux, RH, communication, HSEQ siège, prestataires...).

Dès le début de votre contrat, vous bénéficierez de la formation interne par la direction HSEQ : MAESTRO.

Compétences et aptitudes relationnelles

Connaissances du domaine HSEQ, pack Office, méthodologie de projet.

Travail en équipe, esprit d'analyse et de synthèse, aisance relationnelle, autonomie, rigueur.

Source : adapté de jobs.totalenergies.com.

Annexe 5 Aides à l'embauche des jeunes en alternance renouvelées

Depuis plusieurs années, l'apprentissage joue un rôle majeur dans l'insertion professionnelle des jeunes et le développement des compétences en entreprise. [...] Même si leur montant est réduit, ces aides financières permettent toujours aux entreprises de renforcer facilement leurs équipes à un moindre coût... [...]

Une aide exceptionnelle, pour renforcer l'attractivité de l'emploi en alternance

En 2018, la Loi pour la liberté de choisir son avenir professionnel facilite l'accès à l'alternance avec la mise en place de plusieurs mesures avantageuses. Mais la pandémie de 2020 vient bouleverser ce nouvel équilibre. Alors, pour renforcer l'attractivité de l'alternance dans une économie en crise, le gouvernement décide de lancer son plan « 1 jeune 1 solution ».

Ce plan ambitieux inclut notamment la mise en place d'une prime à l'embauche de 6 000 euros pour chaque alternant recruté, quel que soit son âge ou son niveau de qualification. Permettant de faire face aux réticences des entreprises, cette mesure est ensuite renouvelée à plusieurs reprises. Et elle relance progressivement l'emploi des jeunes en alternance ! [...]

Des aides à l'embauche en apprentissage réduites, mais renouvelées !

« *Par cette décision, nous poursuivons la valorisation de cette voie d'excellence qui favorise l'insertion professionnelle des jeunes. Nous permettons également aux entreprises de bénéficier des compétences indispensables à leur développement. Cette évolution nécessaire permet de continuer à soutenir l'apprentissage dans l'ensemble des entreprises et plus particulièrement dans celles de moins de 250 salariés*, qui emploient aujourd'hui près de 80 % des apprentis* », Astrid Panosyan-Bouvet – Ministre du Travail et de l'Emploi.

Source : « Apprentissage : les aides à l'embauche maintenues en 2025 ! », www.iscod.fr, janvier 2025.

* Depuis le début de l'année 2025, l'État a baissé les aides à l'apprentissage à 5 000 € pour les entreprises de moins de 250 salariés et à 2 000 € pour les autres.

Annexe 6 ▸ Le chèque énergie, une aide de l'État mise en place en 2018

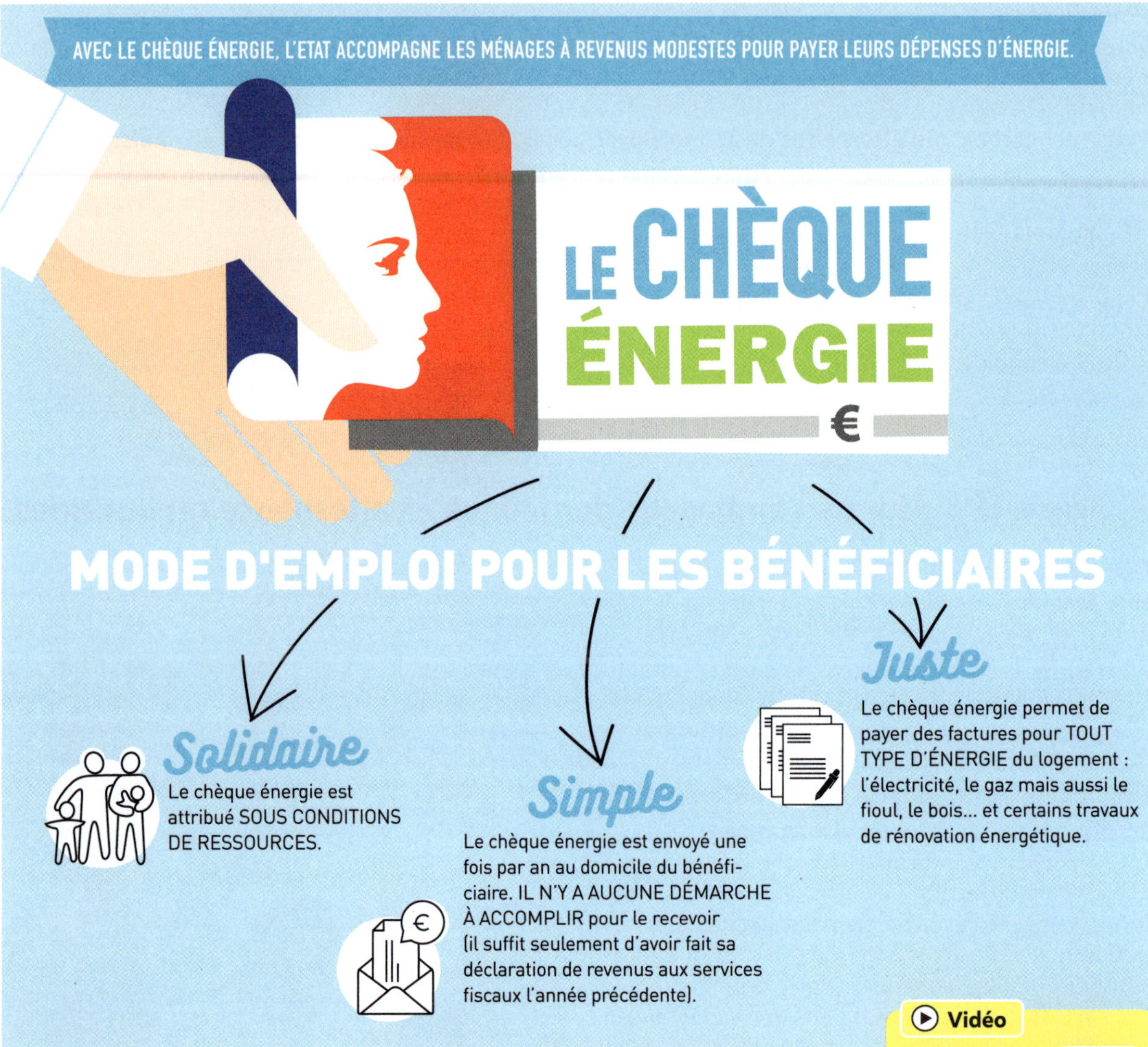

Vidéo
Qu'est-ce que le chèque énergie? (1'45)
liennathan.fr/th2o11

Annexe 7 ▸ Le plan public France 2030

Ce plan d'investissement de 54 milliards d'euros s'inscrit dans la lignée du plan France Relance. Il doit permettre de rattraper le retard de la France dans certains secteurs historiques. Il vise aussi la création de nouvelles filières industrielles et technologiques.
Ce plan poursuit la stratégie du Gouvernement en faveur de l'investissement, de l'innovation et de la réindustrialisation.

Sources : « Le plan France 2030 », www.nouvelle-aquitaine.cci.fr ; « France 2030 », www.info.gouv.fr, 18 mai 2022.

Annexe 7 (suite) ▸ Le plan public France 2030

Répondre aux défis écologiques et d'attractivité

Deux ans après son lancement, le bilan est positif pour France 2030. [...]

Au total, 54 milliards d'euros seront investis dans les entreprises, universités et organismes de recherche en France pour les accompagner dans leurs transitions.

En générant de la croissance et de l'emploi, les dépenses prévues dans le plan d'investissement devraient être entièrement compensées par des gains en recettes publiques à moyen terme.

Source : « France 2030 : déjà 21 milliards d'euros engagés en deux ans », ww.info.gouv.fr, 12 octobre 2023.

GOUVERNEMENT
Liberté
Égalité
Fraternité

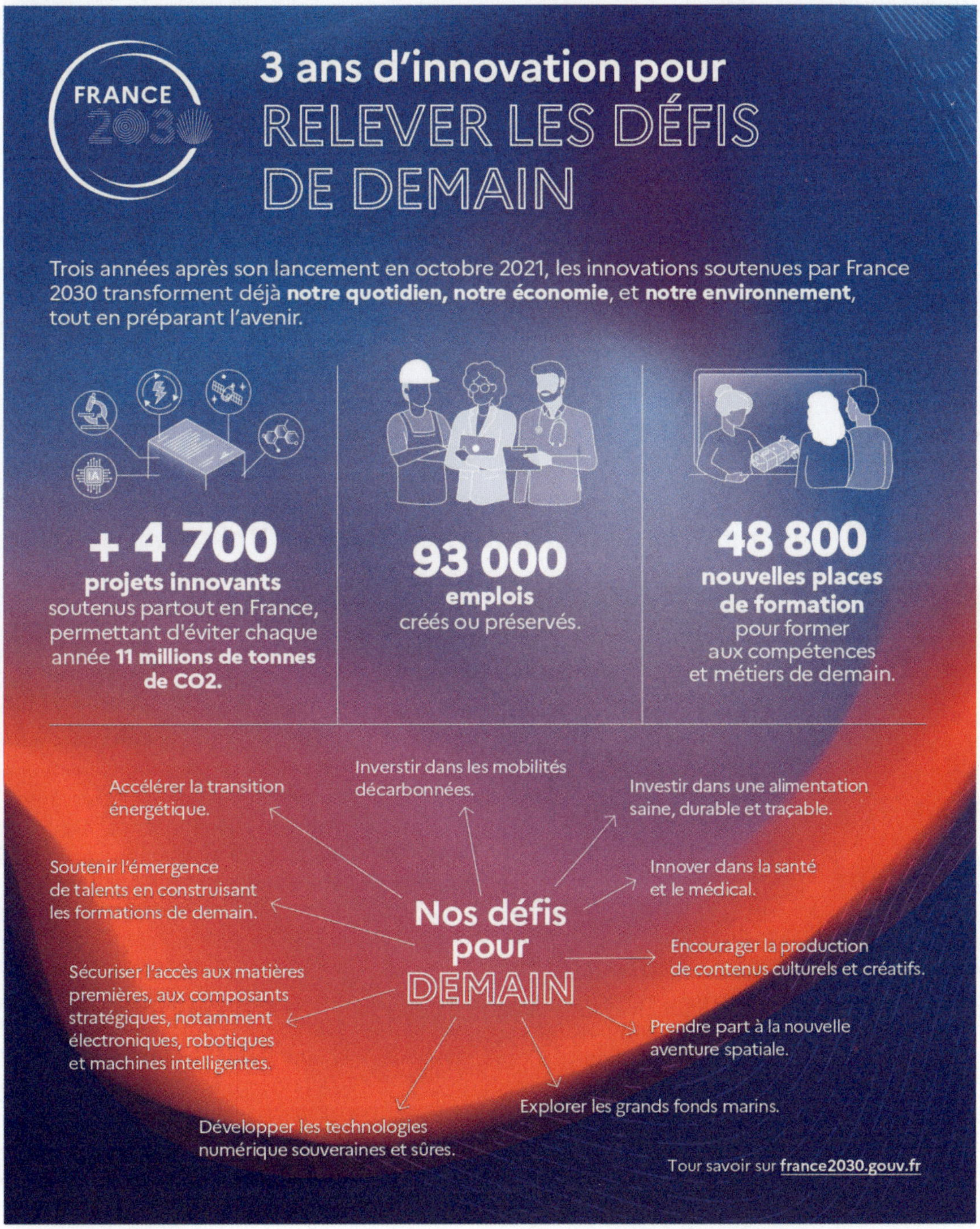

Annexe 8 ▸ Les engagements de la direction France de TotalEnergies

Depuis plusieurs années, l'entreprise diversifie ses activités pour devenir une compagnie multi-énergies, engagée comme toute la société vers la neutralité carbone. Elle a l'ambition de jouer un rôle majeur dans la transition énergétique vers une moindre dépendance aux énergies fossiles. Cette transformation s'accompagne d'une nouvelle dynamique et d'un partage des objectifs avec les parties prenantes de l'entreprise. La direction France de TotalEnergies cherche à tisser des liens avec les parties prenantes publiques et privées locales et à œuvrer au mieux pour le développement des territoires, comme elle le fait depuis 1979.
Outre l'accompagnement à la conversion des sites industriels TotalEnergies en région, l'entreprise a développé trois programmes de soutien aux entrepreneurs locaux.

Aide au financement de l'activité	Soutien aux projets industriels	Aide et accompagnement au développement international
TotalEnergies propose un prêt sans intérêt (PTZ) dédié à la création ou à la reprise d'une entreprise en France.	Accompagnement des mutations industrielles et développement des bassins d'emploi où TotalEnergies est implantée.	TotalEnergies soutient les PME et les ETI françaises qui souhaitent se développer à l'international.

Source : d'après « Nos engagements », direction-france.totalenergies.fr.

Annexe 9 ▸ Des investissements disciplinés et durables

TotalEnergies soutient les objectifs de triplement des énergies renouvelables et de doublement de l'efficacité énergétique d'ici 2030, ainsi que celui d'éliminer l'essentiel des émissions de méthane à cette date. Ces objectifs sont au cœur de la feuille de route de la Compagnie d'ici 2030. [...]
Nous avons investi 17,8 milliards de dollars en 2024, dont 27 % dans les énergies bas carbone, essentiellement dans l'électricité. [...] [Nous maintenons un objectif de dépenses annuelles d'investissement de 14 à 18 milliards de dollars sur les cinq prochaines années.]

Source : « Des investissements disciplinés et durables », totalenergies.com.

Annexe 10 ▸ La politique environnementale de l'Union européenne

Avec le Pacte Vert (Green Deal), l'Union européenne a pour ambition de devenir une économie moderne, juste et prospère, efficace dans l'utilisation des ressources et compétitive, caractérisée par l'absence d'émissions nettes de gaz à effet de serre d'ici 2050. L'Union européenne est compétente pour agir dans tous les domaines de la politique environnementale, y compris le changement climatique.

L'objectif collectif fixé par la loi européenne pour le climat en 2021 est de réduire de 55 % les émissions de gaz à effet de serre de l'UE entre 1990 et 2030. À l'issue d'une négociation entre les États membres, le paquet dit « Fit for 55 » a décliné cet objectif avec des cibles et des outils réglementaires différents selon les secteurs et, pour certains secteurs, avec une répartition de l'effort différenciée entre États membres (principe de solidarité). Actuellement, des discussions sont engagées au niveau des institutions européennes et des États membres pour fixer la cible d'émissions de l'UE à l'horizon 2040, qui est un point de passage important vers la neutralité carbone en 2050. En février 2024, la Commission européenne a présenté une proposition pour établir la cible 2040 à – 90 % suite à l'avis du Conseil scientifique consultatif européen pour le climat basé sur une évaluation de la réduction des risques et des coûts.

Source : « L'action climatique européenne pour atteindre la neutralité carbone d'ici 2050 », www.hautconseilclimat.fr, mai 2024.

Le rôle de l'État face à l'existence de déséquilibres économiques

L'État joue un rôle crucial dans l'économie à travers trois fonctions principales : l'allocation des ressources, la redistribution des richesses et la régulation des marchés. Il garantit ainsi le bon fonctionnement des marchés en corrigeant ses dysfonctionnements (déséquilibres). Pour assurer ses fonctions, l'État met en place des politiques économiques.

I. Le rôle de l'État

- **L'allocation des ressources**

L'allocation des ressources (matérielles, financières, humaines) est modifiée par l'État lorsqu'il intervient sur le marché et produit des biens et services collectifs que le marché ne peut pas assurer seul. Il peut intervenir lorsque l'activité produit des externalités sur les autres agents économiques et qu'il est nécessaire de modifier les comportements pour l'intérêt collectif.

Exemples : Investissement dans des infrastructures comme les routes, les écoles et les hôpitaux, mise en place de taxes, règles ou subventions pour modifier le comportement des agents.

- **La redistribution des richesses**

La fonction de redistribution de l'État, justifiée par des critères de justice sociale, vise à réduire les inégalités de revenus et de patrimoine entre les individus créées par les marchés.
Pour assurer cette fonction, l'État modifie les revenus primaires en prélevant des impôts et cotisations et en reversant des prestations sociales appelées aussi revenus de transfert.
Les impôts permettent aussi de collecter des fonds pour financer des services publics.

Exemples : Versement des aides sociales, allocations familiales, APL, bourses scolaires...

- **La régulation économique**

Cette fonction consiste à faire face aux déséquilibres économiques et à stabiliser l'activité économique.
Les déséquilibres économiques apparaissent quand le fonctionnement du marché ne permet pas d'atteindre un équilibre spontanément : faible croissance nationale, chômage, inflation et déficit de la balance commerciale.

Pour assurer cette régulation et soutenir l'activité à court terme, l'État met en place des politiques économiques conjoncturelles. Pour assurer une croissance à plus long terme en transformant plus en profondeur l'économie, l'État mène une politique économique structurelle.

II. Les objectifs des politiques économiques

Les objectifs à court terme des politiques économiques sont une croissance soutenue, un taux de chômage faible, une inflation stable et une balance commerciale équilibrée.

- **Soutenir la croissance économique**

La croissance d'un pays est mesurée par le taux de croissance de son produit intérieur brut (PIB). Le PIB est la somme des valeurs ajoutées, c'est-à-dire des richesses créées par l'activité de production des entreprises.

Les principales sources de la croissance sont l'amélioration de la productivité des facteurs de production, le progrès technique, la croissance démographique. L'État peut soutenir la croissance en stimulant l'innovation, en finançant des infrastructures, en soutenant les entreprises.

Exemple : La loi PACTE (plan d'action pour la croissance et la transformation des entreprises) vise à lever les obstacles à la croissance des entreprises (simplification de la création d'entreprise, aide au financement, à la transmission des entreprises et soutien à l'innovation).

La croissance est nécessaire au développement économique d'un pays. Si la croissance est un phénomène quantitatif, le développement est un phénomène plus qualitatif.
Le développement peut être mesuré par l'IDH (indicateur de développement humain) qui prend en compte le PIB, mais aussi l'espérance de vie et le niveau d'éducation.

- **Lutter contre le chômage**

Le taux de chômage représente la part des personnes sans emploi et qui en recherchent sur l'ensemble de la population active.

Un chômage élevé peut être causé par une activité et une croissance faibles, la mondialisation qui exacerbe la concurrence internationale, mais aussi la recherche de gain de compétitivité qui passe par une réduction des coûts salariaux, des changements technologiques.

Ce déséquilibre entraîne des conséquences économiques et sociales importantes : une baisse du pouvoir d'achat et de la consommation. Il en résulte une baisse de la production et un effet aggravant sur le taux de croissance. La compétitivité des entreprises est aussi impactée.

Pour lutter contre le chômage, l'État peut mener différentes politiques :
- soutenir la demande globale (politique de relance) en favorisant la consommation des ménages et/ou l'investissement des entreprises ;
- alléger le coût du travail pour inciter les entreprises à embaucher ;
- favoriser le retour à l'emploi en facilitant l'insertion professionnelle ;
- mener une politique de formation pour adapter les qualifications des individus aux besoins du marché du travail…

Exemple : Pour faciliter son insertion professionnelle, un demandeur d'emploi peut bénéficier d'aides à la reprise ou création d'activité attribuées par l'État (ARCE : aide à la reprise ou à la création d'entreprise).

- **Favoriser une inflation faible et stable**

L'inflation est la hausse généralisée et soutenue du prix des biens et services.

Elle peut être causée par une augmentation de la demande, une hausse des coûts de production, des problèmes d'approvisionnement, une dépréciation de la monnaie.

Une forte inflation impacte à la baisse le pouvoir d'achat des ménages, surtout lorsqu'il s'agit de la hausse des prix des produits de première nécessité comme les produits alimentaires ou l'énergie. Les entreprises doivent faire face à une baisse de la consommation des ménages et à une hausse des coûts des matières premières. Face à l'inflation, l'État prend des mesures pour préserver le pouvoir d'achat des ménages et soutenir les entreprises.

Exemples : Primes de pouvoir d'achat, chèque énergie, revalorisation des prestations sociales…

La Banque centrale européenne peut mobiliser la politique monétaire pour contenir l'inflation et préserver la valeur de la monnaie (voir les politiques monétaires, FR2).

- **Équilibrer les échanges extérieurs**

Le solde de la balance commerciale (différence entre les exportations et les importations en valeur) permet de mesurer l'équilibre dans les échanges d'un pays avec les autres pays.

Si les exportations sont supérieures aux importations, on parle d'excédent commercial. À l'inverse, il s'agit d'un déficit commercial. Un déficit commercial peut avoir comme origine un manque de compétitivité nationale (compétitivité prix et hors prix), un ralentissement de l'activité des pays partenaires, une dépendance énergétique. Dans ce dernier cas, une hausse des prix de l'énergie vient aggraver le déficit.

La France exporte principalement des services, des produits agricoles et alimentaires, des produits de l'industrie automobile, du luxe et importe surtout les matières premières, son énergie et les biens de consommation fabriqués en Asie. Si elle importe trop, la dette peut devenir difficile à supporter.

Face à la dégradation de la balance commerciale, l'État peut prendre des mesures pour faciliter l'accès des entreprises (surtout les PME) aux marchés étrangers et développer leurs exportations, soutenir leur compétitivité, réduire la dépendance énergétique grâce à une transition plus économique en énergie.

Exemples : Accompagnement et aides financières publiques des entreprises dans leur développement à l'export, aides fiscales à la transition énergétique des entreprises.

Ces mesures adaptées peuvent être menées dans le cadre de politiques conjoncturelles pour corriger les déséquilibres à court terme et/ou de politiques structurelles pour favoriser les conditions favorables à l'amélioration à plus long terme du fonctionnement du marché.

Les politiques économiques : outils et impacts sur l'environnement des entreprises

I. Les politiques conjoncturelles

L'État mène des politiques conjoncturelles quand il souhaite agir rapidement, à court terme, sur les déséquilibres économiques. Principalement budgétaire et monétaire, ces politiques peuvent avoir comme objectif la relance ou la rigueur en utilisant des outils différents.

	La politique budgétaire consiste à utiliser les recettes et les dépenses publiques pour influencer l'activité économique.	**La politique monétaire vise à contrôler l'offre de monnaie et les taux d'intérêt pour influencer l'inflation et la croissance.**
	La politique budgétaire	**La politique monétaire**
Mise en œuvre	Par l'État au niveau national – Le budget est voté par le Parlement (loi de finances annuelle)	Par la BCE (Banque centrale européenne) au niveau des pays de la zone euro
Objectif de relance	La politique budgétaire de relance consiste à soutenir la demande pour favoriser la croissance économique.	La politique monétaire de relance (ou expansionniste) vise à baisser le coût des crédits pour stimuler l'activité économique.
Outils	↗ des dépenses publiques ↘ des recettes fiscales	↘ des taux d'intérêt
Effets attendus	Amélioration du pouvoir d'achat *Exemple : La hausse de certaines prestations sociales (RSA, APL…) va augmenter le pouvoir d'achat des ménages.* Relance de la consommation des ménages et de l'investissement des entreprises Soutien de la croissance, hausse de la production, baisse du chômage	Baisse du coût du crédit qui favorise la hausse de la consommation et des investissements, hausse de la demande sur les marchés, croissance, baisse du chômage
Limites	Aggravation du déficit public (dépenses > recettes publiques) – Augmentation de la dette publique et de sa soutenabilité – Une trop forte demande peut être source d'inflation	Accélération de l'inflation et baisse de la valeur de la monnaie (dépréciation)
Objectif de rigueur	La politique budgétaire de rigueur vise à assainir la gestion de l'État (résorber le déficit, la dette publique) et à lutter contre l'inflation.	La politique monétaire de rigueur a comme principal objectif de lutter contre l'inflation.
Outils	↘ des dépenses publiques ↗ des recettes fiscales	↗ des taux d'intérêt
Effets attendus	Baisse de l'inflation Réduction du déficit budgétaire, de la dette publique (restaure la confiance dans l'économie)	Coût du crédit plus élevé ralentit la consommation et les investissements Baisse de la demande sur les marchés favorise la baisse des prix
Limites	Risque de ralentissement de l'activité économique, hausse du chômage	Risque de ralentissement de l'activité lié à la baisse de la demande

II. Les politiques structurelles

Les politiques structurelles interviennent dans de nombreux domaines. Elles visent à modifier en profondeur la structure de l'économie pour rendre le marché plus efficace durablement. Les principaux domaines d'intervention sont : l'emploi, la protection de l'environnement, l'industrie (donc ni l'agriculture ni les services) et l'aménagement du territoire.

- **La politique de l'emploi**

  Elle regroupe les mesures qui visent à améliorer le fonctionnement du marché du travail (mise en relation plus efficace de l'offre et de la demande de travail) et les mesures qui améliorent l'adaptation des travailleurs à l'évolution des emplois.

  Exemples : Loi pour le plein-emploi (Pôle emploi devient France Travail en 2024 et renforce l'accompagnement aux chômeurs et de proximité aux entreprises), réforme de la formation professionnelle.

- **La politique environnementale**

  Son objectif est de préserver la qualité de l'environnement en luttant contre le réchauffement climatique, protéger la santé et assurer une utilisation rationnelle des ressources naturelles.

  Exemple : Depuis les accords de Paris en 2015, la France a comme ambition la neutralité carbone des transports et des bâtiments à l'horizon 2050.

- **La politique industrielle**

  Elle favorise les secteurs considérés comme stratégiques, soutient les PME, encourage le développement de secteurs d'avenir. Elle soutient la recherche, le développement et l'innovation et favorise depuis quelques années la réindustrialisation sur le territoire (notamment sur des activités dites stratégiques).

  Exemples : Mise en place de dispositifs fiscaux comme le crédit d'impôt recherche (CIR), le crédit d'impôt innovation, accompagnement des entreprises en difficulté dans les secteurs de la chimie et de l'acier, particulièrement exposés à la concurrence.

- **La politique d'aménagement du territoire**

  Elle vise à corriger les disparités entre les territoires, à attirer les entreprises en développant des infrastructures de transport et de communication.

  Exemples : Investissement public pour développer le numérique sur tout le territoire, programme France Num qui accompagne les entreprises dans leur développement numérique.

III. Les politiques d'offre et de demande

Qu'elles soient conjoncturelles ou structurelles, les politiques économiques agissent sur l'offre ou sur la demande.

- **Les politiques de demande**

  La politique de la demande vise à stimuler l'activité économique en améliorant la demande globale, c'est-à-dire la consommation des ménages, l'investissement des entreprises par une augmentation des dépenses publiques et/ou une baisse des recettes publiques. L'État agit directement sur les moteurs de la demande par des mesures qui favorisent le pouvoir d'achat.

  Exemples : L'augmentation des minimas sociaux, la baisse des impôts pour certains ménages.

- **Les politiques d'offre**

  La politique de l'offre vise à l'inverse à agir sur les conditions de production pour stimuler la production et la compétitivité des entreprises. L'action de l'État se concentre sur les facteurs qui influencent l'offre.

  Exemples : Réduction du coût du travail, incitations à l'investissement, incitations à l'embauche.

Les limites à l'action de l'État sur l'économie et l'activité des entreprises

I. Les limites de l'action de l'État sur l'économie

Dans un contexte où la croissance est faible et les déficits élevés, le dosage de la politique conjoncturelle est difficile à trouver : pour soutenir la croissance, il faut pratiquer la relance, mais pour résorber le déficit public, il faut mener une politique plus restrictive qui ralentit l'économie.

Exemple : La politique française du « quoi qu'il en coûte » a permis d'éviter le pire en termes de conséquences économiques et sociales de la crise du Covid-19 mais a entraîné une forte augmentation du déficit public et de la dette. Le déficit a triplé en 2020, atteignant un niveau sans précédent de 9,2 % du PIB. Les gouvernements ont ensuite mené des politiques de rigueur budgétaires pour résorber le déficit par une baisse des dépenses.

Les effets de la politique conjoncturelle sont aussi très incertains. Les effets de la politique monétaire dépendent de la sensibilité (élasticité) de la demande (consommation et investissement) à la variation des taux d'intérêt.

L'efficacité de la politique peut aussi être limitée par les anticipations des agents économiques (rationnels). Les ménages et/ou entreprises anticipent l'utilisation des leviers utilisés (hausse ou baisse des impôts, variation des taux d'intérêt) et adoptent un comportement adapté inverse à celui recherché.

Exemple : Face à une politique budgétaire de relance, les agents économiques peuvent anticiper une détérioration des déficits et une hausse future des impôts et vont épargner au lieu de consommer.

II. Les limites de l'action de l'État dans un contexte d'internationalisation

Dans un contexte d'internationalisation des économies et de leur interdépendance, l'action de l'État est limitée par la contrainte extérieure. L'augmentation de la demande recherchée par la politique de relance peut s'adresser à des produits étrangers, ce qui vient réduire l'impact sur l'activité nationale. La forte mobilité des capitaux rend aussi plus difficile l'action de l'État. Par exemple, les entreprises multinationales peuvent facilement contourner les réglementations nationales en s'implantant dans des pays où elles sont moins contraignantes. Pour faciliter les échanges et attirer les investissements, les États sont souvent contraints d'harmoniser leurs politiques (fiscalité, réglementation, etc.). Cette harmonisation peut entraîner une perte de souveraineté et une réduction de la capacité des États à mener des politiques de régulation nationales adaptées.

III. Les principes de la régulation supranationale dans le cadre européen

- **Les politiques économiques décidées par l'Union européenne** visent à assurer la prospérité et la stabilité économique de l'ensemble des États membres. Certaines relèvent de sa compétence exclusive :

– la politique monétaire décidée par la Banque centrale européenne pour la zone euro ;

Exemple : Dans un contexte de ralentissement économique et d'inflation stabilisée, la BCE a décidé début 2025 de maintenir sa politique de réduction de ses taux d'intérêt directeurs.

– la politique commerciale ;

Exemple : L'UE négocie depuis plusieurs années l'accord qui vise à créer une zone de libre-échange avec les pays du Mercosur (Argentine, Brésil, Paraguay et Uruguay).

– la politique de la concurrence.

Vidéo Les compétences de l'UE (5'56) liennathan.fr/ms4mg2

- **L'encadrement européen des politiques économiques nationales :**

À l'inverse de la politique monétaire, la politique budgétaire demeure une compétence nationale. L'Union européenne encadre toutefois la politique budgétaire des pays membres de la zone euro pour réduire le risque de défaillance des États. Le pacte de stabilité et de croissance (PSC) vise à garantir que les pays équilibrent leurs finances publiques et coordonnent leurs politiques budgétaires. Après avoir été suspendu en raison de la crise sanitaire, puis révisé, il est à nouveau en vigueur depuis le 30 avril 2024 : le déficit public ne doit pas dépasser 3 % du PIB et la dette publique doit être inférieure à 60 % du PIB. Le PSC est un outil de surveillance car les États présentent chaque année les objectifs budgétaires qu'ils s'engagent à respecter. C'est aussi un outil de dissuasion pour ne pas créer des déficits publics excessifs. Des sanctions graduelles et financières peuvent être appliquées.

Quel est le rôle de l'État dans la régulation économique ?

L'État face à l'existence de déséquilibres économiques :

Le rôle de l'État

- L'allocation des ressources
- La redistribution des richesses
- La régulation économique

Les objectifs des politiques économiques

- Soutenir la croissance économique
- Lutter contre le chômage
- Favoriser une inflation faible et stable
- Équilibrer les échanges extérieurs

Les impacts des politiques économiques sur l'environnement des entreprises :

Les politiques conjoncturelles

Politiques qui impactent à court terme les entreprises

- **Politique budgétaire :** action sur les dépenses publiques, les recettes (impôts)
- **Politique monétaire :** action sur les taux d'intérêt (politique menée par la BCE)

De relance ou de rigueur

Les politiques structurelles

Elles modifient en profondeur l'environnement des entreprises pour rendre le marché plus efficace sur le long terme.
Exemples : politique de l'emploi, politique environnementale, politique industrielle.

Politiques qui stimulent la demande (**politique de demande**) et/ou agissent sur les conditions de production (**politique de l'offre**)

Les limites à l'action de l'État sur l'économie et l'activité des entreprises :

Les effets des politiques de relance peuvent être limités :
- par la hausse des déficits publics et leur financement ;
- par les anticipations des agents qui peuvent adopter un comportement opposé à celui attendu.

Le cadre concurrentiel international, l'interdépendance des économies et la mobilité des capitaux freinent la portée de l'action de l'État au niveau national.

Les politiques nationales et les stratégies des entreprises sont directement impactées par les décisions de l'Union européenne (*ex. : compétence exclusive en matière monétaire, encadrement de la politique budgétaire avec le PSC*).

1 Tester vos connaissances

Quiz
Se tester sur les savoirs associés de la question 4
liennathan.fr/6gpdpw

→ Réaliser le quiz en ligne et noter votre score.

Remarque : vous pouvez recommencer autant de fois que vous le souhaitez jusqu'à atteindre le score que vous estimez satisfaisant en fonction de vos objectifs.

2 Repérer l'impact des politiques sur l'environnement d'une entreprise pharmaceutique *

Au cours d'un déplacement dans le Puy-de-Dôme, les ministres de l'Industrie et de la Santé annoncent des aides publiques dans le cadre du plan France 2030.
Sept entreprises de plus vont en bénéficier en 2025, dont l'entreprise pharmaceutique Euroapi de Vertolaye qui va recevoir « des dizaines de millions d'euros ».

→ 1. Expliquer les objectifs des mesures de soutien à l'entreprise Euroapi.

→ 2. Indiquer s'il s'agit d'une politique conjoncturelle ou structurelle.

→ 3. Repérer quels peuvent être les effets de cette mesure pour l'entreprise.

Annexe 1 ▸ Euroapi

Euroapi est leader mondial des principes actifs pharmaceutiques (substances chimiques qui entrent dans la composition d'un médicament) avec environ 200 références en portefeuille. Cette entreprise de taille intermédiaire (ETI) est une des entreprises dont Sanofi a cédé une partie du capital en 2022. Sanofi reste pour le moment actionnaire principal de son ancienne filiale.

Annexe 2 ▸ L'État et les « médicaments essentiels »

Sept entreprises supplémentaires soutenues par l'État dans le cadre de France 2030

Sept nouvelles entreprises bénéficieront d'aides publiques visant à relocaliser en France la production de médicaments essentiels [...].

Ce soutien de l'État octroyé à 14 projets « en contrepartie d'engagements des industriels sur une sécurisation de l'approvisionnement du marché français » doit aider à concrétiser quelque 300 millions d'euros d'investissements dans l'Hexagone [...].

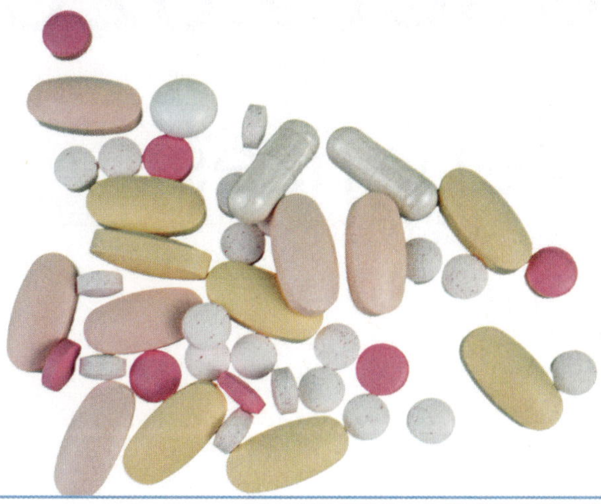

Ils s'ajoutent aux projets soutenus dans le cadre du plan France Relance, visant à renforcer la production de 42 médicaments essentiels dont l'approvisionnement dépend d'importations extra-européennes. [...]

Regagner en souveraineté

En restructuration, Euroapi, cotée en Bourse depuis mai 2022 et dont le géant pharmaceutique Sanofi est actionnaire à hauteur de près de 30 %, a vu le mois dernier son directeur général et la présidente de son conseil d'administration démissionner, ce qui a fait plonger le cours de son action.

Les deux ministres doivent lancer ce déplacement dans le Puy-de-Dôme, consacré à « la souveraineté sanitaire » [...].

Source : « "Médicaments essentiels" : 7 entreprises supplémentaires soutenues par l'État dans le cadre de France 2030 », www.sudouest.fr, 6 janvier 2025.

3 Identifier les principales politiques économiques nationales **

Le projet de loi de finances propose l'ensemble des recettes et dépenses de l'État pour l'année suivante. Adopté chaque année sur vote du Parlement (Assemblée nationale et Sénat), il détermine le budget, c'est-à-dire la nature, le montant et l'affectation des ressources et des charges selon un équilibre économique et financier déterminé.

Chaque année, les entreprises sont attentives aux orientations économiques qui impactent directement leur activité.

→ 1. Expliquer quel est l'objectif général de la loi de finances pour 2025.

→ 2. Indiquer, pour chaque mesure présentée dans l'annexe, si elle relève d'une politique conjoncturelle et/ou structurelle.

→ 3. Présenter les différentes mesures pour les particuliers. Quels sont les impacts possibles de chaque mesure sur le comportement des ménages ?

→ 4. Analyser les conséquences que peuvent avoir certaines mesures sur l'activité des entreprises.

Annexe ▸ Extrait de la loi de finances pour 2025

Le projet de loi de finances prévoit de redresser les comptes publics et de ramener le déficit public à 5,4 % du PIB en 2025. Dans cet objectif, il propose en particulier une baisse des dépenses de l'État et des taxes exceptionnelles sur les plus fortunés et les plus grandes entreprises.

- Le projet de loi prévoit l'indexation du barème de l'impôt sur le revenu sur l'inflation afin de neutraliser ses effets sur le niveau d'imposition des ménages. En l'absence d'une telle indexation, les particuliers auraient été redevables de 3,7 milliards d'euros (Md€) d'impôts supplémentaires cette année.
- Les ménages les plus aisés vont être assujettis en 2025 à une contribution différentielle sur les plus hauts revenus (CDHR). Cette contribution visera les personnes les plus riches (revenu fiscal annuel dépassant 250 000 € pour un célibataire et 500 000 € pour un couple), dont le taux d'impôt sur le revenu est en dessous de 20 %. Ces contribuables devront verser un acompte au Trésor public. Le dispositif a été limité à un an (contre trois ans à l'origine).
- L'écotaxe (malus CO_2 et malus au poids dit malus masse) sur les véhicules polluants est renforcée.
- Le taux réduit de TVA ne s'appliquera plus pour l'achat et l'installation des chaudières à gaz.
- La taxe de solidarité sur les billets d'avion (TSBA) est alourdie, mais moins que prévu au départ. Le tarif en classe économique pour les destinations européennes est fixé à 7,40 euros (contre 2,63 euros aujourd'hui).
- Une contribution exceptionnelle sur les bénéfices des grandes entreprises (CEBGE) est instituée pendant un an. Elle ciblera les quelque 400 entreprises qui réalisent un chiffre d'affaires d'au moins 1 Md€ et sont redevables de l'impôt sur les sociétés.

Source : d'après « Loi du 14 février 2025 de finances pour 2025 », www.vie-publique.fr, 15 février 2025.

4 Repérer l'impact des politiques sur l'environnement d'une agence immobilière **

L'agence immobilière CAP IMMO d'Amboise est une agence indépendante qui ne dépend d'aucune franchise. Elle travaille de manière autonome et développe son propre portefeuille de clients et de biens.

Depuis deux ans, les projets sont figés et la responsable de l'agence espère que les taux d'intérêt seront bientôt à la baisse pour redynamiser le secteur immobilier de la région.

→ 1. Identifier la politique économique choisie par la BCE.

→ 2. Repérer quel(s) déséquilibre(s) économique(s) la BCE tente de résoudre.

→ 3. Expliquer par quel mécanisme la politique choisie par la BCE peut atteindre son objectif.

→ 4. Analyser l'impact que peut avoir cette politique sur l'activité de l'agence immobilière CAP IMMO d'Amboise.

Annexe ▸ La BCE baisse ses taux d'intérêt de 0,25 point

La Banque centrale européenne (BCE) a annoncé jeudi 30 janvier 2025 une nouvelle baisse des taux directeurs* de 0,25 point [...]. Cette décision s'inscrit dans un contexte de ralentissement économique et d'inflation désormais stabilisée autour de 2 %. Depuis juin 2024, la BCE a abaissé ses taux à cinq reprises, marquant une série de décisions économiques qui influent directement sur les marchés financiers.

Mais qu'en est-il de l'impact sur le crédit immobilier ? Comment les emprunteurs peuvent-ils en bénéficier et quelles perspectives se dessinent [...] ?

Comprendre la politique de baisse des taux de la BCE

Pour bien saisir l'impact sur le crédit immobilier, il faut d'abord comprendre pourquoi la BCE ajuste ses taux directeurs. Lors de ses baisses successives, la BCE cherche à soutenir la croissance économique, en rendant le coût du crédit plus accessible. L'objectif est de stimuler la consommation et l'investissement en période de ralentissement économique.

La réduction des taux directeurs diminue généralement les taux d'intérêt auxquels les banques se financent, ce qui se répercute sur les prêts qu'elles accordent aux particuliers. [...]

Les taux directeurs, fixés par la Banque centrale européenne (BCE), influencent les taux d'intérêt des banques commerciales et régulent l'économie en ajustant le coût du crédit et de l'épargne. [...]

Concrètement, cette politique permet aux banques d'offrir des conditions plus favorables aux emprunteurs.

L'impact direct sur les crédits immobiliers

La baisse des taux de la BCE n'est pas sans conséquence pour les emprunteurs qui souhaitent accéder au crédit immobilier. Depuis juin 2024, de nombreux taux de crédit ont enregistré une baisse significative.

Cette réduction permet à de nombreux candidats à l'achat immobilier de bénéficier de mensualités plus légères ou d'emprunter davantage pour financer leur projet.

En effet, lorsque les taux baissent, la capacité d'emprunt des particuliers augmente. Pour une même mensualité, un emprunteur peut désormais financer un montant plus important.

Cette évolution profite aux primo-accédants et aux investisseurs immobiliers, qui voient leurs projets devenir plus abordables.

Source : Maitane Beraza, « La BCE baisse ses taux d'intérêt de 0,25 : quel impact sur votre crédit immobilier ? », www.cafpi.fr, 31 janvier 2025.

* Ces taux ont un impact direct sur les taux d'intérêt proposés sur le marché aux ménages et entreprises.

5 Identifier une politique économique et analyser son impact sur une start-up spécialisée en IA ***

Après plusieurs annonces réalisées dans le cadre du Sommet international pour l'action sur intelligence artificielle organisé par le gouvernement à Paris en février 2025, le chatbot français Le Chat a créé la surprise en éclipsant ChatGPT dans le top des téléchargements.

→ 1. Expliquer l'objectif de l'État à travers l'organisation d'un tel sommet sur l'IA.

→ 2. Présenter ce type de politique.

→ 3. Repérer l'impact de ce sommet sur la start-up française Mistral AI.

→ 4. Indiquer quel est l'impact attendu des mesures annoncées lors du sommet sur toutes les entreprises françaises.

Annexe 1 ▸ Sommet pour l'action sur l'intelligence artificielle à Paris

La France accueillait de nombreux chefs d'État, chercheurs et patrons des entreprises les plus célèbres du secteur de l'intelligence artificielle. L'occasion d'annoncer une pluie d'investissements et faire des déclarations d'intention pour une IA plus durable et inclusive.

Des milliards, des milliards et encore des milliards. Le « Sommet pour l'action sur l'intelligence artificielle » (IA), qui a réuni à Paris de nombreux chefs d'État et d'entreprises de ce domaine en plein essor, lundi 10 et mardi 11 février [2025], a été le théâtre de nombreuses annonces censées accélérer le développement de ce secteur technologique.

Plus de 300 milliards d'euros d'investissements prévus dans les prochaines années, nouveaux centres de données un peu partout en France, déclarations pour encourager à créer des IA plus « ouvertes » et « inclusives »... [...]

L'Élysée martèle qu'il s'agit d'« un montant colossal, jamais vu ». Des investisseurs privés vont injecter 109 milliards d'euros dans les entreprises et infrastructures numériques de la France au cours des prochaines années, ce qui devrait notamment servir à y développer le secteur de l'IA.

Source : Luc Chagnon, « Milliards d'euros d'investissements, appel à une IA plus "ouverte"... Ce qu'il faut retenir du Sommet pour l'action sur l'intelligence artificielle à Paris », www.francetvinfo.fr, 11 février 2025.

Annexe 2 ▸ 3 000 entreprises françaises invitées au sommet de l'IA à Paris

Le Sommet de février 2025 sur l'IA a été un événement crucial pour les entreprises françaises qui souhaitaient se tenir informées des dernières avancées en matière d'IA, échanger avec d'autres acteurs du secteur, promouvoir leurs solutions et participer à une réflexion sur les enjeux éthiques de l'IA. Une opportunité pour elles de rester compétitives, nouer des partenariats et contribuer à l'avenir de cette technologie.

Annexe 3 ▸ Le Français de l'IA Mistral lance l'application Le Chat

La start-up française MistralAI, spécialisée dans l'intelligence artificielle et concurrente du géant américain OpenAI, a rendu son agent conversationnel disponible en version application mobile jeudi. « Le Chat », nom de l'outil développé par la start-up et comparable à ChatGPT, est désormais téléchargeable sur les magasins d'applications Android et Apple. « Votre acolyte IA ultime pour la vie et le travail », vante Mistral dans un message posté sur le réseau X et accompagné d'une vidéo. L'annonce survient au premier jour de tables rondes scientifiques associées au Sommet de Paris pour l'action sur l'intelligence artificielle [...]. Fondée par plusieurs chercheurs français passés par les laboratoires de recherche des géants américains, Mistral a fait son entrée sur la scène de l'IA en mai 2023, avant de lancer « Le Chat » en février 2024. La société dévoile en même temps un partenariat avec Microsoft, qui apporte un investissement de 15 millions d'euros.

Source : « Le Français de l'IA Mistral lance l'application mobile "Le Chat" », AFP, 9 février 2025.

Question 5

Comment les activités économiques sont-elles régulées par le droit ?

Compétences visées et points d'étude dans le chapitre :

- Repérer les enjeux du droit de la concurrence et du droit de la propriété industrielle pour l'entreprise
  → Contexte | Mission 1 | Fiche ressource 1
- Repérer les enjeux du droit de la propriété industrielle pour l'entreprise
  → Mission 2 | Fiche ressource 2 | Activité 2 | Activité 3
- Repérer les enjeux du droit de la concurrence pour l'entreprise
  → Mission 3 | Fiche ressource 3 | Activité 4 | Activité 5

Contexte

ACCRO et le marché de l'alimentation durable

Plus de 54 % des Français se disent prêts à consommer du végétal ! Qu'à cela ne tienne, la PME innovante Nxtfood commercialise des alternatives végétales à la viande sous la marque « ACCRO, le végétal qui envoie du goût » depuis 2022. Ses références sont disponibles dans 1 700 points de vente et elle a lancé une gamme destinée aux restaurateurs.

Tous ses produits sont fabriqués dans son usine de Vitry-en-Artois (62) dans les Hauts-de-France et sont à base de protéines de pois et de blé cultivés en France, à moins de 300 km de son usine. La gamme est large avec 19 produits, du haché végétal aux nuggets végétaux, en passant par des boulettes végétales.

Pour réussir à fabriquer des produits au goût « aussi savoureux que de la viande », il a fallu plus de deux ans de recherche, de préparation et la construction d'une usine avant de pouvoir les commercialiser.

Pour mieux se faire connaître et faire essayer ses produits ACCRO, l'entreprise Nxtfood s'est associée au chef belge Arnaud Delvenne – finaliste de l'émission Top Chef saison 13 – qui cuisine ses produits sur les réseaux sociaux. Elle a également conclu une collaboration avec le chef étoilé Thierry Marx qui a développé des recettes à partir des produits de la marque, comme la recette du « burger du futur » préparée avec le haché 100 % végétal sous la marque ACCRO.

Aujourd'hui, l'entreprise a l'ambition de devenir un acteur incontournable sur le marché européen. Sa directrice marketing veut s'assurer d'agir en respectant le droit dans un contexte de forte concurrence. Son objectif est de protéger l'activité économique.

Vidéo
Présentation d'ACCRO (5:22)
liennathan.fr/kh2vqf

L'étude est composée de trois missions…

- Mission 1 : ACCRO, un acteur économique sur un marché concurrentiel
- Mission 2 : La protection de sa marque et de ses innovations
- Mission 3 : Le respect du droit de la concurrence

… et d'un dossier documentaire

- Annexe 1 : ACCRO sur le marché de l'alimentation durable
- Annexe 2 : Les vertus de la concurrence
- Annexe 3 : L'Autorité de la concurrence soutient le développement durable
- Annexe 4 : ACCRO, une marque déposée
- Annexe 5 : Courriel d'un salarié – « T'es accro »
- Annexe 6 : Arrêt de la Cour de cassation
- Annexe 7 : Un nouvel emballage pour ACCRO ?
- Annexe 8 : Extrait d'une conversation avec M. Léodin
- Annexe 9 : Décision Qualcomm (UE, 2019)
- Annexe 10 : L'interdiction d'entente illicite
- Annexe 11 : Une entente condamnée à une amende record dans le secteur de l'électroménager

→ En prenant appui sur le contexte, le dossier documentaire et les fiches ressource, il vous est demandé de répondre aux questions relatives aux missions.

Étude du contexte

Mission 1. ACCRO, un acteur économique sur un marché concurrentiel

Le marché des alternatives végétales à la viande a un fort potentiel de croissance. Nxtfood veut y faire sa place. Cependant, la concurrence est rude et seulement 21 % des consommateurs achètent les produits innovants du marché.

▸ Contexte ▸ Annexe 1 ▸ Annexe 2 ▸ Annexe 3 ▸ Fiche ressource 1

1.1 Expliquer les enjeux d'une concurrence libre et loyale pour les consommateurs et pour l'entreprise Nxtfood.

1.2 Préciser pourquoi Nxtfood aura besoin de protéger ses innovations et sa marque.

1.3 Présenter le rôle de l'Autorité de la concurrence en faveur de l'alimentation durable.

Mission 2. La protection de sa marque et de ses innovations

Un salarié de Nxtfood a trouvé des boulettes végétales sous la marque « T'es accro » dans une supérette. Dans le même temps, Nxtfood voudrait commercialiser ses produits dans un nouvel emballage inspiré par l'invention de M. Clémensou, un agriculteur.

▸ Annexe 4 ▸ Annexe 5 ▸ Annexe 6 ▸ Annexe 7 ▸ Fiche ressource 2

2.1 Conseiller à ACCRO les démarches à entreprendre contre le fabricant des boulettes végétales « T'es accro ». Utiliser une argumentation juridique pour les justifier.

2.2 Évaluer si Nxtfood a la possibilité de déposer un brevet sur son nouvel emballage.

Mission 3. Le respect du droit de la concurrence

Une chaîne de supermarchés – dirigée par M. Léodin – pratique des prix extrêmement bas. Nxtfood a souhaité le rencontrer pour comprendre, mais M. Léodin a évité le sujet et n'a parlé que d'un accord qu'il souhaiterait conclure.

▸ Annexe 8 ▸ Annexe 9 ▸ Annexe 10 ▸ Annexe 11 ▸ Fiche ressource 3

3.1 Analyser si les prix bas de M. Léodin pourraient constituer un abus de position dominante.

3.2 Expliquer à M. Léodin pourquoi accepter sa proposition constituerait une entente illicite.

Dossier documentaire

Annexe 1 ▸ ACCRO sur le marché de l'alimentation durable

Le marché de l'alimentation durable

Les consommateurs veulent plus de végétal ! Plus de 54 % des Français se disent prêts à consommer du végétal, une nouvelle tendance en hausse. Les raisons incluent la santé, la baisse du pouvoir d'achat, l'environnement et le bien-être animal. Pour preuve, entre 2021 et 2023, les ventes d'alternatives végétales à la viande ont augmenté de 32 % selon les données Circana. Mais les prix assez élevés exercés par les acteurs du végétal représentent le dernier frein au développement du secteur en France.

Certified B Corporation

La marque « ACCRO, le végétal qui envoie du goût » lancée en 2021

Nxtfood crée des produits d'alimentation durable : les substituts à la viande aident, en effet, à réduire les émissions de méthane et contribuent à préserver la planète. Ces produits sont de réelles innovations : des hachés, émincés, boulettes et nuggets végans fabriqués en France à partir de protéines de pois et de blé achetées à des producteurs locaux, sans OGM ni colorants. Ainsi, Nxtfood a obtenu la certification B Corp pour son engagement dans le développement durable. Parallèlement, la marque revendique « un goût unique et une texture bluffante » grâce à son investissement dans la recherche et développement.

L'entreprise Nxtfood

- Nxtfood est une PME qui emploie une centaine de salariés.
- L'entreprise a reçu 40 millions d'euros de la part d'investisseurs pour innover sur le marché.
- Pour concevoir des produits innovants, Nxtfood a collaboré avec douze chercheurs pendant deux ans, dans sa nouvelle usine de Vitry-en-Artois.
- L'entreprise maîtrise une technologie unique pour se rapprocher de la viande.
- Pour faire connaître ses produits et sa marque ACCRO, l'entreprise investit en publicité (affichage publicitaire, réseaux sociaux) et participe à des salons d'envergure mondiale, comme le SIRHA. Elle a aussi conclu des partenariats avec des chefs renommés.

Vidéo
L'usine Nxtfood-ACCRO (de 1:16 à 7:54)
liennathan.fr/foy9sx

Les concurrents de Nxtfood

Pour conquérir les consommateurs, les fabricants se livrent une concurrence intense. Ces fabricants sont de petites ou moyennes entreprises (Happyvore, La Vie, Heura et ACCRO) ou des géants de l'agroalimentaire qui veulent devenir leader (Nestlé avec sa marque Garden Gourmet, et dernièrement Aoste avec Better Balance, ou encore Fleury Michon). Mais ce peut être une saine concurrence : « *Notre ambition est d'atteindre les 40 % [de ventes du] marché à la fin de la décennie. [...] La marque ne voit pas forcément d'un mauvais œil l'apparition de nouveaux acteurs du végétal. Nous ne les considérons pas comme des concurrents, mais plutôt comme un moyen pour nous d'aider à rendre la catégorie encore plus visible et d'accélérer son développement* », explique Guillaume Gachet, directeur marketing de Garden Gourmet du groupe Nestlé, dans le magazine *Points de Vente*.

Annexe 2 ▸ Les vertus de la concurrence

	Bénéfices pour les consommateurs	Bénéfices pour les entreprises
Le droit de la concurrence garantit une concurrence libre, loyale et respectueuse de tous les acteurs.	• Des offres adaptées à leurs attentes. • Des prix plus bas. • Des produits et services de qualité. • Plus de choix et de variété.	• Conquérir librement sa clientèle. • Vendre pour financer ses investissements. • Maintenir ses emplois. • Être stimulé pour innover.
Le droit de la propriété industrielle protège et encourage : – les investissements de l'entreprise en R&D ; – les investissements en communication.	• L'accès à des innovations et des améliorations. • La capacité à identifier, sans confusion possible, les entreprises par leur marque.	• Pouvoir, seul, tirer des avantages de ses propres innovations. • Pouvoir, seul, mettre en avant sa propre marque.

D'après « Les vertus de la concurrence », Autorité de la concurrence.

Annexe 3 ▸ L'Autorité de la concurrence soutient le développement durable

Développement durable et concurrence, une combinaison qui progresse

En matière de développement durable, les entreprises prennent désormais part au changement. Si, de prime abord, la politique de concurrence n'apparaît pas en première ligne sur les questions de durabilité, droit de la concurrence et développement durable trouvent cependant un point de rencontre dans la mesure où, en protégeant le processus concurrentiel, le droit de la concurrence protège et promeut non seulement le bien-être du consommateur, qui s'exprime de plus en plus vers des produits durables, mais également les innovations durables. Plus directement encore, le droit de la concurrence encadre les initiatives envisagées par les acteurs économiques en matière de développement durable.

« Développement durable et concurrence, une combinaison qui progresse », www.autoritedelaconcurrence.fr.

Vidéo
L'autorité de la concurrence et ses missions (jusqu'à 2:20)
liennathan.fr/g6994c

Annexe 4 ▸ ACCRO, une marque déposée

Bulletin officiel de la Propriété intellectuelle du 23 avril 2021

A 92 – INPI – DÉPÔT ÉLECTRONIQUE	Dépôt du 30 mars 2021
NXTFOOD Marque déposée en couleurs. Marque figurative.	ACCRO LE VÉGÉTAL QUI ENVOIE DU GOÛT
Classe n° 29 : fruits et légumes conservés, congelés, gelées, confitures, compotes, boissons lactées d'origine végétale, bouillons, boulettes à base de protéines végétales... Classes n° 30, 31, 35, 43	

Annexe 5 ▸ Courriel d'un salarié – « T'es accro »

Chers collègues,
Un mot sur ma trouvaille... Des boulettes végétales – au rayon frais, comme nous – portant le logo ci-contre. Ce n'est pas tout à fait identique, mais les clients vont croire que c'est nous !
Je confie ces éléments à notre direction. On ne va pas laisser ce fabricant tromper nos clients !
Cordialement,
M. Aubin

T'es accro

Annexe 6 ▸ Arrêt de la Cour de cassation

Chambre commerciale, 25 mars 2014 (extrait)

Il est fait grief à l'arrêt attaqué d'avoir rejeté les demandes de la société X au titre de la contrefaçon, [...] ALORS QU'est interdite, sauf autorisation du propriétaire, l'imitation de la marque d'autrui pour désigner des produits identiques à ceux visés dans l'enregistrement, s'il peut en résulter un risque de confusion dans l'esprit du public ; que l'existence d'un risque de confusion doit être appréciée globalement en tenant compte de la circonstance que le consommateur moyen n'a que rarement la possibilité de procéder à une comparaison directe des différentes marques mais doit se fier à l'image non parfaite qu'il en a gardée en mémoire ; [...] la cour d'appel, qui n'a pas respecté les critères gouvernant l'appréciation globale du risque de confusion, a privé sa décision de base légale au regard de l'article L. 713-3 du Code de la propriété intellectuelle.

Annexe 7 ▸ Un nouvel emballage pour ACCRO ?

L'équipe de recherche et développement de Nxtfood a réussi à fabriquer manuellement un emballage à base de protéines de céréales. Les tests industriels ne sont pas la priorité du moment.

L'équipe R&D s'est inspirée de l'invention d'un agriculteur local, M. Clémensou, qui l'utilise pour vendre des légumes à ses clients directement à la ferme avec la mention « Carton végétal Clémensou ». Son « carton végétal » est un mélange de pâte à papier et de protéines de céréales, plus écologique que le carton et avec les mêmes qualités.
M. Clémensou communique volontiers sur son invention mais n'a pas déposé de marque « Carton végétal Clémensou ». Il garde secrète sa recette et n'a pas souhaité, non plus, déposer de brevet à l'INPI : « *Un secret, c'est un secret !* ».

Annexe 8 ▸ Extrait d'une conversation avec M. Léodin

« Je ne suis qu'un petit entrepreneur, même si mes supermarchés détiennent plus de la moitié des ventes végétales dans la région… Oui, les clients se précipitent chez moi pour acheter des produits végétaux. On les comprend, je casse les prix… Mon but, c'est de dissuader cette nouvelle chaîne de magasin végan qui menace de s'implanter dans la région.
Et si je vous proposais un marché ? Je ne vends plus que vos produits ACCRO et je retire toute offre concurrente de mes magasins. Mais attention, vous me livrez en priorité et vous m'accordez de meilleurs prix qu'à tout le monde, et ce, toute l'année ! Qu'en dites-vous ? »

Annexe 9 ▸ Décision Qualcomm (UE, 2019)

Dans une décision du 18 juillet 2019, la Commission européenne a constaté que Qualcomm avait effectivement exploité abusivement sa position dominante en fournissant, entre le 1er juillet 2009 et le 30 juin 2011, une quantité déterminée de trois de ses [modèles de puces électroniques] à deux de ses clients principaux, Huawei et ZTE, à des prix inférieurs à leur coût, avec l'intention d'éliminer Icera Inc. du marché, son concurrent principal. En conséquence, Qualcomm s'est vu infliger une amende de 242 millions d'euros par la Commission.

Fayrouze Masmi-Dazi, « Prix prédateurs : le Tribunal de l'Union confirme l'analyse casuistique des coûts pertinents tenant compte des spécificités sectorielles », www.dalloz-actualite.fr, 21 octobre 2024.

Annexe 10 ▸ L'interdiction d'entente illicite

Article 101 du Traité de fonctionnement de l'Union européenne (extrait)

Sont [...] interdits tous accords entre entreprises [...] qui consistent à :
- fixer de façon directe ou indirecte les prix d'achat ou de vente ou d'autres conditions de transaction [...] ;
- appliquer, à l'égard de partenaires commerciaux, des conditions inégales à des prestations équivalentes en leur infligeant de ce fait un désavantage dans la concurrence.

Annexe 11 ▸ Une entente condamnée à une amende record dans le secteur de l'électroménager

Fin 2024, l'Autorité de la concurrence a condamné à une amende record de 611 millions d'euros douze des plus grandes entreprises de fabrication et de distribution d'électroménager pour entente illicite.
Pendant sept ans, de 2007 à 2014, les fabricants ont exclu les revendeurs Internet (comme Ubaldi et Maismoinscher.com) de leurs systèmes de distribution car ils offraient des prix bas. Les fabricants imposaient l'existence de « magasins en dur » pour livrer leurs produits. Selon l'ancien gérant de Maismoinscher, les sites d'e-commerce ne recevaient pas les produits que les fabricants avaient mis en liste noire et qui étaient recherchés par les clients. Les prix de vente étaient imposés aux magasins pour être toujours moins chers que les entreprises exclues, pratique acceptée par les distributeurs...

Vidéo
Une sanction de 611 millions d'euros (0:30)
liennathan.fr/qqxxv3

Le droit veille au bon fonctionnement du marché

I. Le droit proclame la liberté de commerce et d'industrie

Depuis 1791, tout entrepreneur est autorisé à faire le commerce qu'il souhaite, à décider seul des moyens à employer et à concurrencer les autres pour conquérir la clientèle. C'est la liberté du commerce et de l'industrie. « La liberté consiste à pouvoir faire tout ce qui ne nuit pas à autrui » (article 4 de la *Déclaration des droits de l'homme et du citoyen* de 1789).

II. Le droit encadre le « bon fonctionnement du marché »

Un marché a un « bon fonctionnement » lorsque les entreprises se concurrencent sans se nuire.

Le droit de la concurrence maintient donc une « concurrence libre et loyale » ; il interdit les comportements déloyaux. Les entreprises peuvent rivaliser sur des bases saines, ce qui profite à tous, notamment aux consommateurs par des prix plus bas, du choix, des innovations et une meilleure qualité.

EXEMPLE : La concurrence sur le marché des forfaits téléphoniques, dopée par l'arrivée de Free en 2012, a fait baisser les prix de 45 % en six ans.

Pour obtenir des avantages concurrentiels en situation de concurrence, les entreprises investissent dans l'innovation et dans la communication sur les marques. Mais elles ne sont pas automatiquement propriétaires de leurs créations. Accorder le titre de propriété d'une marque ou d'une invention relève du droit de la propriété industrielle.

EXEMPLE : Free a investi dans la communication pour faire connaître sa marque. Pour innover sur les réseaux 4G puis 5G, elle a investi 15 milliards d'euros. C'est ainsi qu'elle a conquis plus du quart du marché.

Le droit organise les rapports de force entre toutes les entreprises, des PME aux plus puissantes. Il assure la liberté de commerce et d'industrie. Il fixe également les limites par le droit de la concurrence et le droit de la propriété industrielle : c'est son rôle de « régulation » des activités économiques.

III. La régulation des activités économiques par le droit et les AAI

En France, l'État confie la régulation des activités économiques aux Autorités administratives indépendantes (AAI) qui agissent pour le compte de l'État, de façon impartiale, sans recevoir de consignes. Les AAI assurent la régulation d'un secteur et protègent les droits des citoyens.

Autorité administrative indépendante	Secteur régulé
ARCEP	Communications électroniques et distribution de la presse.
CNIL	Informatique : protection des données personnelles.
CRE	Énergies : électricité, gaz, énergies vertes.
Autorité de la concurrence	Tous les secteurs économiques ne dépendant pas d'une autre AAI.

L'Autorité de la concurrence garantit une « concurrence libre et loyale ». Elle lutte contre les pratiques anticoncurrentielles qui nuisent au bon fonctionnement du marché en appliquant les principes du droit de la concurrence.

L'Autorité de la concurrence a un pouvoir de recommandation (ex. : conseiller sur une pratique, proposer des règles pour améliorer la concurrence) et un pouvoir de sanction des entreprises contrevenantes, en prenant – après avoir enquêté – des « décisions » sur des bases juridiques.

La propriété industrielle : protection des marques et des brevets

I. Le rôle de l'INPI

L'Institut national de la propriété industrielle (INPI) est une autorité publique indépendante (API) à qui l'État a confié la mission d'appliquer les lois en matière de propriété industrielle.
Par leur dépôt à l'INPI, les marques et les brevets d'invention appartiennent officiellement à leur propriétaire.
L'INPI a également le pouvoir de décider d'annuler une marque ou un brevet au moment de leur dépôt.

Vidéo
Éloge de l'inventivité – INPI (2:50)
liennathan.fr/31jyoe

II. La protection des marques

Marque : **une marque est un mot ou un nom (ex. : Yves Saint Laurent), un slogan, un chiffre ou une lettre (ex. : X3 de BMW), un dessin, un logo, un signe sonore ou une combinaison de ces éléments (ex. : Decathlon et sa signature sonore).**

La marque permet aux consommateurs d'identifier sans erreur les produits d'une entreprise. Celle-ci investit dans une marque en communiquant par de la publicité ou en apposant la marque sur les produits eux-mêmes (biens ou services) : emballages, devantures de magasins, site Internet de l'entreprise. Le rôle du droit de la propriété industrielle est d'encourager ces investissements.

Pour interdire qu'une marque soit utilisée sans autorisation, il faut en revendiquer la propriété et accomplir une démarche : le dépôt de marque. Le dépôt doit être réalisé :
- auprès de l'INPI pour la France ;
- auprès de l'Office de l'Union européenne pour la propriété intellectuelle (EUIPO) pour l'Union européenne ;
- auprès de l'Organisation mondiale de la propriété intellectuelle (OMPI) pour les autres pays.

En vue de son dépôt à l'INPI, une marque doit rassembler quatre critères.

Critères pour déposer une marque	Limites	Exemple
1. **Être distinctive : la marque doit permettre de différencier les produits de ceux des autres entreprises.**	La marque ne doit pas simplement décrire le produit (bien ou service) en utilisant un mot usuel.	« Le boulanger » ne peut pas être déposée pour de la boulangerie. Mais « Boulanger » est une marque déposée, car elle est distinctive dans la catégorie de la distribution de produits électroménagers.
2. **Être licite : la marque doit respecter les lois.**	Elle ne pas être discriminatoire, injurieuse, offensante, ni utiliser des emblèmes de l'État.	Il n'est pas possible de déposer la Marianne qui figure sur les documents officiels de l'État.
3. **Être non déceptive : la marque ne doit pas être trompeuse.**	Elle ne doit pas suggérer des avantages qu'elle ne propose pas.	On ne peut pas choisir « Bio » pour des produits qui ne seraient pas issus de l'agriculture biologique.
4. **Être disponible dans sa catégorie et sur son territoire*.**	La marque ne doit pas être identique ou similaire à une marque déposée dans la même catégorie, sur le même territoire.	En France, la marque Lotus est déposée dans plusieurs catégories : marque de voitures, de mouchoirs et de biscuits spéculoos. Ce ne sont pas les mêmes catégories de produits.

* C'est à l'entreprise de vérifier si la marque est disponible.

Déposer une marque permet d'obtenir un avantage important : le « monopole d'exploitation ».
Monopole d'exploitation : **droit reconnu au déposant d'utiliser une marque sur le territoire français pour dix ans, renouvelable indéfiniment. Il est ainsi le seul à pouvoir l'utiliser et pourra se défendre en poursuivant en justice toute personne qui imiterait ou utiliserait sa marque.**

EXEMPLE : La société Christian Louboutin a gagné son procès en 2018 à la cour d'appel de Paris contre Kesslord qui souhaitait proposer des escarpins à semelles peintes en rouge. Kesslord a été condamné à verser 7 500 € à Christian Louboutin et à sa société, et n'a pas pu commercialiser ses escarpins.

III. La protection des inventions

De la même manière que l'entreprise investit dans sa marque, elle investit en recherche et développement avec des applications industrielles. Cela lui permet de créer des inventions techniques et des innovations qui peuvent séduire de nouveaux clients. En devenant légalement propriétaire de son invention, l'entreprise pourra en tirer un avantage : il sera interdit aux autres entreprises d'exploiter ses inventions. Le titre de propriété d'une nouvelle invention technique s'appelle un brevet d'invention. Le dépôt d'un brevet est « un acte officiel de propriété industrielle ».

Comme pour la marque, le dépôt d'un brevet se fait pays par pays : auprès de l'INPI en France, auprès de l'EUOPI pour l'Europe et de l'OMPI pour le reste du monde.

Critères pour déposer un brevet	Explications
1. Il s'agit d'une invention.	C'est une solution technique permettant de résoudre un problème technique.
2. Le procédé est nouveau.	Il ne doit pas porter sur une innovation qui a déjà été rendue accessible au public.
3. L'invention est applicable industriellement.	Elle doit pouvoir être fabriquée industriellement.
4. Le procédé implique une activité inventive.	Il ne doit pas découler de la technique connue par les spécialistes du métier.

Le brevet d'invention accorde à l'entreprise un monopole d'exploitation au demandeur sur son invention sur le territoire français pour vingt ans au maximum. Ce temps lui permet de rentabiliser ses investissements.

EXEMPLE : Inventeur des machines avec capsules à café, Nespresso a déposé 1 700 brevets liés à son invention. Grâce à son monopole d'exploitation, Nespresso a été le seul et unique à les commercialiser jusqu'en 2012. Cela lui a permis de devenir la référence dans l'esprit des consommateurs.

Si l'entreprise choisit de ne pas déposer de brevet et de conserver secrète une invention, elle n'aura pas le droit d'interdire les autres entreprises d'utiliser son invention, en particulier si elles ont développé cette invention en parallèle, sans avoir eu accès au secret.

IV. L'action en contrefaçon

Contrefaçon : reproduction, imitation ou utilisation totale ou partielle d'un droit de propriété intellectuelle (marque ou brevet) sans l'autorisation de son propriétaire.

L'entreprise victime de contrefaçon, à condition d'avoir déposé sa marque ou son brevet, peut déclencher une action en justice dite « action en contrefaçon ». Des tribunaux spécifiques gèrent ces affaires. La sanction est de trois ans d'emprisonnement et de 300 000 euros d'amende. Pour compléter son action en justice, l'entreprise peut tenter d'obtenir des « dommages et intérêts ». Elle s'adresse alors à un tribunal civil qui jugera selon le « principe de la responsabilité civile » de l'article 1240 du Code civil : « Tout fait quelconque de l'homme, qui cause à autrui un dommage, oblige celui par la faute duquel il est arrivé à le réparer ».

La concurrence déloyale et les pratiques anticoncurrentielles

I. Le rôle de l'Autorité de la concurrence et de la Commission européenne

Par leurs pratiques anticoncurrentielles, des entreprises « limitent, faussent ou empêchent le jeu de la concurrence », seules ou à plusieurs. L'Autorité de la concurrence en France et la Commission européenne contrôlent et sanctionnent les « pratiques anticoncurrentielles ».

Elles ont le pouvoir de prononcer des décisions :
– faire cesser la « pratique anticoncurrentielle » ;
– infliger des amendes qui peuvent atteindre 10 % du chiffre d'affaires mondial de l'entreprise ;
– ordonner la publication de la décision dans la presse.

II. La concurrence déloyale

La liberté de commerce et d'industrie permet à toute entreprise de chercher à attirer les clients d'un concurrent. La concurrence est dite « déloyale » lorsqu'une entreprise mène des actions illégales, qui peuvent nuire à un concurrent ou aux consommateurs. Il existe quatre types de concurrence déloyale :

– le **dénigrement** : attaquer la réputation d'un produit ou service d'un concurrent ;
– l'**imitation** : créer de la confusion avec un concurrent en le copiant ;
– la **désorganisation** : perturber l'organisation d'une entreprise en débauchant son personnel ou en démarchant systématiquement ses clients ;
– le **parasitisme** : exploiter un savoir-faire, des investissements ou la notoriété d'un concurrent pour attirer des clients.

Pour mettre fin à des pratiques déloyales, chez un concurrent par exemple, une entreprise peut engager une action en justice, appelée « action en concurrence déloyale ». Pour cela, elle doit prouver que l'entreprise en cause est responsable, c'est-à-dire qu'elle a commis une faute qui a causé un préjudice et qu'il y a un lien de causalité entre la faute et le préjudice.

III. L'abus de position dominante, une pratique anticoncurrentielle

En général, une entreprise est en position dominante quand elle détient 40 % du marché ou plus. Sa puissance n'est pas sanctionnée, sauf si l'entreprise agit déloyalement envers les autres acteurs et que ce comportement nuit au « bon fonctionnement » du marché.

Abus de position dominante : position dominante d'une entreprise utilisée pour mettre en place une pratique qui nuit à la concurrence. Cette pratique est sanctionnable quand elle a un effet négatif sur la concurrence ou les consommateurs.

Dans le droit français et européen, l'abus de position dominante est interdit par l'article L. 420-2 du Code de commerce et par l'article 102 du Traité sur le fonctionnement de l'UE (TFUE).
Les pratiques d'abus de position dominante les plus courantes sont :

Les abus sur les prix	Les prix sont imposés aux partenaires commerciaux. Ils sont très bas (pour éliminer la concurrence) ou excessifs (pour garder sa position dominante).
Les abus sur les conditions de vente	• L'entreprise refuse de vendre à certains clients (par exemple, le refus de vente à des sites d'e-commerce pour les éliminer du marché). • L'entreprise impose des ventes liées (forcer la vente d'un autre produit pour acheter le premier). • L'entreprise applique des conditions de tarifs injustifiées à des partenaires commerciaux.

EXEMPLE : En 2024, Apple a été condamné par l'UE à une amende de 1,8 milliard d'euros pour abus de position dominante sur le marché du streaming musical suite à une plainte de Spotify. Apple interdisait aux applications d'informer les clients sur les moyens de s'abonner autrement que par l'App Store, à meilleur prix.

Vidéo
Apple condamné (1:55)
liennathan.fr/zudtsz

Fiche ressource 3 (suite)

Pour faire cesser les abus de position dominante répétés, l'Union européenne a instauré en mars 2024 un « règlement sur les marchés numériques » (ou *Digital Market Act*). Cette loi s'applique aux géants des technologies numériques selon l'importance de leur chiffre d'affaires (dont Apple, Amazon, Booking.com, Google, Meta, TikTok).

Parmi les obligations :

– les utilisateurs doivent désormais pouvoir télécharger directement leurs applications sur les sites des fournisseurs, sans passer par les acteurs dominants pour bénéficier de meilleurs prix ;

– l'obligation de portabilité des données permet aux utilisateurs d'un service en ligne de changer plus facilement de fournisseur.

IV. L'entente illicite

Les entreprises peuvent s'entendre sans enfreindre la loi. Mais si plusieurs entreprises se mettent d'accord sur des pratiques qui faussent le jeu de la concurrence, alors elles se rendent coupables d'« entente illicite », qui constitue une pratique anticoncurrentielle. Dans le droit français et européen, l'interdiction d'entente illicite figure dans l'article L. 420-1 du Code de commerce et dans l'article 101 du TFUE. L'UE n'est compétente que si l'affaire a une portée européenne ou si elle a reçu une plainte directement.

Entente illicite : accord entre entreprises qui s'entendent pour agir ensemble. Cette entente est « illicite » quand elle a pour objectif ou pour effet de fausser, restreindre ou limiter la concurrence.

Types d'entente	Pratiques anticoncurrentielles
Entente sur des prix	• Les entreprises appliquent des prix très bas pour éliminer un concurrent. • Les prix proposés sont artificiellement hauts par rapport à une situation de concurrence normale.
Entente pour se partager les marchés	Les entreprises s'accordent pour se répartir les clients, sans laisser la concurrence agir.
Entente qui traite les partenaires commerciaux de façon inégale	Les entreprises s'accordent pour affaiblir les concurrents qui bénéficient des conditions moins favorables.
Entente pour empêcher l'arrivée de nouveaux entrants sur le marché	Les entreprises s'accordent par tout moyen dans le but de rendre impossible l'accès au marché à des concurrents.

EXEMPLE : Dix producteurs de yaourts français représentant 40 % du marché décidaient ensemble des prix de vente à la grande distribution et se répartissaient les clients distributeurs, ayant pour effet une hausse anormale des prix pour les consommateurs. Cette entente illicite a été sanctionnée par une amende de 193 millions d'euros par l'Autorité de la concurrence.

Vidéo
Entente sur les yaourts (3:22)
liennathan.fr/nj1efe

Comment les activités économiques sont-elles régulées par le droit ?

La régulation des activités économiques

Le droit assure la **liberté de commerce et d'industrie** et encadre le fonctionnement du marché.

- Le **droit de la concurrence** a pour objectif de maintenir une **concurrence libre et loyale**.
- L'**Autorité de la concurrence** est une AAI chargée par l'État de la régulation de la concurrence.

Les droits liés à la propriété industrielle

Une entreprise peut déposer des **marques** et des **brevets** auprès de l'INPI en France afin de les protéger.

- Le dépôt d'une marque confère un **monopole d'exploitation de dix ans**, renouvelable indéfiniment.
- Un brevet déposé confère le **monopole d'exploitation pour une durée de vingt ans**.

En cas de non-respect de ses droits de propriété industrielle, le détenteur d'une marque ou d'un brevet peut entreprendre une **action en contrefaçon** auprès de tribunaux spécialisés. Le contrevenant s'expose à une amende, voire à des dommages et intérêts sur la base de la responsabilité civile ou pénale.

L'interdiction de la concurrence déloyale et des pratiques anticoncurrentielles

- La **concurrence déloyale** consiste à nuire à ses concurrents par le dénigrement, l'imitation, la désorganisation ou le parasitisme. Ces pratiques sont sanctionnées sur la base de la responsabilité civile ou pénale.
- **Les pratiques anticoncurrentielles**
  - **Abus de position dominante** : sur les prix (prix imposés, excessifs ou anormalement bas) ou les conditions de vente
  - **Entente illicite** (entente sur les mêmes prix, sur le partage d'un marché ou pour empêcher l'arrivée de nouveaux entrants)

Saisie de l'Autorité de la concurrence
Décisions : amendes jusqu'à 10 % du CA mondial, cessation de la pratique.

1 Tester vos connaissances

Quiz
Se tester sur les savoirs associés de la question 5
liennathan.fr/s7uhik

→ Réaliser le quiz en ligne et noter votre score.

Remarque : vous pouvez recommencer autant de fois que vous le souhaitez jusqu'à atteindre le score que vous estimez satisfaisant en fonction de vos objectifs.

2 Étudier les enjeux de la contrefaçon **

Le club « Entrepreunariat » de votre établissement a reçu une demande de la part de Nina Walki. À 22 ans, cette jeune styliste souhaite lancer sa marque de sacs de luxe. Elle se demande si elle peut s'inspirer de modèles iconiques et s'interroge sur les risques de la contrefaçon. Par groupe de trois étudiants, rédigez une note en répondant aux questions suivantes.

→ 1. Repérer comment la contrefaçon nuit à la concurrence libre et loyale (annexe 1).

→ 2. Identifier la procédure qui a été appliquée dans l'affaire Chanel contre Jonak.

→ 3. Justifier la décision de la cour d'appel dans l'affaire Chanel contre Jonak (annexe 2).

Annexe 1 ▸ L'impact de la contrefaçon sur l'économie

D'après l'Union des fabricants pour la protection internationale de la propriété intellectuelle, 20 millions d'articles contrefaisant une marque ou un brevet ont été saisis par les douanes françaises en 2023. La contrefaçon fait perdre des milliards d'euros aux entreprises et ce sont les PME qui sont le plus fragilisées par ces produits illégaux. 34 % des consommateurs qui ont acheté des contrefaçons ont été trompés, ils pensaient acheter un original.

Les entreprises dont les produits font l'objet de contrefaçon perdent du chiffre d'affaires, leur réputation peut être atteinte et une partie de leur clientèle en est détournée. En outre, 38 000 emplois sont perdus chaque année dans les entreprises visées par la contrefaçon, 500 000 en Europe. Enfin, certaines entreprises consacrent jusqu'à 10 % de leur chiffre d'affaires annuel, en moyenne 100 000 €, à la lutte contre ces actions.

Source : d'après « Comprendre la contrefaçon », musee-contrefacon.com.

Annexe 2 ▸ Chanel contre Jonak

Après une bataille judiciaire de deux ans, la cour d'appel de Paris a tranché en octobre 2024 en faveur des entreprises Chanel contre Jonak, contraignant le chausseur français à cesser la production de plusieurs modèles de chaussures jugés trop proches des iconiques « slingbacks » de Chanel.

Le conflit remonte à 2020, lorsque Chanel poursuit Jonak pour copie de ses célèbres slingbacks bicolores, créés en 1957 par Gabrielle Chanel. Jonak a été condamné à payer 150 000 euros pour préjudice économique et 30 000 euros pour préjudice moral et doit retirer dans un délai d'un an trois de ses modèles phares du marché sous peine d'une amende de 1 000 euros par jour de retard.

3 Identifier les enjeux de la protection des brevets *

Vous êtes engagé(e) en tant que manager adjoint d'une pizzeria qui utilise de la pulpe de tomate de la marque Mutti. Le cuisinier affirme que Mutti a un procédé secret que personne ne peut copier, il vous confie un article paru dans la presse pour vous convaincre (annexe).

→ 1. Montrer que le succès de Mutti repose sur ses innovations.

→ 2. Commenter la phrase en gras.

→ 3. D'après vos connaissances, comment l'entreprise Mutti peut-elle protéger ses innovations de la concurrence ?

Annexe ▸ Mutti, la sauce tomate *made in* Italie qui a conquis l'Europe

Dans la lumière pâle du petit matin, les champs de tomates forment au sol un immense tapis rouge. « *Sentez-moi ça* » [...]. Dans trois heures à peine, [elles seront] en boîte, sans aucun additif. [...] Quand en 1994, à 26 ans, Francesco succède à son père Marcello, les ventes plafonnent à 10 millions d'euros, essentiellement en Italie. Cette année, elles devraient dépasser la barre des 700 millions [...].

Fondé en 1899 par l'arrière-grand-père de Francesco, l'atelier Mutti fait vite partie des plus prospères. Des plus innovants aussi. En 1951, le grand-oncle de Francesco, Ugo, met au point un packaging révolutionnaire pour le concentré de tomates : un tube en aluminium. Malin. [...] Au milieu des années 1970, nouvelle invention, sous la houlette de Marcello Mutti cette fois : la pulpe en conserve (*polpa*, en italien). « *Soit des tomates pelées et finement découpées, au goût plus frais que la purée* [...] » [...] La *polpa* Mutti devient vite le produit chouchou des restaurateurs, notamment les pizzaioli. [...]

Mutti n'utilise que des tomates cueillies à maturité entre juillet et septembre et dans un rayon maximal de 100 km. [...] Mutti peut compter sur un outil industriel ultra-performant. « Avec toujours la même obsession de qualité », insiste son dirigeant [...]. Qui aurait cru qu'autant de technologie pouvait se cacher dans une boîte de coulis de tomates. [...] Hormis une pincée de sel, [aujourd'hui, les produits contiennent] 99,9 % [de tomates]. [...] **[Pour cela, Mutti utilise des machines à extraction de pulpe dont elle a déposé le brevet qui les découpent] en petits morceaux sans aucun traitement.** [...] « Un procédé qui évite de chauffer les tomates pour les peler, préservant ainsi leur couleur bien rouge et leur goût de légume cru » [...]. La prochaine innovation aura pris [cinq ans]. Attendue pour le printemps prochain, elle devrait débarquer au rayon frais. Une soupe de tomates froide, sorte de gaspacho... à l'italienne.

Nathalie Villard, « Mutti, la sauce tomate *made in* Italie qui a conquis l'Europe », Les Échos, 13 novembre 2024.

4 Présenter le rôle des autorités de régulation **

Subsonic, fabricant français de manettes de jeux vidéo, a saisi l'Autorité de la concurrence pour enquêter et sanctionner l'entreprise Sony. Un abus de position dominante a, entre 2015 et 2020, faussé la concurrence sur le marché des manettes pour consoles PlayStation 4.

→ 1. Justifier le rôle de l'Autorité de la concurrence dans cette affaire.

→ 2. Pourquoi les pratiques de Sony constituaient-elles un abus de position dominante ?

4 Annexe Décision de l'Autorité de la concurrence

L'Autorité sanctionne deux pratiques :

- d'une part, à compter de novembre 2015, Sony a mis en place une série des mesures techniques qui a eu pour effet d'affecter le fonctionnement des manettes de jeux produites par d'autres fabricants que Sony et ne bénéficiant pas d'une licence officielle. Leurs manettes étaient régulièrement déconnectées lors des mises à jour du système d'exploitation de la console ;
- d'autre part, l'impossibilité, pour les concurrents souhaitant commercialiser des manettes compatibles avec la PlayStation 4, d'intégrer le programme de partenariat dit « OLP » qui était la seule possibilité d'obtenir une licence officielle et les numéros d'identification uniques. Sony refusait en effet de communiquer les critères d'accès au programme, sauf aux fabricants de son choix, alors que cet accès était le seul moyen d'éviter les déconnexions.

L'Autorité de la concurrence retient que la combinaison de ces deux pratiques a significativement nui à l'image de marque des fabricants concernés, tant vis-à-vis des joueurs que vis-à-vis des distributeurs, freinant leur expansion sur le marché et conduisant à leur possible sortie (éviction) du marché. Une sanction de 13 527 000 euros est infligée en 2021 à Sony et à trois de ses filiales.

5 Analyser les pratiques anticoncurrentielles des GAFAM **

Après avoir été condamné par la Commission européenne à payer une amende record de 2,4 milliards d'euros pour pratiques anticoncurrentielles sur le marché des comparateurs de prix, Google a saisi la Cour de justice de l'Union européenne pour tenter de faire annuler sa condamnation (annexe 1).

→ **1. Commenter la phrase en gras (annexe 2).**

→ **2. Pourquoi le comportement de Google a-t-il constitué une pratique anticoncurrentielle ? Justifier votre réponse.**

→ **3. D'après vos connaissances, quelle loi européenne lutte contre les pratiques anticoncurrentielles répétées des géants de la technologie ?**

Annexe 1 Une amende record infligée par la CJUE à Google

Google devra bien payer une amende de 2,4 milliards d'euros à la justice européenne pour des pratiques anticoncurrentielles sur le marché des comparateurs de prix. [...] Dans son jugement définitif, la Cour confirme en tout point que le groupe a bien abusé de sa position dominante afin d'écraser les services commerciaux concurrents. En cause, le fait que Google favorisait, dans ses résultats de recherche généraux, son propre service de comparaison de prix, Google Shopping, par rapport à ceux de ses rivaux.

Fabienne Schmidt, « Google Shopping : la justice européenne confirme l'amende de 2,4 milliards », www.lesechos.fr, 10 septembre 2024.

Annexe 2 Une analyse de la décision de la Cour

En substance, la Cour souligne que le droit de l'Union ne sanctionne pas la simple détention d'une position dominante, mais son usage abusif, en particulier lorsqu'il limite la concurrence fondée sur les mérites, au détriment des entreprises et des consommateurs.

[...] La Cour ajoute également **qu'il n'est pas possible de considérer de manière générale qu'une entreprise dominante qui favorise ses propres produits ou services, par rapport à ceux de ses concurrents, agit nécessairement en dehors des règles de concurrence** fondée sur les mérites, sans prendre en compte les circonstances en l'espèce. Cependant, dans cette affaire, elle constate que le Tribunal a clairement démontré qu'au regard des caractéristiques du marché et des particularités du cas, le comportement de Google était discriminatoire et ne relevait pas d'une concurrence loyale.

« La Cour de Justice de l'UE confirme l'amende de 2,4 milliards d'euros infligée à Google pour abus de position dominante », www.livv.eu, 24 septembre 2024.

6 Analyser une entente illicite entre compagnies aériennes **

Avec d'anciens camarades de BTS, vous avez le projet de créer un camping écologique. Pour cela, vous venez d'acquérir un terrain sur une petite île du sud de la France. Seules deux compagnies maritimes assurent les liaisons entre le continent et votre île. Les prix des traversées vous paraissent très élevés, vous vous demandez s'il pourrait exister une entente illicite entre ces deux compagnies. Pour réaliser votre analyse, vous vous intéressez à la condamnation récente de deux compagnies aériennes.

→ 1. À l'aide d'une argumentation juridique, justifier l'existence d'une entente illicite entre Air Antilles et Air Caraïbes.

→ 2. Justifier la décision de l'Autorité de la concurrence par la gravité des faits.

→ 3. Quelles pratiques constitueraient une entente illicite entre les deux compagnies maritimes qui desservent l'île de votre futur camping écologique ?

Annexe ▸ Les compagnies aériennes Air Antilles et Air Caraïbes sanctionnées par l'Autorité de la concurrence

[...] L'Autorité de la concurrence sanctionne à hauteur de 14 570 000 euros deux compagnies aériennes [(Air Antilles et Air Caraïbes)]. [...] Les liaisons aériennes concernées sont celles reliant Pointe-à-Pitre et Fort-de-France, ainsi que celles entre chacune de ces deux villes et Saint-Martin, Sainte-Lucie et Saint-Domingue.

[...] Les entreprises mises en cause ont participé à une [...] entente illicite sur la fixation des prix et des conditions tarifaires. L'Autorité souligne que ces échanges sur les prix ont conduit, à partir de la saison hiver 2017-2018, à la mise en place de grilles tarifaires communes entraînant une augmentation très importante des prix. [...]

Ainsi, les compagnies aériennes ont échangé et [ont] [...] élaboré un programme commun de vol permettant de baisser l'offre et de se répartir les capacités. Ces échanges ont abouti à un accord portant sur un programme de vol mis en place à partir de novembre 2017 matérialisant une baisse d'offre en nombre de sièges offerts de plus de 10 % et une répartition des créneaux horaires les plus rémunérateurs afin d'éviter une concurrence frontale entre elles et d'augmenter le prix moyen des billets vendus [...].

Les habitants de ces territoires, confrontés à un coût de la vie nettement plus élevé qu'en métropole, ne disposent d'aucune alternative réellement viable à l'avion, tant en termes de durée de transport que d'options disponibles. Cette situation a placé ces populations dans une position de clientèle captive.

Par ailleurs, la baisse du nombre de fréquences et l'augmentation des prix a également affecté l'attractivité touristique de l'ensemble des territoires concernés mais aussi leur attractivité économique dans la mesure où les ententes mises en œuvre ont contribué à raréfier l'offre et augmenter les prix également pour les passagers en voyage d'affaires.

« Transport aérien inter-îles dans les Caraïbes : l'Autorité de la concurrence sanctionne une entente entre les compagnies aériennes Air Antilles et Air Caraïbes », www.autoritedelaconcurrence.fr, 4 décembre 2024.

Question 6

Compétences visées et points d'étude dans le chapitre :

- Repérer les principaux éléments du macro-environnement de l'entreprise
  → Mission 1 | Fiche ressource 1 | Activité 3
- Analyser les évolutions de l'environnement et identifier les conséquences sur la situation de l'entreprise
  → Mission 1 | Mission 2 | Fiche ressource 1 | Fiche ressource 2 | Activité 2 | Activité 4

Comment l'entreprise intègre-t-elle la connaissance de son environnement dans sa prise de décision ?

Contexte

Renault : la marque française la plus vendue dans le monde

Fleuron de l'excellence et du savoir-faire à la française, Renault s'impose comme un constructeur automobile reconnu mondialement. Créée en 1899 par les frères Renault, cette petite entreprise familiale a perduré et a su se renouveler tout au long de son histoire. Aujourd'hui, la marque fait partie du groupe Renault au côté de Dacia, Alpine et Mobilize. Son alliance avec Mitsubishi-Nissan lui permet de conserver une avancée technologique et commerciale.

Quelques chiffres sur la marque Renault :

- + 9,4 % de véhicules vendus en 2023 dans le monde, soit 1 548 748 véhicules ;
- + 19,3 % de ventes en volume en Europe par rapport à 2022 ;
- leader sur le marché national, avec + 18 % en véhicules particuliers (277 914 ventes) et + 13 % en véhicules utilitaires (112 569) en 2023 ;
- 3e place des véhicules électrifiés en Europe ;
- la Clio est la voiture la plus vendue en France et la 3e en Europe.

Source : données www.renaultgroup.com.

L'étude est composée de deux missions...

- Mission 1 : L'environnement de l'entreprise Renault
- Mission 2 : L'innovation au service du groupe Renault

... et d'un dossier documentaire

- Annexe 1 : La consommation des ménages en 2023
- Annexe 2 : Acquérir une voiture électrique : pas seulement une question de revenus
- Annexe 3 : Marché automobile français : une « bonne année » 2023
- Annexe 4 : Verdissement du parc automobile
- Annexe 5 : Le bonus écologique et le malus écologique
- Annexe 6 : France 2030 : plan de soutien à la filière automobile
- Annexe 7 : Inquiétudes sur les ventes en 2024, surtout dans l'électrique
- Annexe 8 : Le centre de gravité du marché s'est déplacé vers la Chine
- Annexe 9 : Renault renforce sa présence en Chine
- Annexe 10 : Le Metaverse industriel Renault : révolution dans l'automobile
- Annexe 11 : Renault Group dévoile son plan Re-Industry
- Annexe 12 : Renault Group se positionne à la pointe de l'innovation de la logistique automobile avec Exotec
- Annexe 13 : Renault 5, une voiture iconique
- Annexe 14 : « The Originals Store Accessoires »

→ En prenant appui sur le contexte, le dossier documentaire et les fiches ressource, il vous est demandé de répondre aux questions relatives aux missions.

Étude du contexte

Mission 1. L'environnement de l'entreprise Renault

Le marché de la voiture électrique est en plein essor. Le groupe Renault comme ses concurrents souhaite augmenter ses parts de marché dans ce domaine. Cet objectif est difficile à atteindre tant le contexte de l'activité du groupe est complexe et changeant.

▶ Annexes 1 à 9 ▶ Fiche ressource 1

1.1 En utilisant la méthode PESTEL, relever dans les annexes 1 à 9 les éléments de l'environnement du groupe Renault.

1.2 En déduire les opportunités et menaces pour le groupe Renault.

1.3 Expliquer pourquoi le groupe Renault doit tenir compte de son environnement et de son évolution.

Mission 2. L'innovation au service du groupe Renault

Le secteur automobile connaît une transformation profonde. Renault doit constamment innover pour relever les nombreux défis du marché, répondre aux attentes et anticiper l'évolution du secteur.

▶ Annexes 8 à 14 ▶ Fiche ressource 2

2.1 De quelle manière le groupe Renault réagit-il face à la percée de l'automobile chinoise ?

2.2 Identifier et définir les formes d'innovation présentées par le groupe Renault.

2.3 Travail de groupe : rechercher d'autres innovations mises en place par le groupe Renault et présenter, à l'aide d'un diaporama, le résultat de votre étude.

Dossier documentaire

Annexe 1 ▸ La consommation des ménages en 2023

Après des rebonds de + 5,2 % en 2021 et de + 3,1 % en 2022, la dépense de consommation finale des ménages* augmente de 0,8 % en volume en 2023. [...]. Elle contribue pour + 0,4 point à la croissance du produit intérieur brut (PIB, + 0,9 %). La hausse des prix à la consommation (+ 7,1 %) liée au contexte géopolitique (guerre en Ukraine, augmentation des prix de l'énergie) a modéré ces progressions en volume. [...]

Les dépenses en énergie continuent de baisser en volume

Les dépenses de logement, eau, gaz, électricité et autres combustibles sont quasi stables en 2023 (+ 0,5 %). [...]

Les dépenses en transports ralentissent légèrement en 2023

Les dépenses en transports continuent d'augmenter en 2023, mais à un rythme moindre qu'en 2022 (+ 3,8 % après + 6,4 %). [...]

En revanche, les achats de véhicules rebondissent (+ 12,0 % après – 5,2 %), en lien avec la fin des difficultés de production et d'approvisionnement. Les achats de voitures neuves augmentent particulièrement (+ 18,6 %), portés par le marché des véhicules électriques ou hybrides. Les achats de motocycles se redressent également (+ 9,0 % après – 6,7 %). À l'inverse, la baisse des dépenses en vélos s'amplifie en 2022 (– 8,5 % après – 4,7 %). Les ménages se sont massivement équipés en vélos en 2020 et 2021 à la suite de la crise sanitaire, mais cette forte demande s'essouffle depuis 2022, notamment pour les vélos à assistance électrique.

Les dépenses en hébergement-restauration ralentissent après de fortes hausses

En 2023, les dépenses en hébergement et restauration décélèrent, après deux années de fortes hausses (+ 5,5 %, contre + 37,7 % en 2022 et + 15,6 % en 2021, en volume). [...]

Les dépenses de loisirs et culture ralentissent en 2023. Les dépenses en loisirs, sport et culture continuent d'augmenter, mais à un rythme moindre qu'en 2022 (+ 3,0 % en volume, après + 11,6 %) [...].

Source : « La consommation des ménages en 2023 », Comptes nationaux annuels, Insee, 31 mai 2024.

* Ensemble des dépenses effectivement réalisées par les ménages pour acquérir des biens et des services.

Annexe 2 ▸ Acquérir une voiture électrique : pas seulement une question de revenus

La proportion de l'électrique dans les achats de voitures neuves augmente avec les revenus des ménages. Toutefois, les acquéreurs les plus jeunes sont plus enclins à se tourner vers l'électrique : les 25-40 ans choisissent cette motorisation dans 27,1 % des cas contre 9,5 % pour les 65 ans et plus. D'autres facteurs interviennent dans le choix d'un véhicule électrique : la composition du ménage, le lieu de vie ou encore le nombre de voitures déjà détenues.

Source : Mira Maamari, Commissariat général au développement durable, février 2024.

Annexe 3 ▸ Marché automobile français : une « bonne année » 2023

Le marché automobile français a connu une « *bonne année* » en 2023 avec des immatriculations en hausse de 16,07 % et la mise en circulation d'un nombre « record » de voitures électriques, qui ont représenté plus du quart du marché. Au total, 1 774 729 voitures particulières neuves ont été mises en circulation l'année dernière, selon les chiffres publiés lundi par la Plateforme automobile (PFA), qui représente constructeurs et équipementiers.

« *On a réussi à écouler les véhicules commandés par les clients, le problème crucial du manque de composants électroniques est en train de disparaître* », a affirmé à l'Agence France-Presse François Roudier, responsable de la communication de la PFA. [...]

Les voitures électriques ont, quant à elles, représenté 26 % du total des immatriculations. « *C'est un record, on n'a jamais eu ça, le mouvement vers l'électrification est en marche* », selon François Roudier. Les véhicules tout électriques ont représenté 17 % des nouvelles immatriculations, en hausse de 47 % par rapport à 2022, tandis que les hybrides rechargeables, ces véhicules qui peuvent rouler en mode électrique, ont représenté 9 % des voitures mises en circulation (+ 34 %).

Les motorisations essence sont, quant à elles, restées stables, représentant plus du tiers du parc mis en circulation, tandis que le diesel a poursuivi son déclin : seule une voiture particulière neuve sur dix immatriculée en 2023 était dotée d'un moteur diesel.

Source : AFP, « "Bonne année" 2023 pour le marché automobile français, immatriculations "record" de voitures électriques », 1er janvier 2024.

Annexe 4 ▸ Verdissement du parc automobile

Les obligations législatives de la loi d'orientation des mobilités du 24 décembre 2019 ont été renforcées par la loi climat et résilience du 20 juillet 2021 qui prévoit la fin de vente des voitures particulières neuves émettant plus de 123 g de CO_2/km d'ici 2030.

Annexe 5 ▸ Le bonus écologique et le malus écologique

Le bonus écologique est une aide financière qui permet d'acheter ou de louer un véhicule peu polluant. Son montant varie selon les revenus. Un décret publié au *Journal officiel* le 1er décembre 2024 détermine les modalités du bonus à compter du 2 décembre 2024 et fixe son montant maximal à 4 000 €.

À l'inverse, le malus écologique est une taxe due lors de la première immatriculation d'un véhicule de tourisme. Plus le véhicule est polluant, plus la taxe est élevée.

Annexe 6 ▸ France 2030 : plan de soutien à la filière automobile

À l'occasion de la troisième édition de la Journée de la Filière Auto, Bruno Le Maire, ministre de l'Économie, des Finances et de la Souveraineté industrielle et numérique, a assuré aux acteurs de la filière automobile le soutien de l'État pour relever les défis de l'électrification de cette industrie. Le plan de soutien comporte de nombreuses mesures pour accompagner les mutations de la filière. [...]

Dans le cadre du programme France 2030, l'État mobilise près de cinq milliards d'euros pour l'ensemble de la filière automobile. Ces investissements permettront d'une part de soutenir la recherche et le développement, d'assurer la production des véhicules et de leurs composants en France, et d'autre part d'accompagner les entreprises, en particulier les sous-traitants, les salariés et les territoires dans cette révolution industrielle et technologique. [...]

FRANCE 2030

Source : « France 2030 : plan de soutien à la filière automobile », www.economie.gouv.fr, 25 octobre 2023.

Annexe 7 ▸ Inquiétudes sur les ventes en 2024, surtout dans l'électrique

L'industrie automobile française est dans l'incertitude pour 2024. La Plateforme automobile, qui représente constructeurs et équipementiers, s'inquiète d'un marché atone, des ventes d'électriques incertaines et des bonus à l'achat en baisse. [...]
Autre source d'inquiétude [aux] yeux [de Marc Mortureux, directeur général de la PFA] : le nombre de voitures électriques qui seront disponibles. [...]
En témoigne ce qu'il vient de se passer autour du « leasing social », ce dispositif qui permet aux moins aisés d'accéder à une voiture électrique pour 100 euros par mois. Il a déjà « dépassé » ses objectifs initiaux pour cette année, si bien que le gouvernement a décidé de le suspendre pour 2024. Or « *on n'a pas encore assez de produits fabriqués en France* » pour répondre à cette demande, a regretté le ministre de l'Industrie, Roland Lescure [...].
La suppression du bonus à l'achat de voitures particulières pour les entreprises risque par ailleurs de les pousser à « *réduire leurs coûts le plus possible* » et à se tourner vers les « *véhicules les moins chers possible, et notamment les véhicules chinois* », estime Marc Mortureux.

Source : « Automobile : inquiétudes sur les ventes en 2024, surtout dans l'électrique », www.latribune.fr avec AFP, 14 février 2024.

Annexe 8 ▸ Le centre de gravité du marché s'est déplacé vers la Chine

« *Pour que l'Europe sorte la tête haute de la phase délicate où elle se trouve, il est temps de travailler en équipe et d'investir dans l'innovation.* [...] *Notre manque de compétitivité n'est pas seulement dû aux coûts de l'énergie et du travail : le système européen investit deux à trois fois moins dans l'innovation technologique que nos concurrents, nous le faisons de manière moins coordonnée et moins convergente vers de grands projets* », pointe [Luca de Meo] le dirigeant [du groupe Renault]. Il en va ainsi de la compétitivité et de la survie de l'industrie automobile européenne, notamment face à la concurrence chinoise. Le dirigeant italien rappelle dans sa tribune que le centre de gravité du marché automobile mondial s'est déplacé au cours des dix dernières années vers la Chine, qui représente 30 % du marché mondial et 60 % du marché des véhicules électriques. [...]

Source : Benoît Landré, « Luca de Meo (Renault) appelle à investir dans l'innovation pour relancer l'industrie auto », www.largus.fr, 25 septembre 2024.

Annexe 9 ▸ Renault renforce sa présence en Chine

Cette décision, loin d'être anodine, s'inscrit dans une volonté de redéfinir son approche du marché des véhicules électriques. L'**offensive de recrutement en Chine** [...] témoigne d'une volonté claire : s'immerger au cœur du marché chinois des véhicules électriques, reconnu comme l'un des plus dynamiques et innovants au monde. [...]

L'apprentissage au cœur de la stratégie

Le constructeur français cherche à :
- Acquérir de nouvelles technologies
- Optimiser ses processus de production
- Comprendre les spécificités du marché chinois des véhicules électriques
- Développer des compétences en matière de logiciels embarqués

[...] L'ambition de Renault [est] de se positionner comme un acteur majeur du marché des véhicules électriques, capable de rivaliser avec les constructeurs chinois sur leur propre terrain technologique.

Source : Albert Lecoq, « Renault se lance dans un pari risqué en Chine pour révolutionner l'électrique », rouleur-electrique.fr, 11 décembre 2024.

Annexe 10 Le Metaverse industriel Renault : révolution dans l'automobile

Le Metaverse Industriel [...] permet à Renault de simuler ses processus de fabrication de manière extrêmement détaillée, ouvrant la voie à une efficacité et une agilité sans précédent dans la construction automobile. [...]

L'intégration de la réalité virtuelle et de l'IA

Au cœur du Metaverse industriel de Renault, **la réalité virtuelle et l'intelligence artificielle** permettent de simuler et d'optimiser les processus de production en temps réel. Ces technologies offrent un aperçu sans précédent des opérations, permettent d'effectuer des tests virtuels, de procéder à des ajustements, et finalement de mettre en place une maintenance prédictive. [...]

Transformation des processus de fabrication

Le Metaverse industriel permet à Renault de **repenser entièrement ses processus de fabrication**. Grâce à la simulation et à l'analyse en temps réel, l'entreprise peut tester de nouvelles méthodes, anticiper les problèmes potentiels, et optimiser la production. Cette approche réduit les délais et les coûts, tout en améliorant la qualité globale des véhicules. L'empreinte carbone sera aussi diminuée considérablement (la diminution serait de 50 %). Le processus de transformation est déjà bien avancé : dès aujourd'hui, 100 % des lignes de production sont connectées.

Gestion de la chaîne d'approvisionnement et développement de produits

La chaîne d'approvisionnement et le développement de produits sont également transformés par le Metaverse. Avec **des données plus précises et une meilleure visibilité sur l'ensemble du processus**, Renault peut prendre des décisions plus rapides et plus informées. Cette agilité se traduit par une capacité accrue à répondre rapidement aux demandes du marché et à innover dans la conception de ses véhicules. [...]

En conclusion, le Metaverse industriel de Renault Group n'est pas seulement une innovation dans le domaine de la fabrication automobile ; c'est un signal fort de l'évolution future de toute l'industrie. Avec cette initiative audacieuse, Renault ne se contente pas de suivre un rythme imposé par ses concurrents. Il veut être un leader dans un secteur en pleine transformation.

Source : « Le Metaverse industriel Renault : révolution dans l'automobile », tw3partners.fr, décembre 2023.

Annexe 11 ▸ Renault Group dévoile son plan Re-Industry

Renault Group entame un plan de transformation de son système industriel

Baptisé Re-Industry, il recourt notamment au Metaverse industriel du groupe pour atteindre des objectifs ambitieux. Le constructeur veut réduire ses coûts industriels par véhicule de 30 % pour les modèles thermiques et de 50 % pour les véhicules électriques d'ici 2027. Une baisse importante, qui doit aussi mener à une réduction du temps de développement de ses voitures, afin de passer de trois ans à deux ans.

« *Re-Industry est un plan de transformation 360°. Il s'agit de tirer parti de nos atouts, de faire beaucoup plus vite ce que l'on fait déjà bien, et de pousser l'ensemble du système industriel vers le maximum de son excellence tout en le réinventant* », souligne Thierry Charvet, Chief Industry & Quality Officer de Renault Group. Ces gains doivent se traduire rapidement sur les lignes de montage. La firme veut atteindre un temps de fabrication de neuf heures pour sa future Renault 5, dont la production devrait débuter l'année prochaine.

Réduire de 60 % le délai de livraison des véhicules

L'une des méthodes employées par Renault repose sur son Metaverse industriel. Le constructeur disposerait actuellement de 12 000 équipements connectés dans ses usines au niveau mondial. Cet ensemble remonterait deux millions de données par minute. Le modèle virtuel reconstitué dans ce Metaverse permet d'améliorer les procédés industriels. Selon Renault, cet outil aurait généré 270 millions d'euros d'économies cette année, notamment en matière de maintenance prédictive des installations. La consommation d'énergie aurait également reculé de 20 % selon l'entreprise, qui vise 40 % d'ici 2025. La connexion de tous les postes de travail mais aussi des fournisseurs et des transporteurs devrait accroître ces gains. Renault Group vise ainsi une réduction de 60 % du délai de livraison de ses véhicules, tout en divisant par deux l'empreinte carbone de la production.

Multiplier les applications d'intelligence artificielle

Actuellement, le système industriel du groupe dispose de 300 applications opérationnelles d'intelligence artificielle, qui fonctionnent par analyse d'images ou de sons. Chacune permet d'améliorer la procédure qu'elle analyse. Renault Group veut atteindre 3 000 applications en 2025 pour accompagner l'entrée en production de nouvelles technologies, comme le Software Defined Vehicle*.

Produire plus de modèles différents dans une usine

Un autre objectif du groupe consiste à rendre ses usines plus flexibles, en produisant davantage de modèles différents sur un même site. L'année prochaine, le constructeur annonce ainsi le lancement de 12 nouveaux modèles sur ses différents marchés mondiaux. [...]. Cette flexibilité devrait progresser grâce au partage de plateformes et à l'électrification. Un challenge incontournable pour abaisser les coûts, surtout à l'ère du véhicule électrique.

Source : Frédéric Marty, « Renault Group dévoile son plan Re-Industry : Metaverse industriel et intelligence artificielle au cœur de la transformation », *Auto Infos*, 7 décembre 2023.

* Le Software Defined Vehicle (SDV) est la clé technologique qui ouvre le champ des possibles pour donner aux véhicules la possibilité d'évoluer au cours de leur vie : navigation et connectivité enrichies, mise à niveau des applications en temps réel, renforcement de la sécurité et de la durabilité, etc. Le tout au service d'une expérience de conduite améliorée. Les voitures étant d'ores et déjà de plus en plus intelligentes et connectées, le logiciel va jouer un rôle de plus en plus important, tant dans leur conception que dans leur évolution.

Annexe 12 ▸ Renault Group se positionne à la pointe de l'innovation de la logistique automobile avec Exotec

Renault Group choisit Exotec pour automatiser le site de la direction logistique Pièces et Accessoires de Villeroy. L'intégration de cette solution de nouvelle génération est une première pour un constructeur automobile, et est une étape supplémentaire dans la transformation technologique de Renault Group.
Cette collaboration 100 % française permet au groupe d'assurer une satisfaction client au plus haut niveau. Les 191 robots Skypod® vont automatiser le flux des pièces de la réception jusqu'à l'expédition, divisant ainsi par six le temps de traitement des commandes clients.
Cette solution « *goods to man* », en plus d'améliorer les conditions de travail des collaborateurs, permet de réduire de 30 % la consommation en énergie du site par rapport à la solution traditionnelle.

* La méthode « *goods to man* » consiste à faire venir les articles d'une commande jusqu'au préparateur afin qu'il puisse procéder à son assemblage. Traditionnellement, l'opérateur se déplaçait jusqu'aux rayonnages pour prélever les articles qu'il devait expédier.

Source : Renault Group, communiqué de presse, 7 juin 2024.

Annexe 13 ▸ Renault 5, une voiture iconique

Réinvention de ses aînées des années 1970 et 1980, Renault 5 est le nouveau visage de la R5VOLUTION électrique. Couleurs pop, regard malicieux.
Un bijou technologique dessiné et conçu pour être à l'avant-garde de son époque.

Vidéo
Renault 5 E-Tech électrique (0'55)
liennathan.fr/gy6p20

Annexe 14 ▸ « The Originals Renault Store Accessoires »

Renault et Dacia France lancent « The Originals Renault Store Accessoires » et « The Originals Dacia Store Accessoires », leur site de e-commerce dédié à la vente d'accessoires.
- Le site propose une recherche simplifiée par modèle ou par VIN [numéro d'identification du véhicule] dans un catalogue comptant 800 références.
- Le site permet une livraison à domicile de la commande sous trois jours ouvrés.
- La solution permet au client de bénéficier de l'expertise des réseaux Renault et Dacia pour la monte des accessoires « posés ».

Source : Renault Group, communiqué de presse, 10 juillet 2024.

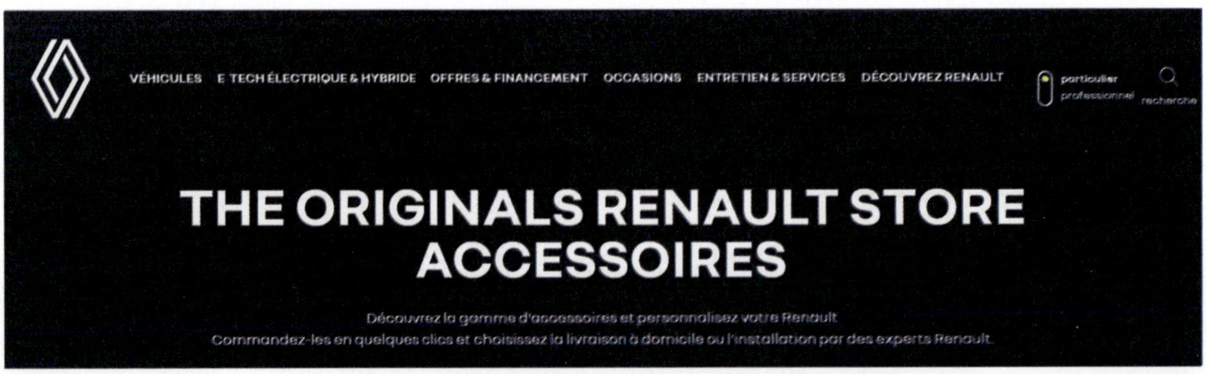

Source : www.renault.fr/accessoires.html

L'analyse de l'environnement de l'entreprise

L'environnement se compose des éléments externes à l'entreprise, qui influencent son activité. Il est essentiel pour l'entreprise de connaître son environnement afin de prendre des décisions pertinentes.

I. Les composantes de l'environnement

- **Le micro-environnement et le macro-environnement**
  L'analyse de l'environnement peut être effectuée à deux niveaux : celui du micro-environnement, qui regroupe les acteurs avec lesquels l'entreprise interagit directement (fournisseurs, clients, concurrents, partenaires), et celui du macro-environnement, constitué d'éléments plus globaux et externes sur lesquels l'entreprise n'a aucun contrôle direct (évolutions démographiques, réglementations, évolution des modes de consommation…).

- **La recherche d'informations sur le macro-environnement**
  De nombreuses sources, gratuites ou payantes, permettent de collecter des informations.

Sources institutionnelles	• Insee : données statistiques nationales (économie, démographie). • OCDE : indicateurs économiques mondiaux. • Banque mondiale : analyses économiques et rapports sectoriels. • Eurostat : statistiques européennes. • Chambres de commerce et d'industrie (CCI) : informations locales ou sectorielles. • Sites gouvernementaux : www.service-public.fr, legifrance.gouv.fr. • Organismes environnementaux : Ademe, ONU.
Sources financières	• Sites comme Bloomberg, Yahoo Finance : données boursières et financières. • Rapports annuels des entreprises : performances et objectifs stratégiques.
Sources sectorielles	• Bases de données et études de marché (Euromonitor, Statista, Xerfi). • Rapports d'associations professionnelles (fédérations d'industries). • Sites institutionnels des entreprises reconnues (CAC 40).
Médias spécialisés	• Journaux comme *Les Echos*, *Financial Times*, *Le Monde*, *La Tribune*, *Challenges*… • Magazines ou blogs spécialisés (*Capital*, *Stratégies*, *Forbes*…).
Réseaux sociaux	• Publications des leaders du secteur (LinkedIn, rapports).

- **L'analyse du macro-environnement : l'outil PESTEL**
  L'outil PESTEL est couramment utilisé pour classer et analyser les informations se rapportant aux différents facteurs du macro-environnement : les facteurs **P**olitiques, **É**conomiques, **S**ociaux, **T**echnologiques, **É**cologiques, **L**égaux. **PESTEL** est un moyen mnémotechnique pour n'oublier aucun facteur.

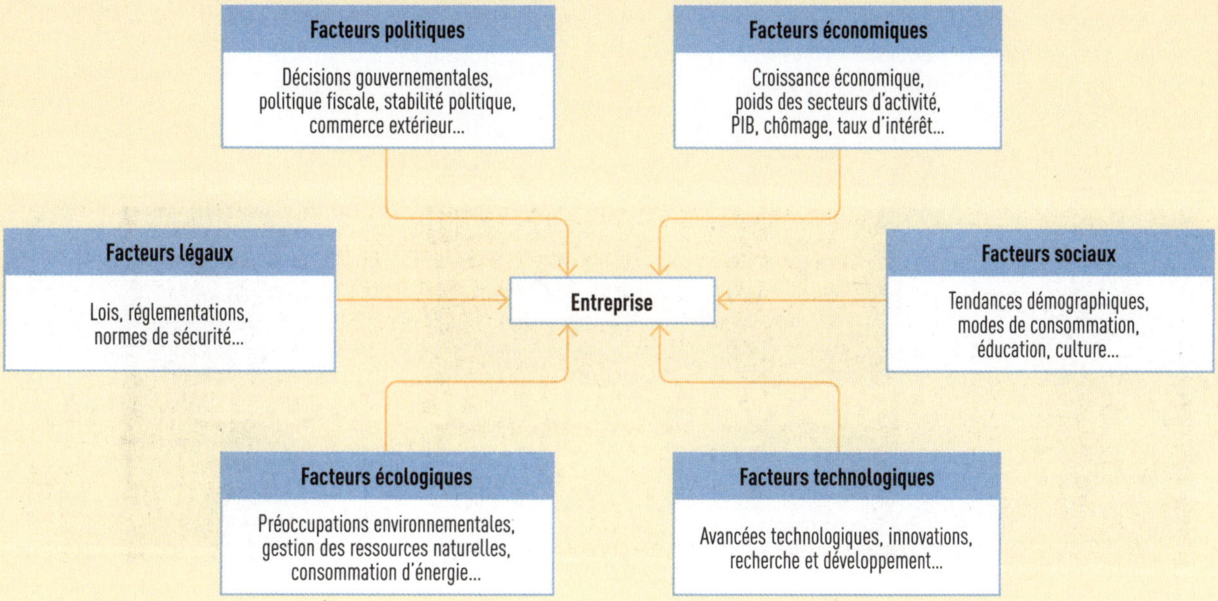

Exemple : Ébauche de PESTEL pour le secteur du sport en salle

Facteurs politiques	La promotion de l'activité physique a été décrétée Grande cause nationale 2024 par le président de la République.
Facteurs économiques	Les ménages sont confrontés à l'inflation.
Facteurs sociaux	Les JO de Paris 2024 ont entraîné un engouement pour la pratique sportive.
Facteurs technologiques	Les appareils de fitness et de musculation intègrent de nouvelles fonctionnalités permettant le suivi des performances, l'élaboration de programmes d'entraînement personnalisés, l'ajustement automatique des charges, etc.
Facteurs écologiques	La consommation d'énergie des salles de sport pour le chauffage, la climatisation et l'alimentation des appareils est élevée.
Facteurs légaux	Les salles de sport sont soumises à la réglementation des établissements recevant du public en matière d'hygiène et d'accessibilité.

II. L'identification des opportunités et des menaces

L'environnement de l'entreprise est en constante évolution, et ces évolutions peuvent menacer la pérennité de l'entreprise ou bien, au contraire, faire émerger des opportunités que l'entreprise peut saisir.

Une opportunité est une circonstance favorable de l'environnement, qui peut permettre à une entreprise de se développer.
Une menace est un élément extérieur qui peut nuire à l'activité de l'entreprise, et donc à sa performance et à sa compétitivité.

L'analyse du macro-environnement est indispensable pour anticiper ces opportunités et ces menaces et prendre des décisions adaptées.
Tous les offreurs d'un même secteur peuvent être impactés par les variations du macro-environnement.

Exemple : L'engouement du public pour les JO de Paris 2024 et la promotion de l'activité sportive par le gouvernement représentent des opportunités pour le secteur du sport en salle, car cela peut attirer une nouvelle clientèle. En revanche, l'inflation est une menace car elle fait baisser le pouvoir d'achat des ménages et peut les conduire à préférer la pratique d'une activité sportive sans abonnement (course à pied en plein air…). Cette analyse peut conduire l'entreprise à réfléchir à une tarification adaptée et flexible pour attirer de nouveaux clients.

Le rôle de l'innovation

L'innovation permet à l'entreprise de répondre aux évolutions de l'environnement. En proposant des solutions nouvelles et adaptées, elle peut conserver ou acquérir un avantage sur ses concurrents et gagner en compétitivité. De plus, une entreprise innovante est perçue comme moderne et visionnaire, ce qui attire clients, talents et investisseurs.

I. Le processus d'innovation

1. **Émergence d'idées nouvelles ou découvertes de la R&D**
Ces idées peuvent être une réponse à une opportunité identifiée dans l'environnement.

→

2. **Conception et développement de solutions nouvelles**
Pour devenir une innovation, l'idée doit trouver une application concrète.

→

3. **Mise en œuvre du produit/service nouveau ou amélioré**

Exemple : Face à l'évolution des réglementations environnementales, les entreprises du secteur automobile, comme Renault, ont innové en développant des véhicules électriques.

II. Les différents types d'innovation

L'OCDE définit l'innovation comme la mise en œuvre d'un produit ou d'un dispositif nouveau ou amélioré et distingue quatre types d'innovations :

Types d'innovation	Définitions	Exemples
Innovation de produit (bien ou service)	Création d'un nouveau bien ou d'un nouveau service, ou amélioration de biens ou services existants pour répondre aux besoins des consommateurs ou en attirer de nouveaux.	*La domotique ou maison connectée* *La voiture électrique*
Innovation de procédé	Amélioration des méthodes de production ou de distribution, permettant souvent de réduire les coûts, d'améliorer la qualité ou d'augmenter la productivité.	*La robotisation, l'intelligence artificielle* *L'impression en 3D*
Innovation d'organisation	Modification dans l'organisation et la gestion interne de l'entreprise.	*Les « Labs » d'innovation chez L'Oréal* *Le télétravail*
Innovation de commercialisation ou de marketing	Changement dans la manière de promouvoir et de vendre les biens ou services.	*Intégration du bouton shopping sur les réseaux sociaux*

C'est une conceptualisation qui s'inspire des théories pionnières de l'économiste Joseph Schumpeter qui a posé les bases de l'analyse moderne de l'innovation en soulignant son rôle central dans le développement économique et en mettant en avant l'importance de l'entrepreneur comme moteur du changement.

Comment l'entreprise intègre-t-elle la connaissance de son environnement dans sa prise de décision ?

L'entreprise doit analyser les différents facteurs de son environnement pour évaluer leur impact sur son activité :

Entreprise

Micro-environnement
(fournisseurs, concurrents, clients, partenaires…)

Macro-environnement
Facteurs **PESTEL** :
Politiques, Économiques, Sociaux, Technologiques, Écologiques, Légaux

- Rechercher des informations
- Classer les éléments en fonction des facteurs PESTEL
- Analyser les données
- En déduire des opportunités et des menaces
- **Prendre des décisions adaptées**

L'entreprise doit innover pour répondre aux évolutions de l'environnement :

- Innover dans ses produits
- (ou) Innover dans ses procédés
- (ou) Innover dans son organisation
- (ou) Innover dans sa commercialisation

1 Tester vos connaissances

Quiz
Se tester sur les savoirs associés de la question 6
liennathan.fr/9o8pe5

→ Réaliser le quiz en ligne et noter votre score.

Remarque : vous pouvez recommencer autant de fois que vous le souhaitez jusqu'à atteindre le score que vous estimez satisfaisant en fonction de vos objectifs.

2 Identifier les tendances en matière d'innovation *

Chaque année, le journal *Les Echos* et le portail de statistiques Statista mènent une enquête sur l'innovation en France et publient un palmarès des leaders de l'innovation.

→ 1. Pour chaque innovation présentée, identifier sa catégorie : innovation de produit, de procédé, de commercialisation ou organisationnelle.

→ 2. Expliquer pourquoi innover est essentiel pour les entreprises.

Annexe ▸ Quelques innovations *made in* France

- La première entreprise distinguée est Lex Persona, renommée depuis Goodflag. Cet éditeur de logiciels, installé près de Troyes, propose un nouveau système de signature électronique qui atteint le niveau de sécurité le plus élevé (signature électronique « qualifiée »). Très facile d'utilisation, il s'appuie sur l'identité numérique de La Poste pour authentifier les signatures. La signature qualifiée est l'équivalent d'une signature manuscrite. Goodflag est spécialisée dans la signature électronique depuis une vingtaine d'années et poursuit ses recherches innovantes pour répondre au mieux aux besoins des entreprises dans un monde ultra-digitalisé.
- En deuxième place de classement figure la start-up Ledger. Cette entreprise a mis sur le marché des portefeuilles physiques (matériels) pour stocker et gérer ses actifs numériques (cryptomonnaies, NFT) de manière sécurisée et hors ligne. L'idée est d'accompagner une démocratisation de l'usage des cryptomonnaies, *via* un appareil à écran ergonomique et en toute sécurité.
- La société Ankorstore (troisième au palmarès) est une marketplace dédiée aux petites entreprises et aux marques indépendantes. Sur cette plateforme d'e-commerce spécialisée en BtoB dont le catalogue présente plus de 2 millions de produits, les acheteurs peuvent régler à 30, 60 ou 90 jours, et les vendeurs sont payés à la commande. Un système simple, direct et souple pour les professionnels de type PME ou ETI.
- Gagnante du concours Next Startupper Challenge, la start-up Green Fusyon réussit à produire des protéines végétales à partir de la chlorelle, une microalgue riche en protéines, en oméga-3 et 6 et en antioxydants. Cette alternative plus responsable que la viande ou le soja pour l'alimentation est obtenue grâce à un procédé unique : c'est la récupération et la valorisation des produits des « rejets » (CO_2, engrais liquide) des cuves de méthanisation des agriculteurs qui permettent de cultiver la microalgue.
- En 2021, le groupe lyonnais LDLC, spécialisé dans la vente d'informatique et de high-tech, décide de mettre en place la semaine de 32 heures (sur quatre jours). Après plusieurs étapes de calage et de réorganisation de travail, le fondateur du groupe estime aujourd'hui que tous les collaborateurs ont gagné en productivité. Pour que l'entreprise continue de fonctionner à plein temps, les équipes ont été réparties en binômes dont l'un ou l'autre des membres est présent.

Source : d'après V. Talmon, « Leaders de l'innovation 2024 : les lignes de force du palmarès », *Les Echos* et Statista, février 2024 ; F. Mazereeuw, « Green Fusyon, la start-up d'AgroParisTech, vainqueur du Next Startupper Challenge 2024 », *Les Echos Start*, 28 mai 2024 ; Lyon Éco & Culture, 17 janvier 2024.

3 Repérer les principaux éléments du macro-environnement d'une exploitation agricole bio **

AgroBioVivre est une exploitation spécialisée dans la production de fruits et légumes bio. Elle est située en Nouvelle-Aquitaine, dans une région réputée pour son engagement envers l'agriculture durable. AgroBioVivre prône des valeurs comme le respect de l'environnement, les circuits courts, le soutien à l'économie locale.

Son dirigeant, M. London, cherche à diversifier ses activités pour répondre aux attentes des consommateurs en matière de produits bio et de services pratiques. Il envisage également d'intégrer des innovations technologiques (comme une plateforme de commandes en ligne) et des initiatives sociales, telles que l'embauche de personnes éloignées de l'emploi.

Vous effectuez un stage dans cette entreprise. M. London vous transmet une analyse PESTEL du macro-environnement construite par une IA et vous demande de l'aider à en tirer parti.

→ 1. Qualifier les données fournies par l'IA.

→ 2. Repérer les erreurs.

→ 3. Relever les informations qui peuvent avoir une influence sur les projets de M. London et justifier votre réponse.

Annexe ▸ Analyse PESTEL du secteur de l'agriculture biologique en France en 2024 par IA

Politique	• **Politiques agricoles favorables :** subventions et aides européennes (ex. : Politique Agricole Commune - PAC) pour promouvoir les pratiques agricoles durables. • **Réglementations strictes :** certification bio obligatoire, respect de normes spécifiques pour obtenir le label biologique (absence de pesticides chimiques, rotation des cultures). • **Pression des consommateurs :** les gouvernements répondent à la demande croissante des citoyens pour une alimentation plus saine et respectueuse de l'environnement. • **Géopolitique et commerce international :** les accords commerciaux influencent les importations/exportations des produits bio. Par exemple, l'accès au marché chinois ou américain pour les produits européens.
Économique	• **Prix plus élevés :** le bio reste souvent plus coûteux à produire, ce qui se répercute sur les prix pour les consommateurs. • **Soutien public :** des aides économiques pour encourager les agriculteurs à passer au bio, mais parfois jugées insuffisantes par rapport aux coûts de transition. • **Croissance du marché bio :** le bio connaît une forte progression, avec une demande en hausse dans les pays développés et émergents. • **Concurrence :** forte concurrence entre agriculture conventionnelle et bio. Émergence de labels alternatifs (ex. : agriculture raisonnée). • **Défis logistiques :** chaînes d'approvisionnement bio plus complexes, augmentant les coûts pour les distributeurs et producteurs.

3 ••• — **Annexe (suite)** ▶ **Analyse PESTEL du secteur de l'agriculture biologique en France en 2024 par IA**

Socioculturel	• **Conscience écologique :** les consommateurs sont de plus en plus sensibles à l'impact environnemental de leur alimentation. • **Tendance au bien-être :** lien croissant entre alimentation bio et santé perçue comme meilleure (moins de pesticides, produits naturels). • **Éducation et sensibilisation :** les campagnes d'information sur les avantages du bio influencent positivement les choix des consommateurs. • **Accessibilité :** le bio reste moins accessible dans certaines régions ou pour des populations à faible revenu, ce qui peut limiter son adoption. • **Évolution des modes de vie :** tendance vers des circuits courts, Amap (Associations pour le maintien d'une agriculture paysanne), et l'autoproduction.
Technologique	• **Innovations en agriculture :** développement de techniques durables pour optimiser la production biologique (ex. : biopesticides, outils numériques pour la gestion des sols). • **Technologies de traçabilité :** *blockchain* et autres outils pour garantir l'origine et l'authenticité des produits bio. • **Recherche et développement :** investissements croissants dans des solutions bio-inspirées pour remplacer les produits chimiques (engrais naturels, lutte biologique contre les nuisibles). • **Limitation des biotechnologies :** contraintes légales sur l'utilisation des OGM, même pour des innovations biocompatibles.
Environnemental	• **Changements climatiques :** impacts sur les rendements agricoles, mais aussi opportunité pour le bio grâce à sa résilience accrue face aux aléas climatiques. • **Impact écologique réduit :** le bio limite la pollution des sols et des eaux grâce à l'absence d'engrais chimiques et de pesticides. • **Dégradation des terres :** le bio contribue à la régénération des sols, mais certaines pratiques peuvent encore être améliorées. • **Économie circulaire :** favorise la réduction des déchets (compostage, recyclage des sous-produits agricoles). • **Régulations environnementales :** les initiatives mondiales (accords de Paris, objectifs de développement durable) poussent à l'adoption de pratiques biologiques.
Légal	• **Normes strictes :** réglementations européennes et nationales précisant les critères pour le label bio. • **Contrôles renforcés :** inspections fréquentes pour éviter les fraudes et garantir l'authenticité des produits. • **Obligation de transparence :** les agriculteurs et distributeurs doivent prouver la traçabilité de leurs produits. • **Harmonisation internationale :** défis liés aux différences de réglementation entre les pays (ex. : normes bio aux États-Unis *vs* Europe). • **Litiges potentiels :** risques de conflits juridiques liés aux certifications ou à la contamination croisée avec l'agriculture conventionnelle.

4 Analyser l'évolution de l'environnement des vendeurs d'équipements sportifs ***

Le sport, les équipements et les accessoires sportifs rencontrent paraît-il un succès croissant chez les consommateurs d'aujourd'hui, et en particulier chez les jeunes. Pour autant, quelles décisions faut-il prendre dans cet environnement complexe et changeant ?

→ À l'aide des éléments fournis sur l'environnement, évaluer la pertinence des différentes décisions envisagées.

Annexe 1 ▸ Quelques projets des acteurs du secteur

- La société VéloVille voudrait changer de fournisseur pour ses batteries de vélos électriques. Elle a reçu une offre moins chère d'un nouveau fournisseur installé dans un pays plus lointain.
- Decathlon s'est donné comme objectif de proposer d'ici deux ans la totalité de son catalogue en ligne avec Apple Vision Pro, le système de visualisation des produits en 3D et à taille réelle.
- L'enseigne SportPourTous envisage de lancer une série d'événements collaboratifs en plein air pour créer du lien avec ses clients.
- L'entreprise ForeverSport veut lancer une nouvelle montre connectée en collaboration avec une marque de luxe qui proposera des bracelets sur mesure.
- La société Challenge&Moi a pour projet de développer une plateforme de partage des performances sportives et données de santé associées, gratuite et en libre accès, pour promouvoir ses équipements connectés.

Annexe 2 ▸ Les opportunités et les menaces dans l'équipement sportif

Opportunités	Menaces
• Croissance de la consommation responsable : 70 % des jeunes préfèrent acheter des produits respectueux de l'environnement, et 65 % sont prêts à payer un supplément pour des produits durables. (Deloitte, 2024) • Avancées technologiques et personnalisation des produits : 42 % des consommateurs préfèrent des produits personnalisés et 29 % affirment que la technologie (objets connectés, réalité augmentée) joue un rôle dans leurs décisions d'achat. (McKinsey, 2023) • Tendance vers l'expérience immersive et la gamification : 62 % des jeunes seraient intéressés par des expériences d'achat augmentées par la réalité virtuelle. (PWC, 2023) • Croissance du marché des équipements sportifs : prévision taux de croissance annuel de 5,1 % d'ici 2027. (Xerfi, 2024) • Politique de santé publique qui encourage la pratique sportive et politique de la ville favorisant l'installation d'équipements collectifs.	• Concurrence accrue dans le secteur sportif : le secteur des équipements sportifs est dominé par des géants tels que Nike, Adidas, Decathlon. (*Decathlon Annual Report*, 2023) • Exigences croissantes des consommateurs : la génération Z est extrêmement exigeante en matière de transparence et d'éthique. (Fevad, 2023) • Renforcement des règles et sanctions pour protéger les données personnelles. • Renforcement de la législation sur la sécurité des équipements sportifs. • Perte de pouvoir d'achat des ménages et recentrage d'une partie du budget sur les dépenses essentielles (alimentation, logement…).

Entraînement au BTS

L'étude est composée de trois missions :

- **Mission 1 :** L'impact de la politique de l'État sur l'activité de Moustache Bikes
- **Mission 2 :** L'analyse de l'environnement global de l'entreprise Moustache Bikes
- **Mission 3 :** La protection des marques et des innovations

Composition du dossier documentaire :

- **Annexe 1 :** Un appel à projets « Industrie du vélo » pour relancer la filière
- **Annexe 2 :** Bénéficiez des aides de l'État !
- **Annexe 3 :** Fin des aides à l'achat de vélo
- **Annexe 4 :** Vers les 100 milliards d'euros en 2035 pour le marché du vélo électrique européen
- **Annexe 5 :** L'entreprise mise sur l'innovation pour améliorer constamment ses produits
- **Annexe 6 :** Moustache Bikes roule dans la cour des grands
- **Annexe 7 :** Les dépôts de titres de propriété industrielle se consolident

Sujet 2 : Moustache Bikes

Contexte du sujet

Moustache Bikes est une entreprise française spécialisée dans la conception et la fabrication de vélos à assistance électrique (VAE) haut de gamme. Fondée en 2011 par Emmanuel Antonot et Grégory Sand, l'entreprise est basée à Golbey, dans les Vosges. Moustache Bikes se concentre exclusivement sur les vélos électriques, ce qui lui permet d'offrir une expertise et une qualité de produit élevées. La marque propose une large gamme de VAE adaptés à différents usages : ville, VTT, randonnée, etc.

Pour se distinguer de la concurrence en place, l'entreprise a misé sur le design avec un style rétro-bobo qui remet au goût du jour les guidons des bicyclettes du début du XXe siècle, dits « moustache ». Un VAE haut de gamme robuste, donc plus lourd et plus rigide pour un maximum de confort.

Peu de temps après son lancement, Moustache Bikes s'est rapidement imposée comme une marque de référence sur le marché des VAE, grâce à la qualité de ses produits, son design soigné et son engagement en faveur de la mobilité durable.

Les vélos Moustache Bikes sont conçus avec des composants de qualité, notamment des moteurs Bosch, réputés pour leur performance et leur fiabilité.

L'entreprise mise sur l'innovation pour améliorer constamment ses produits et proposer des solutions innovantes de mobilité durable. Elle compte maintenant plus de 180 employés pour le développement et la production de vélos.

Moustache Bikes a organisé son réseau de distribution en s'appuyant sur un réseau de revendeurs en France, mais aussi à l'international (Angleterre, Allemagne, Canada…). L'export représente 45 % des vélos vendus.

L'entreprise a été récompensée par de nombreux prix. Elle a obtenu le trophée Innovation INPI catégorie Marque. Une distinction qui confirme le potentiel de la PME vosgienne.

Les podiums réguliers de ses athlètes Julien Absalon et Jérome Guilloux lors des premières compétitions d'eMTB (vélo de montagne électrique), notamment en remportant les titres de champion de France et champion du Monde, ont aussi permis à l'entreprise de gagner en visibilité.

Entraînement au BTS

En prenant appui sur vos connaissances, le contexte et le dossier documentaire, il vous est demandé de répondre aux questions relatives aux trois missions du sujet. Vous êtes invité(e) à mobiliser les concepts et les apports théoriques dès lors qu'ils sont pertinents et que le lien avec la mission est argumenté.

Mission 1. L'impact de la politique de l'État sur l'activité de Moustache Bikes

▸ Annexe 1 ▸ Annexe 2 ▸ Annexe 3

L'État favorise les mobilités durables, c'est-à-dire la mise en place et la gestion de modes de transport peu ou non polluants pour l'environnement, comme le vélo ou la voiture électriques.

1.1 Présenter les politiques économiques qui impactent le marché des vélos électriques. Indiquer leur type (conjoncturelles/structurelles ; actions sur l'offre/la demande).

1.2 Repérer les objectifs recherchés par l'État à travers ses politiques au niveau national.

1.3 Analyser les conséquences des actions de l'État sur l'activité de l'entreprise Moustache Bikes.

Mission 2. L'analyse de l'environnement global de l'entreprise Moustache Bikes

▸ Annexe 1 ▸ Annexe 2 ▸ Annexe 3 ▸ Annexe 4 ▸ Annexe 5

L'analyse du macroenvironnement permet d'avoir une vision plus précise du marché des vélos électriques. En tant qu'entreprise innovante, Moustache Bikes s'adapte constamment à son environnement en tenant compte de plusieurs facteurs clés.

2.1 Analyser le macroenvironnement de l'entreprise Moustache Bikes.

2.2 Identifier les opportunités et les défis que représente cet environnement pour Moustache Bikes.

2.3 Expliquer le rôle de l'innovation dans le succès de l'entreprise.

Mission 3. La protection des marques et des innovations

▸ Annexe 6 ▸ Annexe 7

Lauréate des trophées INPI catégorie Marque, la PME vosgienne se positionne grâce à ses équipements innovants de qualité, comme une marque concurrente des leaders français et européens du marché.

3.1 Présenter la solution juridique qui permet de protéger efficacement les innovations de Moustache Bikes.

3.2 Analyser la position de l'entreprise sur la protection de la marque.

3.3 Expliquer l'intérêt de protéger sa propriété intellectuelle pour l'entreprise et pour l'économie.

Dossier documentaire

Annexe 1 ▸ Un appel à projets « Industrie du vélo » pour relancer la filière

Le gouvernement a lancé […] un appel à projets (AAP) pour développer l'industrie française du vélo, alors que la majorité des cycles vendus en France est fabriquée à l'étranger. Doté de 20 millions d'euros […], il s'inscrit dans le cadre du plan vélo et marche 2023-2027 et de France 2030 et entend soutenir l'innovation et structurer la filière économique complète du vélo, de l'assemblage au recyclage.

« Faire du vélo, c'est bien, faire des vélos en France, c'est encore mieux », a lancé le ministre délégué chargé de l'Industrie Roland Lescure lors d'une conférence de presse dans l'atelier de reconditionnement de vélos d'occasion de l'entreprise Upway à Gennevilliers (Hauts-de-Seine) où il s'était rendu… à vélo, en compagnie du ministre chargé des Transports, Patrice Vergriete. « Rapatrier des vélos en France, c'est rapatrier de l'emploi, mais c'est aussi une dynamique environnementale vertueuse […]. C'est un sacré coup de pouce qui doit accompagner des entrepreneurs passionnés », a ajouté Roland Lescure.

Source : Anne Lenormand, « Vélo, marche : une floraison d'appels à projets en faveur des mobilités actives », www.banquedesterritoires.fr, 23 avril 2024.

Annexe 2 ▸ Bénéficiez des aides de l'État !

Chez Moustache, nous vous proposons une solution de mobilité durable pour votre entreprise, en accord avec notre engagement envers la responsabilité sociale des entreprises (RSE). L'acquisition d'une flotte de vélos pour vos employés s'inscrit parfaitement dans cette vision. De plus, bénéficiez des aides de l'État grâce à notre programme, trois aides dans le but de favoriser votre démarche RSE !

ÉLIGIBILITÉ AU FORFAIT MOBILITÉ DURABLE

Il permet aux salariés de bénéficier d'une **exonération de cotisations sociales** sur les sommes versées, dans la mesure où elles ne dépassent pas 800 euros par an et par employé. Ce forfait vise à couvrir les frais de déplacement des employés utilisant des moyens de transport écologiques, tels que le vélo.

RÉDUCTION D'IMPÔTS SUR LES SOCIÉTÉS DE 25%

Les entreprises peuvent bénéficier d'une **réduction d'impôt** équivalente aux dépenses engagées pour la mise à disposition de vélos, plafonnée à **25% du coût d'achat** ou de location de la flotte de vélos (si la durée de location dépasse 36 mois).

PARTICIPATION DU SALARIÉ À HAUTEUR DE 30%

Pour bénéficier des avantages fiscaux, l'entreprise a la possibilité de couvrir intégralement la mensualité de location ou de demander une **participation financière du collaborateur**, limitée à 30% du loyer mensuel.

Source : « Bénéficiez des aides de l'État ! », moustachebikes.com.

Annexe 3 ▸ Fin des aides à l'achat de vélo

Une mauvaise nouvelle pour les plus modestes qui étaient concernés par ces aides. Un coup dur également pour l'industrie du vélo [...].

[...] Un décret, publié le 29 novembre 2024, annonce la fin des aides de l'État pour l'achat d'un vélo. Dans les faits, les vélos commandés après le 2 décembre n'ont déjà plus droit à la prime. Les vélos commandés avant le 2 décembre ou dont le contrat de location avec option d'achat a été signé avant cette date peuvent encore recevoir la prime jusqu'au 14 février 2025. Un cadeau de Saint-Valentin empoisonné pour les plus précaires, pour le climat et pour une filière déjà en difficulté. Le bonus écologique pour les cycles, aussi bien pour les particuliers que les professionnels, et la prime à la conversion vont donc disparaître. [...]

Ces aides de l'État ont été utilisées dans 10 % des achats de VAE en 2023. Des aides sous conditions de ressources qui ciblaient donc particulièrement les plus précaires. De 150 € pour un vélo musculaire à 3 000 € pour les vélos cargos pour les professionnels, ces aides ont mis des gens au vélo. Elles étaient censées être prolongées jusqu'à 2027. [...] Dans un élan de restrictions budgétaires, ce nouveau coup dur pour l'économie du vélo passe mal. D'autant que l'État continue de financer la voiture électrique au travers d'un bonus écologique certes moins important, mais toujours présent, lui.

Source : « Fin des aides à l'achat vélo, quand la politique déraille », www.transitionvelo.com, 9 décembre 2024.

Annexe 4 ▸ Vers les 100 milliards d'euros en 2035 pour le marché du vélo électrique européen

L'industrie du vélo, en croissance frénétique durant les deux années ayant suivi la sortie de crise du Covid, est retombée sur terre. Si bien qu'aujourd'hui, le mot d'ordre est au rééquilibrage : les stocks doivent être écoulés, et l'offre retrouver un niveau cohérent par rapport à une demande revenue à la normale. Pour autant, si les fournisseurs, équipementiers, fabricants et autres revendeurs font le dos rond, tous tiennent des discours optimistes pour l'avenir. Et si l'on en croit le dernier rapport du McKinsey Center for Future Mobility, ils ont raison de garder espoir.

Une croissance de la micromobilité bénéfique au vélo électrique

En se basant sur plusieurs études menées ces six dernières années, en analysant la pratique et les habitudes de consommation de 28 000 personnes et en s'appuyant sur des modèles perfectionnés d'anticipation des tendances (prenant en compte des paramètres aussi variés que la vétusté des parcs de vélos ou l'incidence des politiques publiques incitatives), ce cabinet livre des perspectives ambitieuses.

Au niveau mondial, le marché de la micromobilité a représenté 149 milliards d'euros en 2022 et devrait atteindre les 485 milliards en 2035. Un gâteau dont l'Europe représenterait la plus grosse part, soit 205 milliards d'euros. En effet, McKinsey a identifié cinq marchés clés pour les années à venir qui sont, par ordre d'importance : Allemagne, Espagne, France, Pays-Bas et Royaume-Uni. À l'échelle mondiale, Chine et Inde devraient également s'imposer comme d'importantes locomotives.

Là, on parle de micromobilité, un terme englobant tous les transports personnels modernes et motorisés. Mais McKinsey est très clair : le vélo et le vélo électrique sont les moyens de transport de micromobilité préférés des usagers, avec un taux d'usage qui devrait progresser de 50 % dans les prochaines années.

Actuellement, les vélos électriques représentent 37 % du marché de la micromobilité en Europe et ils atteindront 50 % d'ici à 2035, ce qui veut dire qu'à cette échéance, le marché européen du vélo électrique pèsera environ 100 milliards d'euros. Cent milliards !

Consolidation et nouveaux horizons

Des vélos et vélos électriques dans lesquels les consommateurs sont d'ailleurs prêts à investir davantage : « *Si l'on s'intéresse aux possesseurs actuels de vélos électriques, les études nous disent qu'ils envisagent de dépenser en moyenne 9 % de plus dans leur prochain vélo* », a précisé Darius Scurtu, expert chez McKinsey, présentant ces prévisions sur un salon dédié à la micromobilité à Amsterdam. « *Nous venons d'une période d'hypercroissance où tout le monde était occupé à grossir, gagner des parts de marché et établir de nouveaux modèles économiques, notamment avec des écosystèmes fermés et des services [...]. Cette période est main-*

••• Annexe 4 suite ▸ Vers les 100 milliards d'euros en 2035 pour le marché du vélo électrique européen

tenant terminée, et le marché est en transition vers la consolidation. Nous constatons actuellement que l'accent est davantage mis sur la rentabilité et l'efficacité opérationnelle. Alors que l'industrie est toujours occupée à restructurer l'offre, le nombre de trajets effectués avec des produits de micromobilité continue d'augmenter », analyse-t-il pour expliquer la période actuelle.
Enfin, il voit l'adaptation de nos sociétés au vélo comme un mouvement d'accompagnement logique et nécessaire de la pratique, qui va créer un effet d'aubaine et encourager toujours plus de monde à utiliser un vélo. « *Lorsque l'on regarde ce qu'il s'est passé ces dernières avec la voiture, cela a été la même chose* », déclare-t-il en faisant référence à la construction d'infrastructures routières toujours plus denses et sécurisantes, et à l'évolution des modèles de distribution en s'adaptant à la voiture. À vélo, l'aspect sécuritaire (pistes dédiées, intersections retravaillées, stationnements sûrs) est également prédominant.

Source : « Vers les 100 milliards d'euros en 2035 pour le marché du vélo électrique européen », www.transitionvelo.com, 22 juin 2024.

Annexe 5 ▸ L'entreprise mise sur l'innovation pour améliorer constamment ses produits

L'entreprise Moustache Bikes suit de près les tendances du marché en anticipant les besoins des consommateurs et en adaptant sa gamme de produits en conséquence.
Elle investit dans la recherche et le développement pour intégrer les dernières technologies et innovations, telles que les batteries plus performantes, les moteurs plus puissants et les systèmes de connectivité avancés.
Moustache Bikes s'engage en faveur du développement durable en privilégiant la production locale et en concevant des vélos durables et réparables. Elle participe également à des initiatives de recyclage des batteries et encourage l'utilisation de modes de transport doux.
L'entreprise prend en compte l'évolution des modes de vie et des habitudes de mobilité, en proposant des VAE adaptés aux différents usages : déplacements urbains, loisirs, sport, etc.
Elle s'efforce de rendre le vélo électrique accessible à un public toujours plus large, en proposant des modèles variés et en communiquant de manière claire et pédagogique.

Annexe 6 ▸ Moustache Bikes roule dans la cour des grands

Rencontre avec Emmanuel Antonot, [le PDG de Moustache Bikes, lauréate des trophées INPI catégorie Marque (extraits)].

Vous êtes finaliste dans la catégorie Marque, en quoi votre stratégie de propriété industrielle est-elle un levier de croissance ?

E. A. : Dans un secteur aussi concurrentiel que celui du vélo à assistance électrique, la marque est un élément différenciant essentiel. Elle est comme un phare au milieu d'un océan de produits. Elle porte l'ADN de nos valeurs et de nos produits. Et elle est l'étendard pour lequel se battent nos collaborateurs au quotidien. Notre marque est bien plus qu'un logo, un design ou un produit, elle représente l'attachement et la confiance que l'utilisateur lui porte. Sans marque forte, il est difficile d'avoir une stratégie de conquête en France et à l'export, notamment dans un marché où les concurrents établis ou fraîchement arrivés sont nombreux.

Avez-vous un conseil à donner aux entrepreneurs ?

E. A. : Je pense qu'il est essentiel de construire une marque aussi forte que ses produits, une marque qui puisse servir la stratégie commerciale. L'ensemble doit être en cohérence, tout comme avec le design, le graphisme et la communication. Mais une marque solide, c'est une marque protégée, qu'on entretient et qu'on fait vivre.

Source : « Moustache Bikes roule dans la cour des grands », www.inpi.fr.

Annexe 7 ▸ Les dépôts de titres de propriété industrielle se consolident

« En 2024, les dépôts de brevets, marques et dessins et modèles se consolident, confirmant l'importance de la protection de l'innovation dans un contexte d'incertitude économique. Il est d'ailleurs intéressant de souligner que le nombre des dépôts de brevets émanant des PME, des microentrepreneurs et des porteurs de projets a progressé. Plusieurs hausses historiques ont eu lieu ces dernières années : les dépôts de brevets ont enregistré une progression remarquable de plus de 7,5 % depuis 2020, et les dépôts de marques ont atteint un pic inédit lors de la pandémie. Nous pouvons espérer que les dessins et modèles bénéficieront à leur tour d'un nouvel élan grâce à la signature du traité de Riyad en novembre 2024, fruit de plus de vingt ans de négociations, mais aussi à la publication des nouvelles directives de l'Union européenne visant à harmoniser les procédures. Pour répondre aux défis croissants, il est essentiel de poursuivre nos efforts collectifs pour renforcer l'accompagnement des entreprises en France, en particulier les plus petites qui sont confrontées à la concurrence étrangère », **Pascal Faure, directeur général de l'INPI**.

Les chiffres clés INPI 2024

Nombre de dépôts par titre et leur évolution

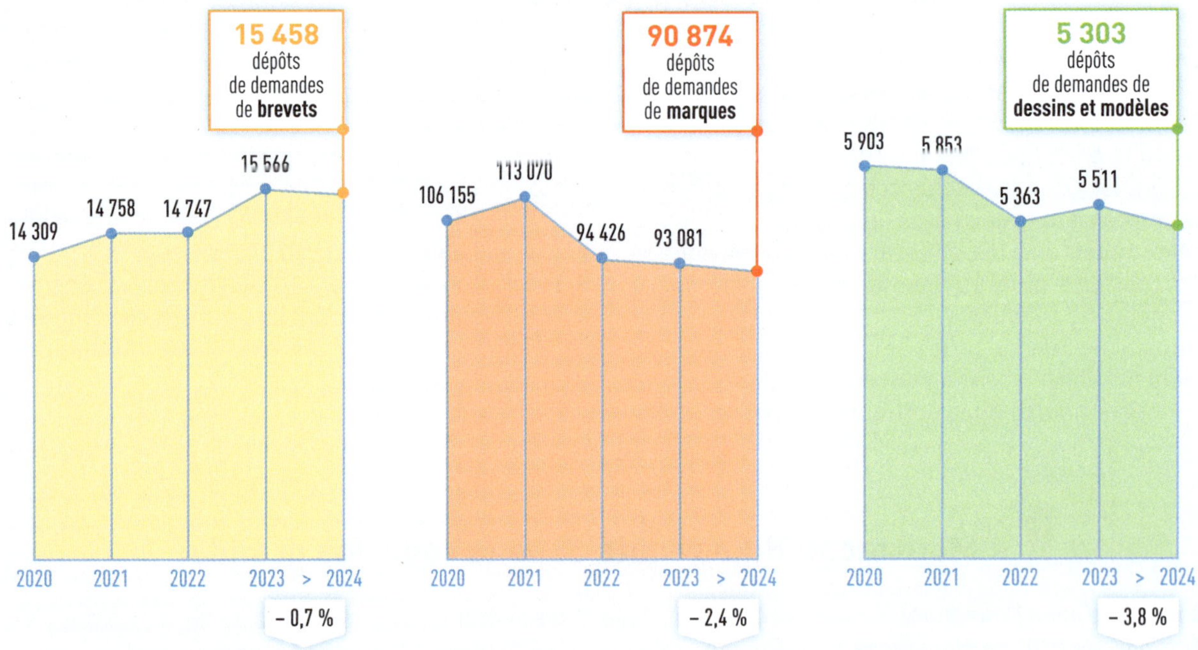

Concernant les **dépôts de brevets**, les principales filières d'innovation des 50 premiers déposants sont (données 2023) :

- → la mobilité **46 %**
- → l'énergie **12 %**
- → le numérique et les télécoms **10 %**
- → la santé, les cosmétiques et/ou la chimie **8 %**

Source : www.inpi.fr

Question 7

Comment les facteurs économiques déterminent-ils les choix de production ?

Compétences visées et points d'étude dans le chapitre :

- Caractériser la structure de coût de l'entreprise
  → Contexte | Mission 1 | Fiche ressource 1 | Activité 2
- Analyser l'influence des paramètres économiques sur les décisions de l'entreprise
  → Contexte | Mission 2 | Fiche ressource 2 | Activité 3 | Activité 5
- Argumenter le choix de l'entreprise entre « faire » et « faire faire »
  → Contexte | Mission 3 | Fiche ressource 3 | Activité 4

Contexte

Piscines Desjoyaux

Le groupe Piscines Desjoyaux a rendu accessible la piscine enterrée pour tous les budgets. Fort d'une expérience de plus de cinquante ans, le groupe investit régulièrement dans son processus de production et dépose tous les ans des brevets pour rester leader sur son marché. L'entreprise créée en 1969 par Jean Desjoyaux s'est développée grâce notamment à des choix de production efficaces et des innovations porteuses : en 1974, un nouveau système de coffrage permanent actif garantit une nouvelle résistance au gel et aux mouvements de terrain ; en 1983, un nouveau système de filtration sans canalisation évite les travaux d'enfouissement des tuyaux, réduit le risque de fuite et diminue le coût des travaux.

En 1991, le groupe, qui a réussi à diffuser sa marque grâce à un réseau de concessionnaires exclusifs, investit dans un nouveau site de production et concrétise ainsi le passage d'une production artisanale à une production industrielle. Le groupe a progressivement recentré ses investissements sur son cœur de métier : la production 100 % française de la gamme Desjoyaux, avec des outils à la pointe de la technologie. Ces cinq dernières années, près de 30 millions ont été investis pour améliorer l'automatisation du process de production et développer de nouveaux produits. Ces choix de production permettent de garder un avantage concurrentiel et de conquérir de nouveaux marchés à l'international.

Vidéo
Desjoyaux, piscines de famille depuis 1966 (1'20)
liennathan.fr/vck9rc

L'étude est composée de trois missions…
- **Mission 1 :** Les facteurs de production utilisés par l'entreprise Desjoyaux
- **Mission 2 :** L'influence des paramètres économiques sur les décisions de l'entreprise Desjoyaux
- **Mission 3 :** Le choix de l'entreprise entre « faire » et « faire faire »

… et d'un dossier documentaire
- **Annexe 1 :** Desjoyaux, une entreprise familiale industrielle installée à La Fouillouse
- **Annexe 2 :** Pénurie de main-d'œuvre
- **Annexe 3 :** Piscines Desjoyaux à La Fouillouse
- **Annexe 4 :** Focus sur l'engagement de Piscines Desjoyaux
- **Annexe 5 :** Ralentissement du marché
- **Annexe 6 :** Desjoyaux privilégie la production *made in* Loire
- **Annexe 7 :** Les concessionnaires Desjoyaux
- **Annexe 8 :** Interview de Laurence, concessionnaire Desjoyaux depuis 2015

→ En prenant appui sur vos connaissances, les fiches ressource, le contexte et le dossier documentaire, il vous est demandé de répondre aux questions relatives aux missions.

Étude du contexte

Mission 1. Les facteurs de production utilisés par l'entreprise Desjoyaux

Les choix d'investissement réalisés régulièrement par Desjoyaux permettent d'avoir un outil de production performant pour répondre à une demande soutenue. L'entreprise conforte ainsi sa position de leader sur le marché de la piscine enterrée.

▶ Contexte ▶ Annexe 1 ▶ Annexe 2 ▶ Annexe 3 ▶ Fiche ressource 1

1.1 Repérer les différents facteurs de production qui sont mobilisés pour la fabrication des piscines Desjoyaux. Présenter la structure des coûts associés à ces facteurs.

1.2 Relever les investissements réalisés par Desjoyaux.

1.3 Expliquer pourquoi ces investissements permettent à l'entreprise de gagner en productivité.

Mission 2. L'influence des paramètres économiques sur les décisions de l'entreprise Desjoyaux

Le site de production de l'entreprise Desjoyaux se trouve à Saint-Étienne. Un choix de production *made in* France qui limite les coûts de transport et démontre la volonté d'écoresponsabilité du dirigeant Jean-Louis Desjoyaux.

▶ Contexte ▶ Annexe 4 ▶ Annexe 5 ▶ Annexe 6 ▶ Fiche ressource 2

2.1 Repérer les différentes décisions prises par l'entreprise.

2.2 Identifier les paramètres qui ont influencé ces décisions.

Mission 3. Le choix de l'entreprise entre « faire » et « faire faire »

Les choix de production et la force du réseau de commercialisation permettent à l'entreprise de gagner des parts de marché en France et à l'étranger.

▶ Contexte ▶ Annexe 5 ▶ Annexe 6 ▶ Annexe 7 ▶ Annexe 8 ▶ Fiche ressource 3

3.1 Distinguer parmi les choix de Desjoyaux ceux relevant d'une stratégie d'intégration et ceux relevant d'une stratégie d'impartition.

3.2 Expliquer comment ces choix peuvent améliorer la compétitivité de Desjoyaux selon sa chaîne de valeur.

Dossier documentaire

Annexe 1 ▸ Desjoyaux, une entreprise familiale industrielle installée à La Fouillouse

Vidéo
Outils de production Desjoyaux (1'40)
liennathan.fr/vh0t92

Jean-Louis Desjoyaux pose le cadre : le numéro 1 mondial de la piscine enterrée tient à sa région et à ses process de fabrication. Persévérer dans la fabrication en France relève, pour le dirigeant qui est la troisième génération à la tête de l'entreprise, de l'audace.
Un site de production sur 15 hectares. Cinq hectares d'ateliers avec l'ensemble des métiers intégrés pour fabriquer de A à Z une piscine enterrée. Le dispositif industriel mis en place par le pisciniste, dans la Loire, continue de faire la fierté de la famille Desjoyaux. « *Audace rime avec prise de risque industrielle, qui est incessante chez nous et fait complètement partie de notre ADN. J'essaie d'inculquer cela chaque jour à mes collaborateurs. Rester en France, fabriquer dans la Loire et innover tout le temps nous rend fiers* », assure Jean-Louis Desjoyaux, à la tête de l'entreprise.
[...] L'audace industrielle de Desjoyaux va de pair avec sa politique d'innovation. L'entreprise détient une quarantaine de brevets. « *Une équipe R&D de 26 personnes alimente en permanence une centaine de dossiers. Nous déposons moins qu'à une certaine période, mais l'entreprise dépose toujours un à deux brevets par an.* »

Source : Stéphanie Polette, « Jean-Louis Desjoyaux (Piscines Desjoyaux) : "Audace rime avec prise de risque industrielle" », www.brefeco.com, 23 janvier 2023.

Annexe 2 ▸ Pénurie de main-d'œuvre

Confrontée à une pénurie de « bons maçons » pour construire et installer ses piscines en France et en Europe, la PME ligérienne a lancé au printemps 2021, en partenariat avec Pôle emploi, son propre centre d'apprentissage aux métiers de la maçonnerie. [...]
« *Ces collaborateurs que nous avons formés sont censés, au bout d'un an, réaliser 50 piscines de plus dans chaque concession. Aujourd'hui, nous refusons des chantiers et des piscines car nous n'avons pas assez de personnel pour les poser* », explique le PDG Jean-Louis Desjoyaux.
Si les bons maçons se font rares, c'est également le cas dans les métiers de la plomberie et de l'électricité. Pour pallier cette pénurie de main-d'œuvre, le groupe ligérien a décidé d'élargir le champ de compétences de son centre d'apprentissage dans lequel il a investi, à la création, 120 000 euros.

Source : Gilles Cayuela, « Desjoyaux va élargir le champ de compétences de son centre d'apprentissage », www.lejournaldesentreprises.com, 3 novembre 2021.

Annexe 3 ▸ Piscines Desjoyaux à La Fouillouse

L'entreprise Desjoyaux n'en finit plus d'investir sur son site de La Fouillouse. Son dirigeant, Jean-Louis Desjoyaux, avait déjà dévoilé l'été dernier, à *La Tribune-Le Progrès*, son plan d'investissement XXL de 25 millions d'euros.

Au menu : des machines, des moules, une nouvelle presse de très grande dimension, l'optimisation des flux de circulation, la mise en place de transports automatisés au sein du site, la création d'un nouveau bâtiment de R&D, de nouveaux réfectoires, etc.

Objectif global : mettre l'usine en capacité de produire confortablement quelque 20 000 bassins par an, contre 15 000 actuellement. [...]

Source : Stéphanie Gallo-Triouleyre, « Les Piscines Desjoyaux investissent 25 millions d'euros de plus à La Fouillouse », www.leprogres.fr, 28 mars 2023.

Annexe 4 ▸ Focus sur l'engagement de Piscines Desjoyaux

Si certains rêvent d'une piscine dans leur jardin, d'autres la considèrent comme un non-sens écologique, notamment avec une situation de sécheresse aggravée. [...]

Il s'agit d'un « *pool bashing* » pour Jean-Louis Desjoyaux, le PDG de Piscines Desjoyaux. Ce dernier a indiqué que dans l'Hexagone, les piscines représentent seulement 0,15 % de la consommation d'eau.

Comme l'a expliqué Nicolas Desjoyaux, directeur général délégué, Piscines Desjoyaux a commencé dans les années 1990 à diminuer la taille de ses piscines, en comparaison avec les concurrents, afin d'en réduire le coût pour ses clients.

Le PDG de l'enseigne a par ailleurs abordé le recyclage en soulignant l'utilisation du plastique recyclé pour la fabrication des revêtements de leurs piscines. Plusieurs autres éléments plastiques des piscines Desjoyaux ont vocation à être fabriqués en partie en matériaux recyclés : vis, pompe...

C'est le fruit d'un investissement massif sur l'usine de La Fouillouse, et l'enseigne compte investir encore 58 M€ pour développer le site sur les 24 prochains mois. Nicolas Desjoyaux a aussi rappelé que la mission de son entreprise, depuis sa naissance, est de rendre la piscine accessible à tous.

Source : Patrick Rucart, « Piscines Desjoyaux met tout en œuvre pour faire face au "*pool bashing*" », www.observatoiredelafranchise.fr, 25 janvier 2024.

Annexe 5 ▸ Ralentissement du marché

40 % des ventes du pisciniste viennent de l'étranger. « *Notre entreprise est 100 % française. Tout est produit et fabriqué sur notre site industriel* », affirme le porte-parole, qui exporte sa marchandise dans 80 pays. Si ses activités « *se portent bien* » en Italie, ce n'est pas le cas en Allemagne. Piscines Desjoyaux s'attend à voir ses recettes diminuer de 30 % outre-Rhin [...], « *notamment du fait de la crise en Ukraine* ». « *C'est en France que notre chiffre d'affaires va le mieux, nous tenons le coup* », précise-t-il, rassurant. Pour répercuter les tensions inflationnistes, sa société a dû, « *comme tout le monde* », augmenter ses prix. « *Depuis le début du conflit en Europe de l'Est, nos tarifs ont crû de l'ordre de 20 % en moyenne* ». « *L'entreprise a également pris la décision de réintégrer certains produits sous-traités ailleurs dans sa chaîne de production.* »
Face à une inflation galopante et à une crise de l'énergie qui fait trembler l'Europe, Piscines Desjoyaux s'est adapté.

La guerre déclenchée par la Russie contre l'Ukraine en février 2022 a triplé le coût de l'énergie (gaz et électricité) pour les entreprises en 2023, du fait notamment de la fin de l'approvisionnement en gaz russe.

Source : Lilas-Apollonia Fournier, « Les Piscines Desjoyaux accélèrent leurs investissements en recherche et développement », www.batiactu.com, 8 février 2023.

Annexe 6 ▸ Desjoyaux privilégie la production *made in* Loire

Le fil rouge industriel des piscines Desjoyaux ? Produire en interne, sur son site de La Fouillouse, le maximum de composants. « Nous [fabriquons] [...] à plus de 90 % dans nos propres ateliers. Cela permet de maîtriser la qualité de nos produits et d'assurer localement de l'emploi », souligne ainsi le patron de l'entreprise qui a lancé, en janvier dernier, un recrutement d'une trentaine de salariés supplémentaires.

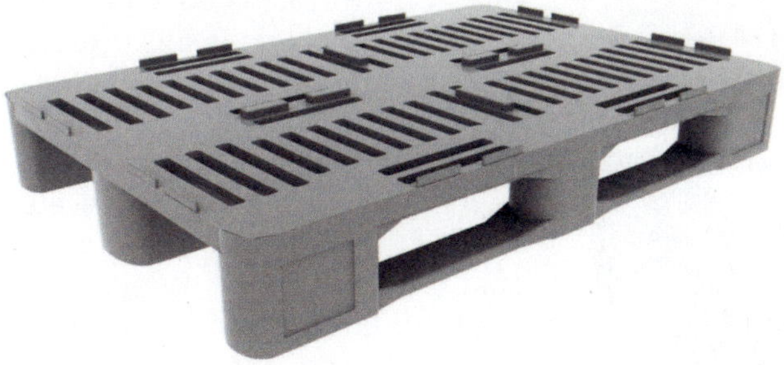

Et le sujet est pensé du plus petit moule pour un bouton-poussoir jusqu'aux moules de plus de 100 tonnes. Comme ces petites clavettes en plastique permettant de lier entre eux les panneaux constituant les murs des piscines. Elles sont injectées sur place et permettent de remplacer des boulons « *venus de Chine* ». Autre exemple : l'entreprise va bientôt abandonner les palettes en bois pour produire elle-même ses propres palettes plastique, des palettes en matière recyclée, réutilisables et consignées. Et puis, investissement important programmé dans les mois à venir : la création d'un centre de tri sur place. Une part importante des structures des piscines Desjoyaux et de ses diverses composantes (auxquelles s'ajouteront demain ses palettes) est issue de polypropylène recyclé.

Source : Stéphanie Gallo-Triouleyre, « Desjoyaux privilégie la fabrication *made in* Loire », www.leprogres.fr, 14 août 2022.

Annexe 7 ▸ Les concessionnaires Desjoyaux

« Devenir concessionnaire Desjoyaux, c'est bénéficier d'un savoir-faire de près de 60 ans sur un secteur d'activité porteur, qui vend du rêve et du bonheur aux familles. »

Nous ne recherchons pas de profils types ni de savoir-faire particulier, car nous apportons la formation technique et un accompagnement allant jusqu'à l'établissement d'un business plan avec nos futurs concessionnaires. Notre produit étant plutôt simple à mettre en œuvre, nous sommes en mesure de former tout type de profil.

Nous cherchons avant tout un état d'esprit en accord avec nos valeurs, une personne pour qui la communication, le partage et la proximité avec la tête de réseau et la clientèle sont essentiels.

Sur le marché français, nous travaillons avec des contrats de concession, qui prévoient notamment une exclusivité territoriale pour le concessionnaire. En contrepartie, il s'engage à ne s'approvisionner et à ne commercialiser que des produits Desjoyaux. [...]

Au-delà des piscines, nous commercialisons à travers notre réseau tous les équipements : pompes à chaleur, produits de traitement, mobiliers de jardin, luminaires, abris de piscine... pour faire bénéficier nos partenaires d'une offre complète.

Source : « Interview : "Piscines Desjoyaux : une entreprise familiale et innovante qui poursuit son développement" », www.guide-piscine.fr, 21 octobre 2024.

Annexe 8 ▸ Interview de Laurence, concessionnaire Desjoyaux depuis 2015

Comment se porte votre concession ?

Après des années de forte croissance, le CA stagne depuis 2022 et le résultat est en légère baisse. Cette baisse est passagère car les commandes sont à nouveau en hausse et le marché des piscines privées reste porteur. Les clients considèrent la piscine comme une nouvelle pièce à vivre de leur maison.

Nous avons le projet d'ouvrir une nouvelle concession dans la région Bourgogne. Pour cela, je suis accompagnée dans chaque étape de mon nouveau projet par le groupe Desjoyaux, ce qui est très rassurant. C'est un véritable esprit familial.

À votre avis, quelles sont les forces et les faiblesses de l'entreprise Desjoyaux ?

La principale force de la marque Desjoyaux est l'importance du réseau de concession sur toute la France qui garantit une proximité pour nos clients. La notoriété du numéro 1 de la piscine enterrée attire les clients qui souhaitent investir dans leur maison. La tendance générale est à l'amélioration de son habitat avec des équipements de bien-être (depuis les périodes de confinement).

Une autre force majeure est son avance technologique incontestée avec une cellule recherche et développement à la pointe de l'innovation et au cœur des préoccupations du marché. Trois à quatre brevets internationaux sont déposés chaque année par Desjoyaux. L'outil de production performant et la qualité des produits sont les atouts de cette entreprise.

Les principaux freins sont les politiques de restriction d'eau et le durcissement des règlementations auxquelles nous nous adaptons, les marges en baisse à cause de l'inflation du prix des matières premières, l'environnement économique difficile.

La structure de coût de l'entreprise

Les coûts de production représentent toutes les dépenses engendrées par le cycle de production. Ils sont propres à chaque facteur de production (capital, travail). Bien connaître ses coûts de production (leur source, leur poids relatif, leur nature, leur évolution) permet à l'entreprise de les optimiser et de fixer des prix de vente qui préservent sa compétitivité face à la concurrence.

I. Le facteur travail et les coûts associés

Le facteur travail représente le travail humain effectué pour l'entreprise en contrepartie d'une rémunération. Il désigne la main-d'œuvre : la force de travail et les compétences mises en œuvre pour produire des biens et services.

Le facteur travail (physique et intellectuel) peut être analysé sous l'angle qualitatif (compétences, motivation…) et quantitatif (évolution démographique, durée des études…).

Exemple : Selon l'Insee, la population active, en hausse depuis 1975, devrait diminuer à partir de 2040.

→ Les **coûts du facteur travail** sont les salaires de la main-d'œuvre et les charges sociales. Ce sont des **coûts fixes** car indépendants du niveau d'activité (sauf les primes variables). On peut y associer aussi les coûts de la formation.

II. Les facteurs capital et connaissances et les coûts associés

Le facteur capital se décompose en capital fixe et capital circulant.

Le capital fixe désigne les biens qui sont durables (utilisés pendant plusieurs cycles de production) : capital technique *(exemples : machines, équipements, locaux)*, **capital immatériel** *(brevets, marques)*.

→ Les **coûts du capital fixe** sont liés aux prix des installations, des machines, des outils, mais aussi à l'usure des machines, aux frais d'entretien, aux dépenses en recherche et développement, au coût des emprunts nécessaires au financement.

Le capital circulant désigne le capital qui est utilisé ou transformé au cours de la production de l'entreprise (consommations intermédiaires : matières premières, énergie, produits semi-finis).

Parmi les matières premières, on distingue les matières transformées, les matières premières naturelles renouvelables (*exemples : vent, soleil*) et les ressources non renouvelables (*exemples : pétrole, gaz*).

→ Les **coûts du capital circulant** (ou consommations intermédiaires) dépendent du prix d'achat des matières premières, du coût du transport, du coût de l'énergie. Il s'agit souvent de **coûts variables** (directement liés au niveau d'activité de l'entreprise).

→ Les **coûts du facteur connaissances** (ou savoirs mobilisables pour améliorer la production) sont les dépenses en recherche et développement qui regroupent l'achat des équipements et matériels de recherche, des brevets, les salaires des chercheurs.

III. La combinaison des facteurs de production et la productivité

Combinaison productive : association des facteurs capital et travail choisie par l'entreprise pour réaliser sa production. Elle est optimale lorsqu'elle engendre un coût de production minimal.

La combinaison productive varie selon le secteur d'activité et est propre à chaque entreprise.

Exemples : L'industrie automobile ou l'aéronautique intègrent davantage de facteur capital dans leur combinaison productive (forte intensité capitalistique). La restauration, la grande distribution ou les services à la personne intègrent davantage de facteur travail.

L'efficacité de la combinaison des facteurs de production est mesurée par la **productivité**.

Productivité des facteurs de production : rapport entre le nombre de produits réalisés (ou leur valeur) et le nombre d'unités de facteurs utilisées pour cette production.

L'efficacité de la production peut augmenter d'une période par rapport à une autre. On désigne ce phénomène par les termes de **gains de productivité**. Ces gains résultent généralement de l'intégration du progrès technique dans l'organisation de la production, ce qui améliore la productivité des facteurs.

Exemples : Investissements dans des outils plus performants, formation du personnel.

Les paramètres économiques qui influencent les décisions de l'entreprise

I. Les paramètres qui impactent le choix de la combinaison productive

Toute entreprise combine différentes ressources productives, notamment le travail et le capital, en vue de créer une richesse supplémentaire. Ces facteurs de production peuvent être **substituables** ou **complémentaires**. Le choix de leur combinaison est déterminé par leur disponibilité et par leur coût.

- **La disponibilité des facteurs de production**

Si l'un des facteurs de production n'est pas suffisamment disponible en quantité, l'entreprise va faire évoluer les proportions des facteurs dans sa combinaison productive. Elle peut :

- remplacer un facteur par un autre ;

Exemples : Investir dans l'automatisation ou dans l'IA pour remplacer la main-d'œuvre (substitution du facteur travail par le facteur capital) ; délocaliser dans un pays à bas salaire (substitution du capital par le travail).

- modifier l'organisation de sa production.

Exemple : Améliorer l'organisation du travail, la répartition et la planification des tâches.

- **Le coût des facteurs de production**

Si le prix d'un des facteurs augmente (*exemples : hausse des cours des matières premières, hausse du coût des salaires*), le coût de production va augmenter. Outre les choix déjà étudiés, l'entreprise pourra :

- décider d'augmenter ses prix de vente ;
- accepter de diminuer ses marges ;
- rechercher des économies d'échelle : si les coûts fixes sont importants, l'augmentation de la production permettra de les répartir sur une plus grande quantité ;
- rechercher des gains de productivité : atteindre le même niveau de production avec moins de facteurs ou obtenir de meilleurs résultats à moyens constants.

Ces différents paramètres peuvent aussi amener l'entreprise à décider de ne pas produire elle-même et/ou de confier une partie de son activité à d'autres (voir fiche ressource 3).

II. L'impact des taux d'intérêt sur les décisions de l'entreprise

Le taux d'intérêt a un rôle important car il impacte les principales décisions économiques.

Taux d'intérêt : **prix de l'argent versé aux prêteurs de ressources financières.**

Lorsque l'entreprise doit financer l'investissement par l'emprunt, la hausse des taux d'intérêt augmente le coût de ce dernier. L'entreprise peut alors décider de reporter son investissement. À l'inverse, les taux d'intérêt bas stimulent le recours aux crédits (moins chers) et incitent aux investissements.

Exemple : Le taux d'intérêt des crédits bancaires est passé de 1,5 % à 4 % entre 2022 et 2023, puis a baissé à nouveau en 2025. 48 % des patrons de TPE-PME français ont vu cette hausse comme le principal frein à leurs investissements (enquête BPI France).

La variation des taux d'intérêt impacte aussi les décisions des consommateurs ayant besoin d'un crédit.

Exemples : Achat d'une automobile, dépenses d'aménagement de la maison...

III. L'impact des préoccupations environnementales et sociales sur les décisions de l'entreprise

Les activités de production de toutes les entreprises ont un impact sur l'environnement : la pollution, la consommation des ressources, la production de déchets – autant de facteurs qui contribuent au réchauffement climatique. Les contraintes résident principalement dans la règlementation (obligations de recyclage, d'utilisation de produits moins polluants...) et dans les coûts additionnels pour la respecter.

L'entreprise peut, au-delà de ces contraintes, mettre en place un modèle économique et social plus résilient en adoptant des modes de production moins consommateurs de ressources. L'entreprise peut ainsi transformer le changement en opportunités : au-delà de l'aspect environnemental, la contribution des entreprises au développement durable (responsabilité sociétale de l'entreprise : RSE) participe aussi au bien-être des salariés grâce à sa dimension sociale.

Le choix de l'entreprise entre « faire » et « faire faire »

Pour proposer des biens et services aux clients, l'entreprise s'appuie sur différentes activités qui nécessitent des facteurs de production. Elle cherche à les optimiser et à les coordonner pour créer de la valeur et dégager une marge. C'est ce que met en évidence la chaîne de valeur de M. Porter.

I. L'analyse de la chaîne de valeur

La chaîne de valeur est un outil d'analyse stratégique qui distingue parmi les activités de l'entreprise des activités principales (production, logistique, vente, service après-vente) et des activités de soutien (approvisionnement, ressources humaines, développement, recherche).

Ces activités s'enchaînent et se succèdent étape par étape jusqu'au produit final et à la valeur attendue par le client. La coordination entre activités principales et de soutien doit être efficace.

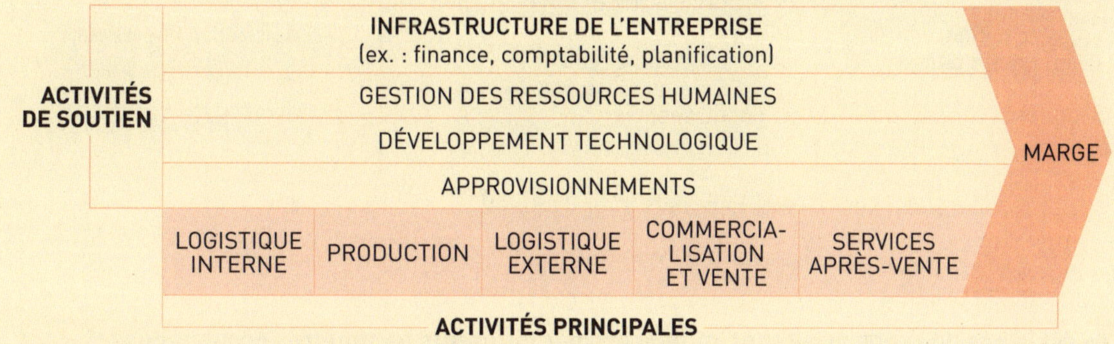

Le rôle principal ou non d'une activité peut être différent selon les entreprises.

Exemple : Pour une entreprise qui fait de la recherche et du développement en vue de déposer et vendre des brevets, la R&D n'est pas une activité de support mais une activité principale.

Distinguer ainsi les activités permet d'étudier **leurs coûts** et **leur contribution à la création de valeur**, pour améliorer l'avantage concurrentiel et la compétitivité de l'entreprise.

> La **valeur** est mesurée par le prix que le client est prêt à payer pour les biens et services de l'entreprise. La **marge** correspond à la différence entre cette valeur et les différents coûts supportés par l'entreprise.

II. Le pilotage de la chaîne de valeur : « faire » ou « faire faire »

Pour optimiser l'ensemble de la chaîne et créer plus de valeur, l'entreprise analyse les coûts et la disponibilité des facteurs de production. Elle pourra ainsi effectuer des **choix stratégiques** entre l'intégration (faire) ou l'impartition (faire faire) des activités.

L'entreprise peut décider de réaliser en interne une activité qu'elle maîtrise à moindre coût et dont elle détient les compétences spécifiques. À l'inverse, si les coûts de certaines activités sont trop importants et créent peu de valeur, l'entreprise peut choisir une stratégie d'impartition.

L'impartition consiste à faire réaliser des activités par d'autres entreprises : la production et/ou la vente, le recrutement, la comptabilité, etc. On parle aussi d'externalisation des activités.

Cela permet de se recentrer sur son cœur de métier (source de valeur), de mettre en commun des compétences et de bénéficier de l'expertise d'entreprises spécialistes, de savoir-faire externes et ainsi de réduire les coûts. L'inconvénient majeur est la dépendance vis-à-vis des entreprises partenaires et la perte de certains savoir-faire.

Les principales formes de l'impartition

La franchise	La sous-traitance	La concession
L'entreprise confie **la vente** de ses produits à une autre et la fait bénéficier de son savoir-faire, moyennant une redevance.	L'entreprise (appelée donneuse d'ordres) confie à une autre (le sous-traitant) l'exécution partielle ou intégrale de **certaines activités**.	L'entreprise réserve **la vente** de ses produits à un commerçant avec une exclusivité territoriale, sans obligation de transmission de savoir-faire.

L'entreprise noue ainsi avec ces structures externes des **relations de coopération**. Dans le cas de la franchise et de la concession, ces relations sont obligatoirement basées sur **un contrat**.

Comment les facteurs économiques déterminent-ils les choix de production ?

La structure de coût de l'entreprise varie selon le facteur de production :

Coûts liés au facteur travail
- Salaires, dont charges sociales
- Formation de la main-d'œuvre

Coûts liés au facteur capital
- Capital fixe :
  - installations (locaux)
  - machines et outils
- Capital circulant :
  - matières premières
  - transport
  - énergie
- Emprunts (taux d'intérêt)

Coûts liés au facteur connaissances
- Équipements et matériels
- Salaires des chercheurs en R&D
- Brevets

Les décisions de l'entreprise sont influencées par différents paramètres économiques :

- L'entreprise choisit la combinaison productive selon la disponibilité des facteurs pour produire à moindre coût.
  → Amélioration de la productivité
- Un niveau élevé des taux d'intérêt freine les investissements des entreprises qui doivent recourir à des emprunts plus coûteux.
- Les préoccupations environnementales et sociales (développement durable, RSE) entraînent de nouvelles règlementations et des coûts additionnels. Ces contraintes peuvent aussi devenir des opportunités.

L'entreprise doit choisir ce qu'elle « fait » elle-même et ce qu'elle « fait faire » à d'autres :

↓

Analyse de la chaîne de valeur : activités principales et de soutien

↓

Identification des activités à l'origine de la création de valeur pour améliorer l'avantage concurrentiel et la compétitivité de l'entreprise

↓

- Réalisation interne des activités qui sont source de valeur et dont les coûts sont maîtrisés
- Impartition (externalisation) de certaines activités (*ex. : par sous-traitance, franchise, concession*)

1 Tester vos connaissances

Quiz
Se tester sur les savoirs associés de la question 7
liennathan.fr/4ahw42

→ Réaliser le quiz en ligne et noter votre score.

Remarque : vous pouvez recommencer autant de fois que vous le souhaitez jusqu'à atteindre le score que vous estimez satisfaisant en fonction de vos objectifs.

2 Caractériser la structure des coûts de votre entreprise *

→ 1. Présenter les facteurs de production mobilisés par l'entreprise qui vous accueille en stage ou en apprentissage.

→ 2. Décomposer les coûts liés à l'utilisation de chacun de ces facteurs.

Ces recherches peuvent faire l'objet d'une présentation orale à l'aide des supports de votre choix.

3 Analyser les choix de production de l'entreprise 1083 **

1083 est une marque de jeans français qui propose également des chaussures, des vestes, des t-shirts, des chaussures et des ceintures. Son succès est lié à des choix de production qui lui ont permis de se différencier sur le marché.

→ 1. Présenter les caractéristiques des jeans fabriqués par 1083.

→ 2. Identifier les facteurs de production utilisés par cette entreprise.

→ 3. Repérer les choix de production de 1083 et les paramètres qui les ont influencés.

→ 4. Montrer que la contrainte de développement durable est aussi une opportunité pour l'entreprise.

Annexe 1 ▸ 1083, votre marque de vêtements éco-conçus et *made in* France

Vidéo
Reportage à l'occasion des 10 ans de 1083 (2:29)
liennathan.fr/gbkbob

Lancée en 2013 grâce à un financement participatif sur Ulule, notre marque de vêtements 1083 est née pour relocaliser entièrement les savoir-faire du tissage et de la confection du jean en France. Cela a impliqué de réinstaller un maximum de chaînons de la production dans l'Hexagone. Hormis la culture du coton, 1083 relocalise toutes les étapes de la fabrication des jeans en France : la filature, la teinture, le tissage, l'ennoblissement, la coupe, la confection et le délavage des jeans.

Où trouver des vêtements fabriqués en France ? Aujourd'hui, nous proposons des jeans français bio et écoresponsables, des chaussures, t-shirts, chemises, vestes et accessoires. Ce vestiaire *made in* France est fabriqué à moins de 1 083 km de chez vous ! Car 1 083 km est la distance qui sépare les deux villes les plus éloignées de l'Hexagone : Menton dans le Sud-Est et Porspoder en Bretagne.

Par nature, notre démarche est durable, responsable et écologique. Le climat en France ne permet pas la culture du coton, nous avons donc fait le choix d'un coton biologique certifié GOTS [Global Organic Textile Standard] provenant de Tanzanie, où l'eau est suffisamment abondante pour ne pas nécessiter d'irrigation artificielle.

Source : www.1083.fr.

3

••• Annexe 2 ▸ 1083 reconstruit l'industrie textile

Éco-conçu, en circuit court ou encore inclusif… En dix ans, 1083 a complètement réinventé le jean « *made in* France ». Aujourd'hui, la marque garde toujours son objectif en ligne de mire : relancer l'industrie textile tricolore. […]

Un jean 100 % français, de la culture du coton aux finitions, cela vous semble impossible ? La marque de vêtements écoresponsables 1083 l'a pourtant fait. Portée par un engagement fort pour le *made in* France, l'entreprise drômoise propose depuis son lancement des pantalons en coton bio, issu à 90 % de Tanzanie, confectionnés quasi exclusivement dans l'Hexagone. Mais 1083 va désormais plus loin. Il y a quelques mois, la marque a livré ses premiers jeans fabriqués en circuit court.

Coupé dans une toile conçue à partir de fil recyclé et de coton récolté dans les départements de la Drôme et du Gers, ce nouveau modèle, uniquement produit sur commande, permet à l'entreprise de boucler la boucle. Un véritable exploit alors que l'industrie du denim a complètement disparu de nos régions depuis plusieurs décennies. […]

Malgré des volumes réduits, les valeurs portées par 1083 séduisent les acteurs du textile tricolores qui lui donnent sa chance. C'est le cas notamment de Bleu Océane. Depuis trois ans, ce spécialiste du denim qui collabore habituellement avec des maisons de luxe réalise le délavage d'une partie des jeans de la marque. « *On ne rejette rien dans l'environnement grâce à un processus de délavage à l'ozone, propre et économe en eau* […] », souligne […] Rodolphe Bled, président du groupe.

L'entreprise ne s'arrête pas là et va jusqu'à participer à la reprise de l'une des dernières usines de filature et de tissage du pays en 2018. « *Valrupt fournissait 80 % de nos matières premières. Quand il a rencontré des difficultés, nous prenions plus de risques à le perdre qu'à l'aider*, affirme Thomas Huriez. *Cela nous a montré à quel point l'industrie est fragile.* » Depuis 2013, 1083 a ainsi participé à la création de 250 emplois directs et indirects et collabore aujourd'hui avec une trentaine d'ateliers dans toute la France avec l'objectif d'implanter une filière « diversifiée et déconcentrée », plus robuste.

Sources : Florine Morestin, « 1083 reconstruit l'industrie textile avec des jeans *made in* France », www.novethic.fr, 19 octobre 2024 ; carte 1083.

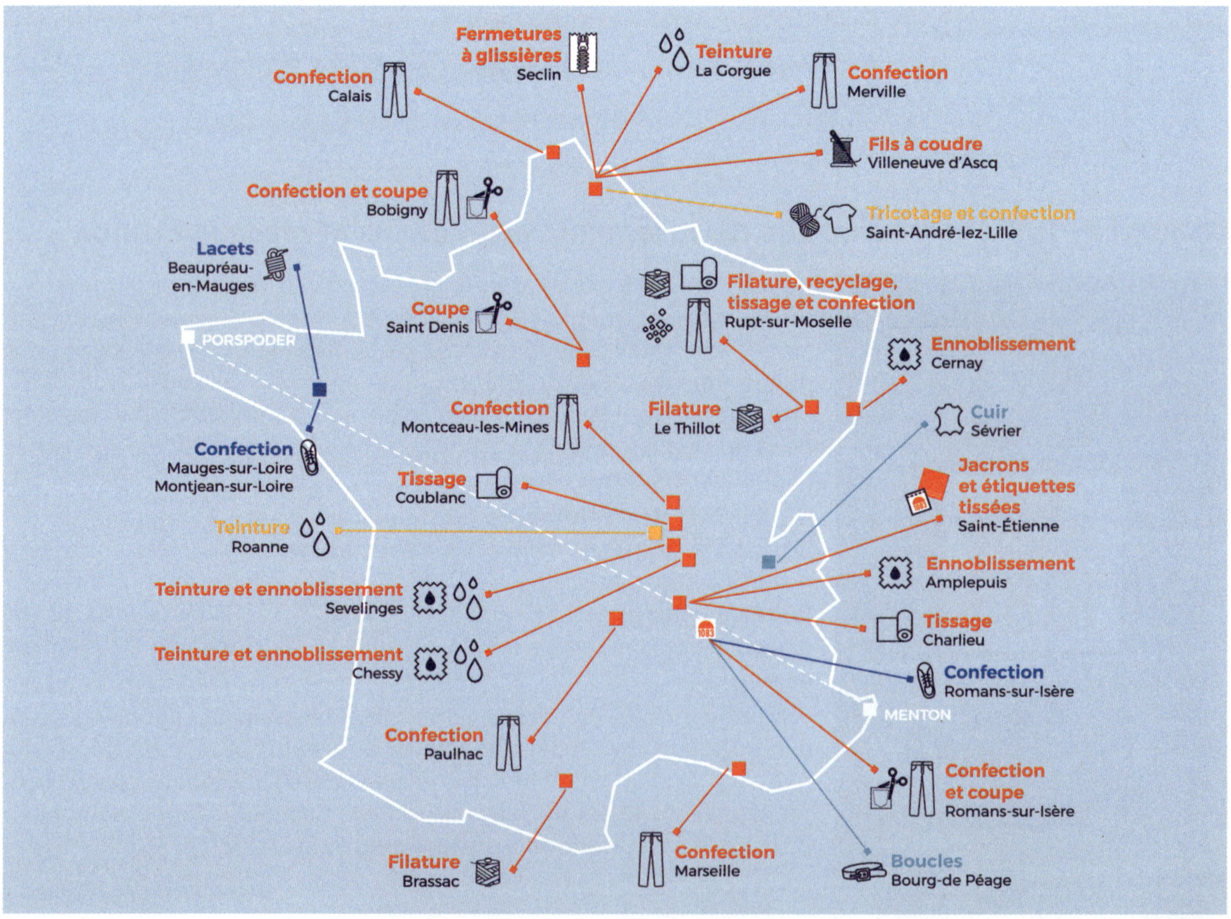

4 Argumenter le choix de « faire » ou « faire faire » **

Le constructeur aéronautique européen Airbus fait face à quelques difficultés sur sa chaîne de production. En 2024, Airbus a accusé plusieurs retards de livraison auprès des compagnies aériennes clientes. Pour autant, son carnet de commandes reste très chargé. Un challenge que tous les acteurs de sa chaîne s'efforcent de relever.

→ 1. Expliquer les raisons qui poussent Airbus à faire appel à la sous-traitance.

→ 2. Identifier les avantages et les inconvénients éventuels de faire appel à la sous-traitance.

Annexe 1 ▸ Comment les sous-traitants d'Airbus font face à la demande de 8 000 avions dans un marché en manque de main-d'œuvre

Avec plus de 8 600 avions à livrer d'ici 2030, Airbus a battu tous les records de commandes cumulées. Un nombre qui risque de s'accentuer avec les problèmes rencontrés par son rival américain Boeing et ses problèmes techniques sur l'un de ses appareils. […]

Mais cela n'est pas si simple. Il faut de la place dans le carnet de commandes, des fournisseurs capables de suivre le rythme puis former tout le personnel de maintenance et de vol au nouvel outil de travail. […]

À Montauban dans le Tarn-et-Garonne, le groupe Mécachrome, premier fabricant français de pièces aéronautiques, essaie de trouver des solutions à ses problèmes de recrutement. Dans le secteur aéronautique, les ouvriers qualifiés sont rares car très recherchés. […]

L'entreprise prévoit de recruter 500 personnes cette année et investit dans des lignes automatisées pour assurer les cadences imposées par Airbus. […]

« *Nous devons livrer 8 600 avions dans les temps et avec la qualité. Donc la question n'est pas de savoir si augmenter la cadence est nécessaire ou non* », expliquait récemment Christian Scherer, directeur général d'Airbus Avions commerciaux. L'avionneur souhaite passer à 75 A320 par mois en 2026, contre 48 en 2023. Les longs délais d'attente « *n'empêchent pas de prendre beaucoup de commandes* ».

Source : Catherine Léhé et AFP, « Comment les sous-traitants d'Airbus font face à la demande de 8 000 avions dans un marché en manque de main-d'œuvre ? », www.france3-regions.francetvinfo.fr, 8 février 2024.

Annexe 2 ▸ Les trois quarts de la production d'Airbus sont sous-traités

Depuis une trentaine d'années, les constructeurs aéronautiques externalisent une part de plus en plus importante de leurs activités de conception et de fabrication, à la fois pour augmenter les capacités de production et pour confier à des spécialistes des sous-ensembles complexes d'avion. Quelques sous-traitants d'Airbus :

- Thales : systèmes de gestion de vol, solutions technologiques
- Safran : aérostructures, pièces de moteur, électronique
- RTX : pièces de moteur
- Honeywell : aménagements intérieurs, pièces de moteur, électronique
- Mécachrome : aérostructures, pièces de moteur
- GE Aerospace : pièces de moteur

Sources : d'après « L'évolution des relations entre les donneurs d'ordres et les sous-traitants dans l'aéronautique », exeisconseil.com, janvier 2024 ; Olivier James, « Safran, Spirit, Pratt... Quand Airbus est plombé par ses plus grands fournisseurs », www.usinenouvelle.com, 12 septembre 2024.

5 Analyser l'influence des paramètres économiques sur les décisions de l'entreprise **

[...] Des équipementiers de l'aéronautique éprouvent des difficultés à accompagner la montée en cadence des donneurs d'ordres. [...]

L'industrie aéronautique connaît aujourd'hui une situation paradoxale. D'un côté, les experts anticipent une croissance de 10 à 15 % du marché français en 2025 et 2026, porté en particulier par Airbus, qui affiche un carnet de commandes plein sur dix ans. Pourtant, certains sous-traitants se trouvent dans une situation à risque, selon une étude de la Banque de France [...].

Florent Godard, « La filière aéronautique n'est pas malade, mais connaît des difficultés », www.lejournaldesentreprises.com, 28 octobre 2024.

→ 1. Analyser les raisons de la situation critique des sous-traitants de l'industrie aéronautique.

→ 2. Expliquer comment le niveau des taux d'intérêt actuels peut impacter la situation financière des sous-traitants.

→ 3. Montrer l'influence des taux d'intérêt sur les décisions d'investissement des entreprises.

Annexe 1 ▸ De quel risque parle-t-on ?

Il ne s'agit pas d'un « risque de défaillance » d'entreprise [...] mais d'une situation « à risque » au sens financier, selon la Banque de France, avec des entreprises qui affichent « une capacité d'autofinancement réduite ou un endettement élevé ».

Le risque principal, c'est de ne pas pouvoir financer le besoin en fonds de roulement [l'activité courante], recruter, acheter des machines, éventuellement s'agrandir, pour accompagner la montée en cadence souhaitée par les donneurs d'ordres comme Airbus, Dassault, Safran, MBDA. Les entreprises classées « à risque » par la Banque de France doivent en général emprunter à des taux prohibitifs, ou elles ne trouvent tout simplement plus de moyens de financement dans le pire des cas.

Florent Godard, « La filière aéronautique n'est pas malade, mais connaît des difficultés », www.lejournaldesentreprises.com, 28 octobre 2024.

Annexe 2 ▸ Fluctuation des taux d'intérêt

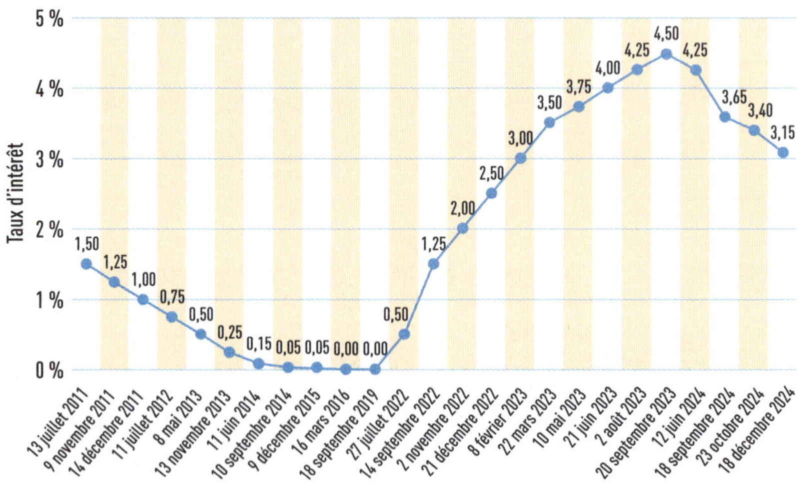

Source : Banque de France

La Banque centrale européenne a relevé le taux d'intérêt directeur à un niveau historique.
Cela impacte directement le coût du crédit pour les entreprises et les particuliers.

La BCE a décidé cette hausse afin de poursuivre sa lutte contre l'inflation.
Les taux d'intérêt constituent le principal instrument de la politique monétaire des banques centrales.

Question 8

Compétence visée et points d'étude dans le chapitre :

- Justifier le choix d'une structure juridique d'entreprise adaptée à une situation donnée
  - → Contexte | Mission 1 | Mission 2 | Mission 3 | Fiche ressource 1 | Fiche ressource 2 | Fiche ressource 3 | Activités 1 à 5

Comment choisir une structure juridique pour l'entreprise ?

Contexte

La Baleine à cabosse

L'aventure de Claire Hollender et Aurélien Ducloux a commencé en 2015, lors d'un séjour en Colombie. Le jeune couple y découvre les plantations de cacao et les différentes variétés de cabosses, fruits du cacaoyer.

En rencontrant des producteurs dans tout le pays, Claire et Aurélien comprennent que la plupart des chocolatiers français, même prestigieux, travaillent de manière industrielle.

À leur retour, ils rêvent de se lancer dans une production totalement artisanale de chocolat, s'inscrivant dans le mouvement « Bean to Bar » (de la fève à la tablette), né aux États-Unis dans les années 2000. Les chocolatiers « Bean to Bar » s'engagent à acheter directement des fèves de cacao auprès de producteurs et à les transformer intégralement dans leurs ateliers.

Aurélien et Claire souhaitent eux aussi maîtriser l'ensemble de la chaîne de production, en recourant au commerce équitable et à une agriculture raisonnée.

Ils choisissent une ville, Marseille, et un nom, La Baleine à cabosse, en hommage à une baleine à bosse croisée durant leur voyage.

LA BALEINE A CABOSSE
Une histoire de chocolat ...

Avant de commencer leur production, les deux entrepreneurs doivent choisir la structure juridique la plus adaptée à leurs moyens et à leurs objectifs.

Vidéo
La Baleine à Cabosse : de la fève de cacao à la tablette de chocolat (2'38)
liennathan.fr/4cowpa

L'étude est composée de trois missions...

- Mission 1 : Choisir une structure juridique pour entreprendre seul
- Mission 2 : Choisir une structure juridique pour entreprendre à plusieurs
- Mission 3 : Intégrer l'économie sociale et solidaire

... et d'un dossier documentaire

- Annexe 1 : Dialogue entre Aurélien et son expert-comptable
- Annexe 2 : Les formalités de création des entreprises
- Annexe 3 : Extrait des statuts de la SARL La Baleine à cabosse
- Annexe 4 : Entretien entre les associés
- Annexe 5 : L'ouverture d'un Café Joyeux à Marseille
- Annexe 6 : Les missions des Cafés Joyeux
- Annexe 7 : Extraits Kbis des SARL Grain de Moutarde et La Baleine à cabosse
- Annexe 8 : Extrait des statuts de la SARL La Baleine à cabosse

→ En prenant appui sur le contexte, le dossier documentaire et les fiches ressource, il vous est demandé de répondre aux questions relatives aux missions.

Étude du contexte

Mission 1. Choisir une structure juridique pour entreprendre seul

Aurélien a tout d'abord envisagé de se lancer seul dans l'aventure. Il demande à son expert-comptable de l'aider dans son choix de structure juridique.

▶ Contexte ▶ Annexe 1 ▶ Annexe 2 ▶ Fiche ressource 1

1.1 Relever les arguments qui pourraient inciter Aurélien à choisir l'entreprise individuelle.

1.2 Relever les arguments qui vont finalement décider Aurélien à choisir plutôt l'EURL.

Mission 2. Choisir une structure juridique pour entreprendre à plusieurs

Le projet d'Aurélien et Claire s'est précisé. Ils décident finalement de s'associer avec un ami, Alexis, et créent ensemble une société à responsabilité limitée (SARL).

Après une première année difficile, l'entreprise La Baleine à cabosse connaît un développement rapide lié à son positionnement novateur sur le marché. Claire et Aurélien réfléchissent alors à l'opportunité de transformer leur SARL en société par actions simplifiée (SAS).

▶ Annexe 3 ▶ Annexe 4 ▶ Fiche ressource 2

2.1 Analyser les apports réalisés par Claire, Aurélien et Alexis à la SARL La Baleine à cabosse. Comment les parts sociales sont-elles réparties ? Quel risque prend Alexis en s'associant avec Claire et Aurélien ?

2.2 Déterminer quel est le régime de Sécurité sociale de Claire et Aurélien dans la SARL.

2.3 Expliquer les avantages d'une transformation en SAS pour accompagner le développement de l'entreprise. Comment les hésitations de Claire sont-elles levées ?

Mission 3. Intégrer l'économie sociale et solidaire

Les dirigeants de La Baleine à cabosse ont appris l'ouverture, non loin de leur atelier, d'un Café Joyeux appartenant à la société Grain de Moutarde. Ils sont surpris d'apprendre que cette société a reçu le label Économie sociale et solidaire, alors que sa forme de SARL est celle d'une société commerciale ordinaire.

▶ Annexe 5 ▶ Annexe 6 ▶ Annexe 7 ▶ Annexe 8 ▶ Fiche ressource 3

3.1 Montrer que la SARL Grain de Moutarde remplit les conditions pour être labellisée ESS.

3.2 Expliquer pourquoi la société La Baleine à cabosse ne pourrait pas prétendre à ce label.

Dossier documentaire

Annexe 1 ▸ Dialogue entre Aurélien et son expert-comptable

L'expert-comptable : Vous envisagez donc de créer votre entreprise seul, sans votre compagne ni autre associé ?

Aurélien : Oui, pour l'instant. Dans un premier temps, Claire va garder son emploi en CDI. C'est une sécurité pour nous, si le projet échoue... Puis elle me rejoindra si tout va bien.

L'expert-comptable : Vous avez raison d'être prudent. De toute manière, si vous créez une société sous forme d'EURL, vous pourrez facilement vendre des parts à votre compagne ou à un autre associé dans quelques mois, lorsque l'affaire aura démarré et que vous aurez besoin d'argent neuf.

Aurélien : Je ne comprends pas, je peux créer une société tout seul ?

L'expert-comptable : Oui, tout à fait. Vous pouvez être associé unique et dirigeant de l'EURL en même temps. Mais la société sera une personne juridique différente de vous. Ce sera une personne morale, distincte de vous qui êtes une personne physique. Et si Claire rachète vos parts plus tard, l'EURL deviendra une société à responsabilité limitée, une SARL.

Aurélien : Cela me semble bien compliqué... C'est la seule possibilité pour moi ?

L'expert-comptable : Non, vous n'êtes pas obligé de créer une société. Vous pouvez aussi vous immatriculer en tant qu'entrepreneur individuel. Dans ce cas, l'entreprise c'est vous !

Aurélien : Mais c'est dangereux, ça ? J'ai lu sur Internet que si un entrepreneur individuel faisait faillite, ses créanciers pouvaient tout lui prendre ! Même son appartement et la voiture de sa femme !

L'expert-comptable : Non, ce n'est plus vrai aujourd'hui. Le site que vous avez consulté ne devait pas être à jour... Depuis la loi du 14 février 2022, les créanciers de l'entrepreneur individuel ne peuvent saisir que ses biens professionnels. Les biens personnels sont protégés.

Aurélien : Bon, si je comprends bien, le statut d'entrepreneur individuel n'est plus vraiment risqué, alors. Et c'est plus simple qu'une EURL, non ?

L'expert-comptable : Oui, tout à fait. La création de l'entreprise individuelle ne prend que quelques minutes et ne coûte presque rien. Pour une EURL, c'est un peu plus compliqué. Et c'est la même chose pour le fonctionnement de l'entreprise. L'EURL demande davantage de formalités que l'entreprise individuelle.

Aurélien : Donc pour résumer : l'entreprise individuelle est plus simple à créer et à faire fonctionner qu'une EURL. Mais l'EURL est un meilleur choix si je veux développer mon entreprise plus tard ? Les formalités administratives ne me font pas peur, je vais opter pour l'EURL !

L'expert-comptable : Vous avez tout compris !

Source : dialogue imaginé à des fins pédagogiques.

Annexe 2 ▸ Les formalités de création des entreprises

Formalités de création des sociétés (structures sociétaires)

Rédaction des statuts
Honoraires dus à l'avocat ou à l'expert-comptable
→
Dépôt des fonds
(argent apporté par les associés) sur un compte bloqué
→
Publication
d'une annonce légale dans un journal habilité
123 € HT pour une EURL
→
Immatriculation
auprès du guichet de formalités des entreprises (« guichet unique »)
37,45 €

Formalités de création des entreprises individuelles (structures individuelles)

Immatriculation
auprès du guichet de formalités des entreprises (« guichet unique »)
24,08 €

inpi GUICHET UNIQUE

Annexe 3 ▸ Extrait des statuts de la SARL La Baleine à cabosse

Lors de la création de la société, les associés élaborent et signent les « statuts » de la société : il s'agit du contrat qui contient les règles de fonctionnement de la société.

Article 6 – APPORTS
Le capital social est constitué par les apports suivants :
- par Mme Claire HOLLENDER la somme de 4 900 € ;
- par M. Aurélien DUCLOUX la somme de 4 900 € ;
- par M. Alexis G. la somme de 200 €.

Soit au total la somme de dix mille euros déposée intégralement à un compte ouvert au nom de la société en formation, ainsi qu'en atteste un certificat de la banque.

Article 7 – CAPITAL SOCIAL
Le capital social est fixé à dix mille euros (10 000 euros). Il est divisé en 10 000 parts sociales de 1 euro chacune.

Article 8 – PARTS SOCIALES
Les parts sociales sont attribuées proportionnément aux apports et réparties comme suit :
- à Mme Claire HOLLENDER 4 900 parts
- à M. Aurélien DUCLOUX 4 900 parts
- à M. Alexis G. 200 parts

Article 9 – GÉRANCE
Mme Claire HOLLENDER et M. Aurélien DUCLOUX sont les co-gérants de la société.

Source : www.infogreffe.fr

Annexe 4 ▸ Entretien entre les associés

Claire : Alexis, tu m'as dit que ta cousine serait intéressée pour devenir associée ?

Alexis : Oui, elle admire beaucoup notre projet !

Claire : Tu pourrais lui céder une partie de tes parts ? Le problème, c'est que les formalités de cession de parts de SARL sont très lourdes : il faut faire rédiger un acte de vente, modifier les statuts... Si seulement on avait choisi la SAS, ce serait beaucoup plus simple !

Aurélien : Ça n'est pas grave, on peut transformer notre SARL en SAS. Cela incitera peut-être d'autres associés à nous rejoindre ? Nous en aurons bientôt besoin pour financer nos futurs investissements.

Claire : Oui, mais cela va modifier notre régime de Sécurité sociale. En tant que dirigeants de SAS, nous serons soumis au même régime que les salariés. Les cotisations sociales seront beaucoup plus élevées pour l'entreprise, c'est ennuyeux...

Aurélien : Tu as raison, mais nous serons aussi mieux indemnisés en cas d'accident du travail.

Claire : C'est vrai. Alors, il faut prendre un rendez-vous avec un avocat. Les statuts de SAS sont difficiles à rédiger, il faut qu'on soit bien conseillés.

Aurélien : Je le fais tout de suite !

Source : dialogue imaginé à des fins pédagogiques.

Annexe 5 ▸ L'ouverture d'un Café Joyeux à Marseille

Le premier restaurant à Marseille de l'enseigne Café Joyeux, dédiée à l'insertion des personnes en situation de handicap mental, a ouvert ses portes le 11 mars [2024] [...].
Ce coffee-shop « solidaire et inclusif » a pris ses quartiers au numéro 14 de la place du Général-de-Gaulle (1er), à deux pas de la Canebière.
« *Ça démarre très, très fort, on est plein tous les midis* », se réjouit la responsable. Pour faire tourner le restaurant de 80 couverts, 11 personnes ont été embauchées après un mois de formation professionnelle.
Ouvert six jours sur sept, du lundi au samedi, le café propose des boissons chaudes et froides, des pâtisseries, des salades et plats cuisinés, en favorisant autant que possible les « produits frais, locaux et de saison », pour le petit-déjeuner, le déjeuner et le goûter.

JOYEUX
SERVI AVEC LE CŒUR

Source : « Le restaurant inclusif Café Joyeux a ouvert ses portes dans le centre de Marseille », madeinmarseille.net, 28 mars 2024.

Annexe 6 ▸ Les missions des Cafés Joyeux

AGIR POUR L'INCLUSION ET LA FORMATION
de personnes en situation de handicap

FAMILLE DE CAFÉS-RESTAURANTS
et marque de cafés et thés inclusive et solidaire

100% DES BÉNÉFICES
contribuent au développement de nos cafés-restaurants

Source : www.cafejoyeux.com

Annexe 7 ▸ Extraits Kbis des SARL Grain de Moutarde et La Baleine à cabosse

L'extrait Kbis est la « carte d'identité » de la société, délivrée par le tribunal de commerce dont elle dépend.

Extrait Kbis

EXTRAIT D'IMMATRICULATION PRINCIPALE AU REGISTRE DU COMMERCE ET DES SOCIETES
à jour au 24 octobre 2024

IDENTIFICATION DE LA PERSONNE MORALE

Immatriculation au RCS, numéro	827 853 367 R.C.S. Paris
Date d'immatriculation	21/02/2017
Dénomination ou raison sociale	**GRAIN DE MOUTARDE**
Forme juridique	Société à responsabilité limitée (Société à associé unique) Entreprise de l'économie sociale et solidaire
Capital social	100 000,00 EUROS
Adresse du siège	2 rue de la Tour des Dames 75009 Paris
Activités principales	La promotion de l'insertion sociale et professionnelle par l'accès au travail, la formation et l'acquisition d'un savoir-faire, des personnes éloignées de l'emploi, en particulier des personnes souffrant d'un handicap. La

Extrait Kbis

EXTRAIT D'IMMATRICULATION PRINCIPALE AU REGISTRE DU COMMERCE ET DES SOCIETES
à jour au 9 juillet 2024

IDENTIFICATION DE LA PERSONNE MORALE

Immatriculation au RCS, numéro	832 312 425 R.C.S. Marseille
Date d'immatriculation	03/10/2017
Dénomination ou raison sociale	**LA BALEINE A CABOSSE**
Forme juridique	Société à responsabilité limitée
Capital social	10 000,00 Euros
Adresse du siège	213 Rue Paradis 13006 Marseille 6e Arrondissement
Activités principales	Fabrication et vente de chocolat, Vente de pâtisserie, Petite restauration, Salon de thé

Source : www.infogreffe.fr

Annexe 8 ▸ Extrait des statuts de la SARL La Baleine à Cabosse

Article 25 – AFFECTATION ET RÉPARTITION DES RÉSULTATS

Le bénéfice (ou la perte) de l'exercice apparaît dans le compte de résultat par différence entre les produits et les charges de l'exercice et après déduction des amortissements et des provisions.
Le bénéfice distribuable est constitué du bénéfice de l'exercice, diminué des pertes antérieures et des sommes portées en réserves et augmenté du report bénéficiaire.

Après approbation des comptes et constatation de l'existence de sommes distribuables, l'assemblée générale détermine la part attribuée aux associés sous forme de dividendes. La part de chaque associé est proportionnelle au nombre de parts appartenant à chacun d'eux.
Le paiement des dividendes doit avoir lieu dans un délai de neuf mois suivant la clôture de l'exercice.

Source : www.infogreffe.fr

Choisir une structure juridique pour entreprendre seul

Toute entreprise doit exercer son activité sous une certaine forme juridique.

Structure juridique : cadre légal qui détermine les conditions de création, de fonctionnement et de développement de l'entreprise.

I. Les deux possibilités pour entreprendre seul

L'entrepreneur souhaitant créer son entreprise seul, sans faire appel à des associés, a le choix entre deux types de structures juridiques :

La structure individuelle = l'entrepreneur individuel (ou entreprise individuelle)	Une structure sociétaire = l'entreprise unipersonnelle à responsabilité limitée (EURL)
↓	↓
L'entreprise individuelle se confond avec l'individu qui la crée : c'est la même personne juridique, une **personne physique**.	La société est une **personne morale**, avec une personnalité juridique propre, distincte de la personne de l'entrepreneur. La plupart des sociétés ont plusieurs associés mais l'EURL est une société avec un seul associé.

II. Les points communs et les différences entre ces deux possibilités

POINTS COMMUNS entre l'entreprise individuelle et l'EURL =	DIFFÉRENCES entre l'entreprise individuelle et l'EURL ≠
• L'entreprise n'appartient qu'à une seule personne. • L'entreprise ne peut pas faire appel à des capitaux extérieurs. • L'entrepreneur ne risque pas de perdre son patrimoine personnel en cas de faillite. Sa responsabilité est limitée : – à son patrimoine professionnel dans le cas de l'entreprise individuelle ; – aux biens apportés à la société dans le cas de l'EURL. • Sur le plan fiscal : les bénéfices de l'entreprise sont imposés à l'impôt sur le revenu (calculé selon un barème progressif, par tranches d'imposition). • Sur le plan de la Sécurité sociale : l'entrepreneur est soumis au régime des travailleurs non salariés, qui est moins protecteur que celui des salariés, mais qui coûte aussi moins cher (les cotisations sociales sont moins élevées que pour les salariés).	• L'EURL peut être plus facilement transformée en société avec des associés extérieurs. • L'EURL peut être plus facilement transmise aux héritiers de l'entrepreneur. • L'entreprise individuelle est plus simple à créer qu'une EURL (pas de statuts à rédiger, pas d'apports à réaliser). • L'entreprise individuelle est plus simple à faire fonctionner qu'une EURL (les obligations comptables et juridiques sont moins nombreuses). • L'entrepreneur individuel peut opter pour un régime fiscal et social ultra-simplifié : le régime de la microentreprise (également appelé « microentrepreneur » ou « autoentrepreneur »). Cette option permet d'éviter de tenir une comptabilité complète. Elle n'est pas possible pour une EURL.

Choisir une structure juridique pour entreprendre à plusieurs

L'entrepreneur souhaitant créer une structure juridique avec d'autres personnes doit nécessairement choisir une structure sociétaire, c'est-à-dire créer une société.

Il existe plusieurs formes de sociétés réunissant plusieurs associés.
Les plus utilisées sont :

- La société à responsabilité limitée (SARL)
- La société par actions simplifiée (SAS)
- La société anonyme (SA)

Lors de la création de la société, les associés élaborent et signent les statuts de la société. Ils versent à la société une somme d'argent : ce sont leurs apports. La somme des apports forme le capital social. Les associés reçoivent en contrepartie des titres (parts ou actions).

Statuts : contrat qui indique et détaille la structure choisie ainsi que ses règles de fonctionnement.

L'entrepreneur doit choisir la forme de société la plus adaptée aux moyens dont il dispose et aux objectifs qu'il poursuit. Le choix pour une forme de société n'est pas définitif. L'entrepreneur peut décider de changer de forme de société au cours de la vie de son entreprise.

I. Les facteurs de choix liés aux moyens de l'entrepreneur

Structures sociétaires	Moyens humains	Moyens financiers et matériels
SARL	2 associés au minimum 100 associés au maximum	Pas de capital minimal Ces sociétés ne peuvent pas être cotées en Bourse.
SAS	2 associés au minimum	
SA	Non cotée en Bourse : 2 associés au minimum SA cotée : 7 associés au minimum	Capital minimal : 37 000 €

II. Les facteurs de choix liés aux objectifs de l'entrepreneur

Structures sociétaires	Transmission de l'entreprise	Régime de Sécurité sociale du dirigeant	Imposition des bénéfices (régime fiscal)	Souplesse de fonctionnement
SARL	Société « fermée » : les associés possèdent des parts, qui ne sont pas faciles à transmettre (formalités lourdes, fiscalité moins avantageuse). Les anciens associés choisissent les nouveaux associés.	Les dirigeants, lorsqu'ils possèdent ensemble plus de 50 % des parts, sont immatriculés à la Sécurité sociale des travailleurs non salariés (moins coûteuse, mais moins protectrice).	Impôt sur le revenu (IR) selon un barème progressif. Option possible pour l'impôt sur les sociétés (IS).	Les règles de fonctionnement de la société sont prévues dans le Code de commerce. Il existe peu de souplesse au niveau du fonctionnement.
SAS	Sociétés « ouvertes » : les associés (appelés (« actionnaires ») possèdent des actions très faciles à transmettre (peu de formalités, fiscalité plus avantageuse). L'entrée d'un nouvel actionnaire est libre.	Les dirigeants dépendent toujours de la Sécurité sociale des salariés (plus coûteuse, mais plus protectrice).	Impôt sur les sociétés (IS) au taux de 25 %. Option possible pour l'impôt sur les revenus (IR).	
SA				Les créateurs de la société sont libres de choisir les règles de fonctionnement qui leur conviennent.

La responsabilité des associés est limitée à leurs apports, qu'il s'agisse d'une SARL, d'une SA ou d'une SAS. Cela signifie qu'en cas de faillite de la société, les associés peuvent perdre ce qu'ils lui ont apporté (argent, biens). Mais les créanciers de la société ne peuvent pas leur demander davantage.

Choisir une structure juridique de l'économie sociale et solidaire (ESS)

I. Qu'est-ce que l'économie sociale et solidaire ?

Économie sociale et solidaire (ESS) : ensemble des entreprises qui cherchent à concilier solidarité, performance économique et utilité sociale.

Les entreprises de l'ESS doivent respecter tous les principes suivants :

Un mode de gestion démocratique	Une utilité collective ou sociale au projet	Un encadrement strict de l'utilisation des profits réalisés
Des représentants d'entreprise élus, avec des pouvoirs limités par les statuts. Une gestion transparente. Une adoption collective des décisions importantes.	De nombreux secteurs sont concernés : santé, éducation, logement, insertion sociale, environnement, banques…	Les bénéfices sont réinvestis dans la structure (au lieu d'être distribués aux membres).

II. Les structures juridiques de l'économie sociale et solidaire

Depuis le 1er janvier 2016, les sociétés « ordinaires » (SARL, SA, SAS…) qui respectent les principes de l'ESS et qui remplissent certains critères peuvent obtenir un label ESS. Ce label permet de bénéficier d'une fiscalité avantageuse et de dispositifs de financement spécifiques.

Mais il existe également des structures juridiques spécifiques à l'économie sociale et solidaire.

Structures spécifiques ESS	Objectif(s) poursuivi(s)	Exemples de domaines d'intervention
La mutuelle	Offrir à ses membres un système de prévoyance, d'entraide et de solidarité, moyennant une cotisation.	• Mutuelles santé *Exemple : MAAF Santé*
La coopérative	Réunir des personnes dans une entreprise dont la propriété est collective et où le pouvoir est exercé démocratiquement (selon le principe 1 personne = 1 voix).	• Coopératives agricoles *Exemples : Tereos France (pour le sucre), Sodiaal Union (lait)* • Sociétés coopératives de production *Exemple : Société coopérative ouvrière provençale de thés et infusions*
La fondation	Regrouper des biens d'origine privée dans un but d'intérêt général.	• Fondations caritatives, protection du patrimoine ou de l'environnement *Exemple : Fondation Brigitte Bardot*
L'association	Regrouper des personnes réunies autour d'un projet commun sans chercher à réaliser de bénéfices.	• Associations caritatives *Exemple : Secours populaire français* • Associations sportives *Exemple : Sporting Club Salonais*

Comment choisir une structure juridique pour l'entreprise ?

L'entrepreneur doit choisir une structure juridique adaptée à son entreprise :

- **Pour les entreprises en général**
  - Structure individuelle : entreprise individuelle
  - Structure sociétaire : société
    - EURL
    - SARL
    - SAS
    - SA
- **Pour les entreprises de l'économie sociale et solidaire (ESS)**
  - Mutuelle
  - Fondation
  - Coopérative
  - Association
  - Société labellisée ESS

Le choix d'une structure juridique s'effectue :

- **À différents moments de la vie de l'entreprise**
  - Au moment de la création de l'entreprise.
  - Au cours de la vie de l'entreprise. L'entrepreneur peut modifier la structure juridique pour accompagner le développement de l'entreprise.
- **En fonction de différents critères**
  - **Moyens**
    - **Humains**
      Seul (entreprise individuelle, EURL) **ou** avec des associés (SARL, SA, SAS)
    - **Financiers**
      Apports minimaux (SA) **ou** non (autres structures)
  - **Objectifs**
    - **Patrimoniaux : transmission**
      Une structure sociétaire est plus facile à transmettre qu'une structure individuelle. Les actions (SA, SAS) sont plus faciles à transmettre que les parts (SARL, EURL).
    - **Sociaux : Sécurité sociale du dirigeant**
      Plus avantageux mais plus coûteux si le dirigeant est assimilé salarié (SAS, SA).
    - **Fiscaux : imposition**
      Impôt sur le revenu (entreprise individuelle, EURL) ou impôt sur les sociétés (SARL, SA, SAS).
    - **Simplicité de fonctionnement**
      Le fonctionnement d'une structure individuelle est plus simple.
      Parmi les structures sociétaires, la SAS est la forme la plus souple.

Activités complémentaires

1 Tester vos connaissances

Quiz
Se tester sur les savoirs associés de la question 8
liennathan.fr/1qzkm0

→ Réaliser le quiz en ligne et noter votre score.

Remarque : vous pouvez recommencer autant de fois que vous le souhaitez jusqu'à atteindre le score que vous estimez satisfaisant en fonction de vos objectifs.

2 Choisir une structure juridique pour une activité de confiserie **

Une même activité peut être exercée sous des structures juridiques différentes, selon les moyens et les objectifs de l'entrepreneur. C'est le cas notamment de l'activité de confiserie.

→ 1. Relier chaque situation réelle (à gauche) au type de structure adapté (au milieu), puis au nom de la structure (à droite).

→ 2. Utiliser le simulateur de l'Urssaf (annexe 1) et relever pour chaque situation la(les) structure(s) juridique(s) conseillée(s).

→ 3. Vérifier sur le site Infogreffe (annexe 2) la structure juridique qui a été réellement retenue.

LA CONFISERIE ALPINE • fabrication artisanale •	Apiculteur, Christophe Zana élabore des confiseries à base de miel (bonbons, sucettes, pâtes de fruits). Christophe travaille seul.	Une société « fermée » dans laquelle les associés choisissent leurs nouveaux associés	La société anonyme (SA)
LÉONARD PARLI 1874	La confiserie Léonard Parli fabrique des calissons d'Aix-en-Provence depuis 150 ans. C'est une entreprise familiale de petite taille.	Une structure individuelle dont le fonctionnement est simple	La société à responsabilité limitée (SARL)
HARIBO	La société Haribo Ricqles Zan est une vieille entreprise française de taille intermédiaire. Ses dirigeants n'excluent pas une ouverture en Bourse.	Une société dont le fonctionnement est souple	L'entreprise individuelle (EI)
CARAMBAR	La société Carambar & Co est une entreprise plus jeune. Ses dirigeants souhaitaient pouvoir organiser librement le fonctionnement de leur structure.	Une société dont les actions peuvent être cotées en Bourse	La société par actions simplifiée (SAS)

Annexe 1 ▸ L'Urssaf

Le simulateur en ligne de l'Urssaf (« Choisir votre statut ») a été créé pour aider les entrepreneurs à choisir la structure juridique la plus adaptée à leur projet.

Site Internet
Simulateur Urssaf
liennathan.fr/z7bnab

Annexe 2 ▸ Infogreffe

Le site public Infogreffe permet de consulter les informations légales et financières des toutes les sociétés françaises enregistrées au Registre du commerce et des sociétés (RCS) et/ou au Registre national des entreprises (RNE).

Site Internet
Infogreffe
liennathan.fr/2k9q0p

3 Distinguer les différentes structures juridiques spécifiques à l'économie sociale et solidaire **

Certaines structures juridiques sont spécifiques à l'économie sociale et solidaire (ESS). Elles peuvent concerner des secteurs d'activité multiples.

→ 1. Réaliser des recherches sur les différentes organisations présentées et identifier leur structure juridique ESS. Présenter vos résultats dans un tableau.

→ 2. Compléter votre tableau en précisant pour chacune le ou les secteurs dans lesquels elle exerce son activité.

Annexe 1 ▸ Différentes organisations relevant de l'ESS

Harmonie mutuelle – Groupe VYV – Avançons collectif

Les Restaurants du Cœur – Les Relais du Cœur

Club de Marche Nordique ASN 67 Strasbourg – Le sport par nature !

Fondation Vasarely

Rosée des Champs

Coopérative des Artisans Queyras Pays du Viso

Fondation du Patrimoine

Raoul Follereau – Fondation reconnue d'utilité publique

mgen – Groupe VYV

biocoop – La bio nous rassemble

Annexe 2 ▸ ESS : 222 000 structures dont 4 500 sociétés commerciales

L'ESS n'est pas un « secteur » mais une forme d'économie présente dans l'ensemble des secteurs d'activité. Elle produit autant des biens que des services, et ce, dans le transport, le commerce, la distribution, l'automobile, l'éducation, etc.

Historiquement, son implantation dans les secteurs liés à la continuité et à l'appui de l'intérêt général est très forte (culture, éducation, santé, sport) mais cela ne résume pas ses dynamiques de progression.

Source : « Une économie en mouvement », www.ess-france.org.

4 Justifier le choix d'une structure de type SCOP **

L'entreprise Duralex fabrique depuis 1945 les fameux verres de cantine dans lesquels des générations d'écoliers ont cherché leur âge. Poussée au bord de la faillite par la concurrence chinoise et l'inflation, l'entreprise a été sauvée en août 2024 par ses salariés réunis en société coopérative de production (SCOP).

→ **Analyser la situation de Duralex et expliquer pourquoi la structure créée remplit les conditions pour relever de l'ESS.**

Annexe 1 ▸ L'union anticasse des Duralex

Le directeur général de Duralex, François Marciano, 59 ans, physique massif et débonnaire, a une drôle de manie. En pleine discussion, il balance son verre par terre. [...] Le verre, un Duralex évidemment, reste intact. Mais c'est l'entreprise entière qui a failli finir en miettes. Il a fallu une union sacrée entre ouvriers et direction, collectivités locales de bords politiques opposés, État et banques pour sauver in extremis ce fleuron industriel français employant 228 salariés et placé en redressement judiciaire fin avril [2024].

[...] L'idée de la société coopérative ouvrière de production (SCOP), soit le rachat partiel de la société par les salariés, émerge très vite. Elle répond à ses priorités : s'assurer que l'usine ne sera pas délocalisée, éviter les licenciements et cesser de rémunérer des actionnaires qui privent l'entreprise d'argent frais.

Les salariés de Duralex sont, depuis le 1er août 2024, les actionnaires majoritaires de leur entreprise.

Source : Hélène Jouan, « L'union anticasse des Duralex », www.lemonde.fr, 4 septembre 2024.

Annexe 2 ▸ Extraits des statuts de la société Duralex SCOP

Article 14 : Associés

Les associés employés doivent détenir au minimum 51 % du capital social.

Article 20 : Conseil d'administration

La société est administrée par un conseil d'administration, nommé au scrutin secret et à la majorité des suffrages par l'assemblée générale. Les deux tiers au moins des administrateurs doivent être employés de la société.

Article 29 : Droit de vote

Chaque associé a le droit de vote dans toutes les assemblées avec une voix.

Article 36 : Répartition des excédents nets

60 % des bénéfices sont affectés à la réserve statutaire, en plus des 15 % de la réserve légale.

25 % des bénéfices sont affectés à tous les travailleurs associés ou non, employés dans la société.

Les réserves, quelle que soit leur dénomination, ne pourront jamais être distribuées.

Source : www.infogreffe.fr

5 Choisir la structure juridique pour une activité de coiffure ***

Inès, titulaire du CAP métiers de la coiffure, exerce en tant que salariée dans un salon depuis plusieurs années. Elle rêve de se lancer en tant qu'indépendante... Ne disposant pas pour l'instant des fonds nécessaires pour acquérir son propre salon, elle envisage dans un premier temps de devenir coiffeuse à domicile. Inès recherche le statut juridique le plus simple possible.

→ 1. Déterminer la structure juridique la plus adaptée au projet d'Inès.

→ 2. Indiquer si Inès a le droit d'opter pour le régime du microentrepreneur (voir le chiffre d'affaires prévisionnel en annexe 2).

→ 3. Vérifier par le calcul si le régime du microentrepreneur est intéressant pour Inès et pour chacune des trois premières années d'activité.

Annexe 1 ▸ Les enjeux de l'option pour la microentreprise

Seuls les entrepreneurs individuels peuvent opter pour le régime fiscal de la microentreprise (microentrepreneur, aussi appelé autoentrepreneur).

Avantages	Inconvénients
• Les **obligations comptables sont allégées** : le microentrepreneur déclare son chiffre d'affaires (et non pas son résultat net : bénéfice ou perte). → moins de coûts de fonctionnement Le **régime fiscal** est avantageux si les frais de fonctionnement ne sont pas trop élevés (car ils sont estimés à un % du chiffre d'affaires : 71 % du CA pour les activités d'achat-revente et 50 % du CA pour les autres activités).	• L'option n'est possible que si l'entrepreneur individuel ne dépasse pas un certain **seuil de chiffre d'affaires**. *Exemples : pour les années 2023 à 2025, les seuils sont de : 188 700 € pour les activités de vente de marchandises, 77 700 € pour les prestations de services.* Le **régime fiscal** n'est plus avantageux dès lors que les frais réels de fonctionnement dépassent les forfaits de 71 % ou 50 % du CA. Le régime de la microentreprise n'est donc pas adapté aux activités qui nécessitent des investissements ou l'embauche de salariés.

Annexe 2 ▸ Tableau prévisionnel de calcul du bénéfice imposable d'Inès

		Entrepreneur individuel ayant opté pour le régime du microentrepreneur		Entrepreneur individuel n'ayant pas opté pour le régime du microentrepreneur	
	Chiffre d'affaires déclaré (a)	Forfait de frais de 50 % (b)	Solde imposable – (b)	Frais réels (c)	Solde imposable – (c)
Année 1 (création)	8 000 €	4 000 €	4 000 €	2 000 €	6 000 €
Année 2	9 000 €			3 000 €	
Année 3	10 000 €			6 400 €	

Question 9

Compétences visées et points d'étude dans le chapitre :

- Caractériser le risque d'une situation donnée
- Identifier la nature juridique de la responsabilité d'une entreprise dans une situation donnée
  → Contexte | Mission 1 | Fiche ressource 1 | Activité 1 | Activité 2 | Activité 3
- Analyser une situation juridique d'entreprise mettant en œuvre la responsabilité civile contractuelle
  → Mission 2 | Fiche ressource 2 | Activité 5
- Analyser une situation juridique d'entreprise mettant en œuvre la responsabilité civile extracontractuelle
  → Mission 3 | Fiche ressource 3 | Activité 4

Quelles réponses apporte le droit face aux risques auxquels s'expose l'entreprise ?

Contexte

Les Bateliers de la Côte d'Azur

La compagnie des Bateliers de la Côte d'Azur propose depuis de nombreuses années des excursions autour de la baie de Toulon (Var), mais aussi des traversées vers les célèbres îles d'Or : Porquerolles et Port-Cros.

Ces deux îles, accessibles uniquement par bateau, offrent des paysages magnifiques à leurs visiteurs. L'île de Porquerolles abrite un petit village, une nature et des plages magnifiques. De nombreux touristes s'y rendent chaque saison, profitant de l'absence de voitures pour se promener à pied ou à vélo en toute tranquillité. L'île de Port-Cros, plus petite, est un espace naturel protégé ayant le statut de parc national.

Yves et Christophe Arnal, les fondateurs des Bateliers de la Côte d'Azur, sont eux-mêmes enfants de bateliers ; ils ont acquis une culture maritime et développé une véritable passion qui leur ont permis de réunir une équipe structurée, fidèle et dynamique.

En 2024, la société des Bateliers de la Côte d'Azur entreprend plusieurs nouveaux projets, notamment la construction d'un bateau pouvant amener de l'eau douce sur l'île de Port-Cros.

Ces projets amènent le gérant à s'interroger sur les risques auxquels s'expose son entreprise, et sur ses responsabilités éventuelles.

Vidéo
Les Bateliers de la Côte d'Azur (1'17)
liennathan.fr/6lnk0t

L'étude est composée de trois missions...

- Mission 1 : Caractériser le risque et identifier la nature juridique de la responsabilité
- Mission 2 : Analyser une situation mettant en jeu la responsabilité civile contractuelle
- Mission 3 : Analyser une situation mettant en jeu la responsabilité civile extracontractuelle

... et d'un dossier documentaire

- Annexe 1 : Dialogue entre Yves et son assureur
- Annexe 2 : Conditions générales de vente
- Annexe 3 : Mise en demeure de la cliente
- Annexe 4 : Préjudice matériel invoqué par la cliente
- Annexe 5 : Bulletin d'alerte du préfet du Var pour le 28 mars 2024
- Annexe 6 : Incident du 26 décembre 2024
- Annexe 7 : Le préjudice écologique d'atteinte aux posidonies

→ En prenant appui sur le contexte, le dossier documentaire et les fiches ressource, il vous est demandé de répondre aux questions relatives aux missions.

Étude du contexte

Mission 1. Caractériser le risque et identifier la nature juridique de la responsabilité

Yves Arnal décide de faire le point avec son assureur sur les différents risques auxquels son entreprise pourrait être exposée, et sur la nature de ses responsabilités éventuelles.

▶ Annexe 1 ▶ Fiche ressource 1

1.1 Relever les risques qui pourraient entraîner la responsabilité civile de l'entreprise en identifiant, pour chaque situation, les personnes à indemniser.

1.2 Relever les risques qui pourraient entraîner la responsabilité pénale de l'entreprise. Expliquer pourquoi l'entreprise peut engager en même temps sa responsabilité civile.

Mission 2. Analyser une situation mettant en jeu la responsabilité civile contractuelle

La société des Bateliers de la Côte d'Azur reçoit une mise en demeure d'une cliente mécontente, car son trajet a dû être reporté en raison de conditions météorologiques défavorables.

▶ Annexe 2 ▶ Annexe 3 ▶ Annexe 4 ▶ Annexe 5 ▶ Fiche ressource 1
▶ Fiche ressource 2

2.1 Expliquer pourquoi cette situation concerne la responsabilité civile contractuelle de l'entreprise.

2.2 Montrer que les trois conditions de la responsabilité civile contractuelle semblent réunies. Quels sont les différents préjudices invoqués par la cliente ?

2.3 Expliquer quels arguments la société des Bateliers de la Côte d'Azur pourra invoquer pour s'exonérer de sa responsabilité.

Mission 3. Analyser une situation mettant en jeu la responsabilité civile extracontractuelle

Yves Arnal suit avec intérêt les actualités régionales dans son secteur, afin de mieux anticiper les risques auxquels son entreprise est soumise.

▶ Annexe 6 ▶ Annexe 7 ▶ Fiche ressource 1 ▶ Fiche ressource 3

3.1 Montrer que l'incident du 26 décembre 2024 aurait relevé de la responsabilité civile extracontractuelle du propriétaire du navire si les personnes présentes sur le quai avaient été blessées. Les trois conditions de la responsabilité extracontractuelle auraient-elles été réunies dans cette hypothèse ?

3.2 Montrer que l'affaire jugée le 22 novembre 2024 relève à la fois de la responsabilité pénale et de la responsabilité civile extracontractuelle. Expliquer en quoi consiste ici le préjudice écologique et identifier les bénéficiaires des dommages-intérêts.

Dossier documentaire

Annexe 1 ▸ Dialogue entre Yves et son assureur

L'assureur : *Vous souhaitez donc faire le point sur la responsabilité de votre entreprise ?*

Yves : *Oui, c'est bien cela. Nous avons de beaux projets, mais je voudrais limiter les risques au maximum. Par exemple, je me demande ce qui se passerait si un passager se blessait en glissant sur le pont de mon bateau…*

L'assureur : *Tout dépend des circonstances. Si le passager a pris un billet, vous avez conclu un contrat avec lui, qui vous impose une obligation de sécurité. Votre entreprise engagerait donc sa responsabilité civile contractuelle. Par contre, si la personne n'a pas de billet, parce qu'elle vient juste chercher un passager à bord par exemple, ou parce que c'est un passager clandestin, votre responsabilité sera civile extracontractuelle, et la personne blessée devra prouver votre faute.*

Yves : *Et si mon bateau en percute un autre ? Et si un salarié tombe à l'eau ?*

L'assureur : *Toutes ces hypothèses sont vraiment différentes… Pour l'accident avec un autre bateau, ça serait la responsabilité civile extracontractuelle car c'est en dehors de tout contrat. Pour le salarié, votre responsabilité serait civile contractuelle, mais pourrait aussi être pénale.*

Yves : *Une responsabilité pénale, mais pourquoi ?*

L'assureur : *Si un employeur ne respecte pas les mesures de sécurité qui protègent les salariés, il peut commettre un délit pénal, même si aucun accident n'a lieu (ex. : vous ne prévoyez pas de gilets de sauvetage). Et si un accident a lieu, l'employeur peut être condamné pour blessures involontaires.*

Yves : *Alors là, vous m'inquiétez…*

L'assureur : *C'est un risque maîtrisable. Vous devez être très rigoureux sur les règles de sécurité…*

Yves : *Et si mon bateau tombe en panne et que je dois annuler tous mes trajets ?*

L'assureur : *Dans ce cas, vous n'exécutez pas vos contrats. C'est donc votre responsabilité civile contractuelle qui serait en jeu.*

Yves : *Mais vous m'assurez quoi qu'il arrive ?*

L'assureur : *Euh non… L'assurance ne couvre que votre responsabilité civile, qu'elle soit contractuelle ou extracontractuelle, et selon le contenu du contrat d'assurance qui peut prévoir des exclusions. La responsabilité pénale, quant à elle, n'est pas couverte par l'assurance.*

Yves : *Je crois qu'il faut que nous relisions ensemble mes contrats d'assurance.*

Source : dialogue imaginé à des fins pédagogiques.

Annexe 2 ▸ Conditions générales de vente

Les conditions générales de vente décrites ci-dessous détaillent les droits et obligations de la société et de son client.

ARTICLE 1 – Objet : La société s'engage à assurer le transport du client aux dates et heures convenues, à partir du lieu de départ réservé (port de La Londe ou Toulon ou Les Sablettes ou Saint-Mandrier). Le client doit respecter les informations précisées sur son billet. Les billets sont personnels et ne peuvent être revendus.

ARTICLE 5 – Clause limitative de responsabilité : La société décline toute responsabilité en cas d'annulation d'une traversée pour cause de mauvaises conditions météorologiques ou pour des raisons techniques. Dans ce cas, la société s'engage à rembourser les billets ou à les reporter à la date choisie par le client (sous réserve de disponibilité à la date choisie et du programme proposé, et ce, pour la saison en cours).

Source : d'après les CGV de la société des Bateliers de la Côte d'Azur.

Annexe 3 ▸ Mise en demeure de la cliente

Objet : Mise en demeure d'avoir à indemniser nos préjudices
LETTRE RECOMMANDÉE AVEC ACCUSÉ DE RÉCEPTION

Monsieur,

Le 27 mars 2024, j'ai acheté en ligne quatre billets à votre compagnie afin de me rendre le lendemain sur l'île de Porquerolles, où j'avais réservé une auberge afin de passer deux nuits sur l'île avec ma famille.

Le lendemain, nous nous sommes présentés au port à 9 heures afin d'embarquer.
Un employé de votre compagnie nous a répondu que le bateau ne partirait pas ce jour-là.
Nous avons donc dû reporter notre trajet au 29 mars et trouver en urgence un hôtel à Toulon.
Le propriétaire de l'auberge a refusé de nous rembourser la nuit perdue.

Vous n'avez pas exécuté votre engagement de nous transporter sur l'île de Porquerolles le 28 mars.
À cause de votre manquement, nous avons subi différents préjudices :
- un préjudice matériel de 380 € (correspondant à la nuit d'auberge « perdue ») ;
- un préjudice moral de 400 € (car notre week-end a été raté à cause de vous).

Nous vous mettons en demeure d'avoir à nous régler ces sommes sous huit jours.
À défaut de paiement rapide, nous serons contraints de saisir les juridictions compétentes.

Source : courrier fictif imaginé à des fins pédagogiques.

Annexe 4 ▸ Préjudice matériel invoqué par la cliente

VOTRE RÉSERVATION EST CONFIRMÉE !

Détails de la réservation

Arrivée	28 mars (16 h–20 h)
Départ	30 mars (6 h–10 h)
Votre réservation	2 nuits, 1 chambre familiale (2 adultes, 2 enfants)
Vous avez réservé pour	2 adultes, 2 enfants
Situation géographique	47 boulevard de la Mer, 83400 Porquerolles
Conditions d'annulation	Si vous annulez ou modifiez votre réservation, ou si vous ne vous présentez pas, des frais équivalents au montant total de la réservation s'appliqueront.
Frais d'annulation	Cette réservation est non remboursable. Vous ne pouvez pas modifier vos dates de séjour.

Détails du tarif

2 nuits, 1 chambre familiale (2 adultes, 2 enfants)	€ 380/nuit Taxes et frais compris
Montant total	**€ 760**

Annexe 5 ▸ Bulletin d'alerte du préfet du Var pour le 28 mars 2024

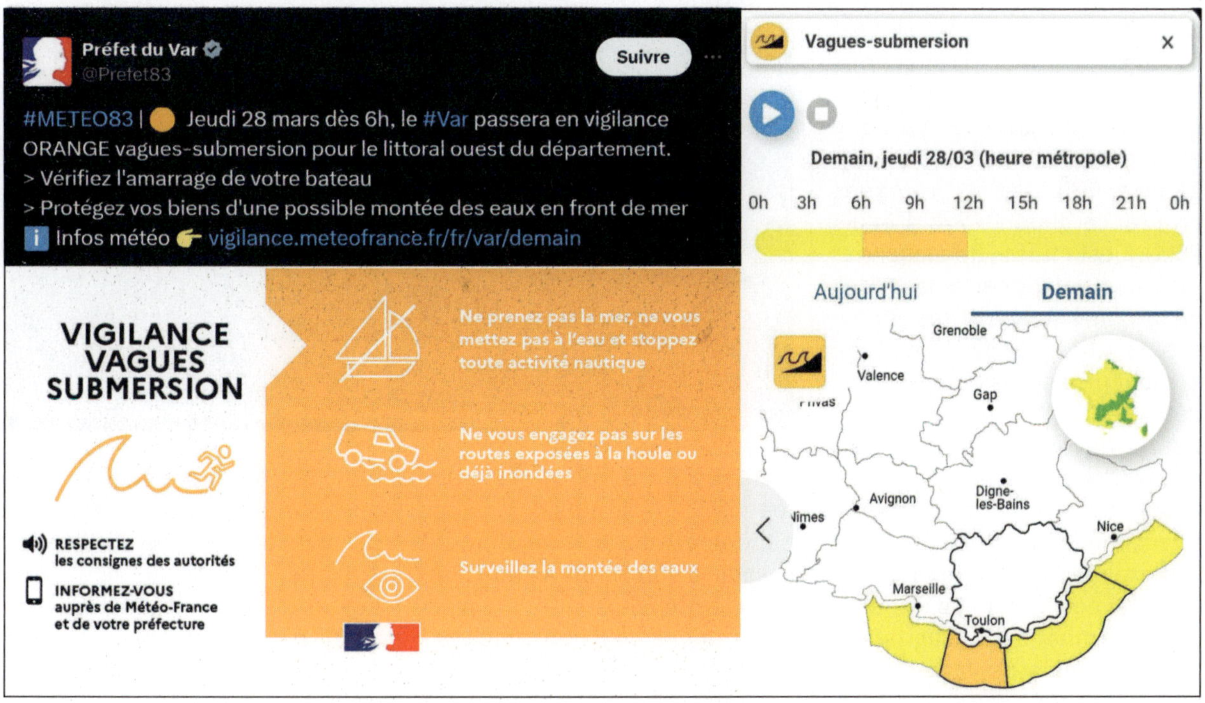

Annexe 6 ▸ Incident du 26 décembre 2024

Un bateau est entré en collision avec le quai du Vieux-Port ce jeudi [26 décembre 2024] à Marseille (Bouches-du-Rhône). Le navire, baptisé Hélios, appartient à la compagnie Icard Maritime, qui organise des visites des calanques depuis la mer, rapporte *La Provence*.

Une vidéo de l'incident a été partagée sur les réseaux sociaux et visionnée des millions de fois. On y voit le bateau arrivant à une allure soutenue vers le quai. Des passants assis ou debout au bord de l'eau l'observent, finissent par comprendre qu'il ne ralentira pas et s'éloignent en hâte avant que la coque du navire ne percute le bord du quai.
Par chance, aucun passant et aucun des 105 passagers du bateau n'a été blessé dans le choc. L'incident a été confirmé par la compagnie maritime, qui exclut toute faute du capitaine. Selon Icard Maritime, les commandes extérieures permettant la manœuvre d'accostage n'ont pas fonctionné au moment d'approcher du quai. [...] Sur les réseaux sociaux, plusieurs commentateurs estiment cependant que le bateau arrivait de toute façon trop vite, au-delà des 3 nœuds (5 km/h) imposés dans le port. [...] Des « investigations approfondies » vont être menées afin de comprendre l'origine de l'incident [...].

Source : « Marseille : Un bateau rate sa manœuvre et entre en collision avec un quai du Vieux-Port », www.20minutes.fr, 31 décembre 2024.

Annexe 7 ▸ Le préjudice écologique d'atteinte aux posidonies

Les posidonies sont des plantes aquatiques méditerranéennes qui servent de nurserie pour poissons, de puits de carbone et de protection contre l'érosion côtière. Elles sont protégées en France depuis 1998. Depuis 2020, il est interdit de stationner les bateaux dans certaines zones de la Côte d'Azur, car les ancres et les chaînes de mouillage arrachent les posidonies et les détruisent.

Le 22 novembre 2024, pour la première fois en France, le tribunal maritime de Marseille a reconnu la notion de préjudice écologique d'atteinte à l'herbier de posidonie. Le tribunal a condamné deux capitaines professionnels de yachts ayant jeté l'ancre dans des zones interdites à verser des dommages-intérêts de 86 537 € et de 22 423 € à l'Agence de l'eau Rhône Méditerranée Corse pour replanter les herbiers de posidonie. Les capitaines devront également verser 5 000 € et 4 000 € au titre du préjudice moral de deux associations de défense de l'environnement : France Nature Environnement et la Ligue pour la protection des oiseaux. Les deux capitaines avaient déjà été poursuivis pour le délit de destruction d'espèces protégées et condamnés en 2023 à des peines d'amende de 20 000 € et 15 000 €.
Les associations de défense de l'environnement espèrent que ces décisions de justice décourageront les navires de réaliser des mouillages dans ces zones interdites.

L'entreprise face au risque : la nature juridique de la responsabilité

I. Les types de risques auxquels s'expose l'entreprise

Toute entreprise est confrontée à de nombreux risques : environnementaux, technologiques, numériques, politiques...

Risque : événement dommageable dont la réalisation est incertaine. C'est un événement qui peut ou non se produire, mais qui aurait des conséquences négatives en cas de réalisation.

Parmi ces risques, certains peuvent entraîner la responsabilité de l'entreprise.

Exemple 1 :	Exemple 2 :	Exemple 3 :
À cause d'une panne de camion, l'entreprise ne livre pas dans les délais convenus les marchandises commandées par son client.	Une grue appartenant à l'entreprise se renverse à cause d'un grand vent et endommage le toit d'une maison voisine.	Une entreprise déverse des produits polluants dans une rivière à la suite d'une négligence du chef d'entreprise.
L'entreprise ne parvient pas à exécuter correctement le contrat, ce qui est préjudiciable pour le cocontractant. → Responsabilité civile contractuelle	**L'entreprise cause un préjudice à une personne en dehors de tout contrat. → Responsabilité civile extracontractuelle**	**L'entreprise commet un acte sanctionné par le Code pénal (= une infraction). → Responsabilité pénale**

L'entreprise doit prévenir la réalisation de ces risques afin d'éviter de voir sa responsabilité engagée et d'en subir les conséquences juridiques.

II. Les différences entre responsabilité civile et responsabilité pénale

Responsabilité civile : obligation, pour l'auteur d'un dommage causé à autrui, de le réparer.

Responsabilité pénale : obligation de répondre des infractions commises et de subir la peine prévue.

Ces deux responsabilités peuvent être engagées séparément ou en même temps (devant le même juge).

	RESPONSABILITÉ CIVILE	RESPONSABILITÉ PÉNALE
Objectif	**Réparer le préjudice** (= le dommage) subi par la victime.	**Punir** l'auteur d'une infraction (= un comportement antisocial, qui porte atteinte à la société dans son ensemble).
Fondement	La responsabilité civile est **contractuelle** si l'auteur du dommage et la victime sont liés par un contrat. *Rappel : un contrat est un accord de volonté qui n'est pas nécessairement écrit.* La responsabilité civile est **extracontractuelle** si l'auteur du dommage et la victime ne sont pas liés par un contrat.	Le Code pénal prévoit toutes les **infractions** punissables. Il existe trois catégories d'infractions : – les contraventions (*ex. : absence d'affichage des prix par un restaurant*) ; – les délits (*ex. : manquement aux obligations de sécurité ayant entraîné la mort d'un salarié : homicide involontaire*) ; – les crimes (*ex. : assassinat, viol*).
Sanction	**Dommages-intérêts** versés à la victime. Il s'agit d'une somme d'argent permettant d'indemniser la victime. Le montant des dommages-intérêts correspond au montant du préjudice subi.	Les sanctions sont proportionnées à la gravité de l'infraction. **Amende** (versée à l'État) (*ex. : entre 1 500 € et 7 500 € pour le non-affichage des prix*). **Peine de prison** (*ex. : jusqu'à cinq ans pour un homicide involontaire*).
Assurance	Le risque peut être couvert par une assurance.	Le risque ne peut pas être couvert.

La responsabilité civile contractuelle d'une entreprise

Les contrats permettent de sécuriser les relations entre l'entreprise et ses partenaires (*cf.* Question 2). L'inexécution d'un contrat par une partie remet en cause cette sécurisation des relations, ce qui entraîne donc des conséquences juridiques.

I. Les cinq sanctions de l'inexécution d'un contrat

Si l'une des parties à un contrat n'honore pas ses engagements (= inexécution ou mauvaise exécution du contrat), son cocontractant peut invoquer une ou plusieurs des cinq sanctions prévues par le Code civil :

L'exception d'inexécution	L'exécution forcée en nature	La réduction du prix	La résolution du contrat	La responsabilité civile contractuelle
le cocontractant refuse d'exécuter sa propre prestation *Ex. : Le client refuse de payer si la marchandise n'est pas livrée.*	*Ex. : Le commissaire de justice (huissier) saisit le compte bancaire du client qui doit de l'argent à l'entreprise.*	*Ex. : Le client paie moins cher que prévu car la marchandise n'est pas de la qualité convenue.*	*Ex. : Le juge met fin au contrat de location car l'entreprise ne paie plus son loyer depuis plusieurs mois.*	*Ex. : L'entreprise doit verser des dommages-intérêts à son client car le retard de livraison lui a causé un préjudice.*

Ces sanctions ne peuvent être appliquées qu'après une **mise en demeure** (une lettre recommandée officielle qui demande au cocontractant d'exécuter le contrat). Ces cinq sanctions ne sont pas toutes cumulables entre elles.

II. Les principes de la responsabilité civile contractuelle

La responsabilité civile contractuelle est l'une des cinq sanctions possibles lorsqu'une partie à un contrat ne remplit pas ses obligations. La responsabilité civile contractuelle a pour objectif d'indemniser l'autre partie au contrat, qui a subi l'inexécution, en lui versant une somme d'argent.

Responsabilité civile contractuelle : obligation, pour le contractant qui ne respecte pas le contrat, de réparer le dommage causé à l'autre partie en lui versant des dommages-intérêts.

Elle est engagée si les trois conditions suivantes sont remplies en même temps :

La mauvaise exécution ou l'inexécution d'un contrat	La victime du dommage doit prouver que son cocontractant n'a pas exécuté ou a mal exécuté le contrat. *Ex. : Une entreprise de plomberie a mal posé un chauffe-eau chez un client.*	
	Si l'obligation du cocontractant était une **obligation de moyens** : il faut prouver la mauvaise exécution du contrat. *L'obligation de moyens impose de* ***mettre en œuvre tous les moyens nécessaires****, mais sans garantir un résultat (exemple : un médecin doit tout faire pour soigner un patient mais ne peut pas garantir sa guérison).*	Si l'obligation était une **obligation de résultat** : il suffit de prouver que le résultat n'a pas été atteint. *L'obligation de résultat impose de* ***parvenir à un résultat*** *(exemple : une entreprise d'autobus s'engage à véhiculer tous les passagers en bonne santé jusqu'à l'arrivée. En cas d'accident, la victime n'a pas besoin de prouver la faute de conduite du chauffeur).*
Un dommage (= préjudice)	La victime du dommage doit prouver le montant de son préjudice, qui peut être : – **matériel** (*ex. : le chauffe-eau, en tombant, a endommagé un meuble*) ; – **corporel** (*ex. : blessure du client*) ou moral (*ex. : stress, souffrances endurées*). Pour la responsabilité contractuelle : seul le dommage prévisible est indemnisé.	
Un lien de causalité	La victime du dommage doit prouver que son dommage découle directement de l'inexécution du contrat. *Ex. : Le client doit prouver que ses préjudices sont bien dus au mauvais travail du plombier.*	

Les clauses du contrat peuvent limiter le montant des dommages-intérêts (clauses limitatives de responsabilité) ou prévoir un montant forfaitaire de dommages-intérêts (clauses pénales). Le cocontractant peut **s'exonérer de sa responsabilité en cas de force majeure** (= évènement imprévisible, irrésistible et extérieur au contrat).

Exemple : Une chute de neige à Nice en mars peut justifier un retard de livraison, car cet évènement est exceptionnel dans cette région.

Le **cas de l'employeur** est particulier : il doit garantir la sécurité physique et mentale de ses salariés, mais il peut s'exonérer de sa responsabilité s'il démontre avoir pris toutes les mesures nécessaires. Il s'agit d'une obligation de moyens renforcée. En cas de faute inexcusable, l'employeur doit indemniser le salarié de son préjudice (en complétant les indemnités versées par la Sécurité sociale).

La responsabilité civile extracontractuelle de l'entreprise

L'entreprise peut, par son action, celle de ses salariés, ou à cause des biens lui appartenant (machines, usine, bétail...), occasionner un préjudice à une tierce personne (passant, voisin...) qui n'est pas liée par contrat avec elle et voir sa responsabilité civile extracontractuelle engagée.

Responsabilité civile extracontractuelle : obligation, pour toute personne qui cause un dommage à une autre personne en dehors de tout contrat, de réparer ce dommage en lui versant des dommages-intérêts.

Cette responsabilité était autrefois appelée « responsabilité civile délictuelle » (à ne pas confondre avec les délits, qui sont des infractions, et dépendent donc de la responsabilité pénale).

I. Le régime général de la responsabilité civile extracontractuelle

D'après l'article 1240 du Code civil, la responsabilité civile extracontractuelle est engagée si les trois conditions suivantes sont remplies en même temps :

Un fait générateur	Un dommage (= préjudice)	Un lien de causalité
La victime doit prouver que l'auteur du dommage a commis **une faute**. Il peut s'agir d'une **faute volontaire** (*ex. : l'entreprise dénigre un concurrent pour récupérer ses clients*) ou d'une **faute de négligence** (*ex. : l'usine de l'entreprise n'est plus aux normes et dégage des déchets polluants qui causent des dommages aux agriculteurs voisins*).	La victime doit prouver le montant de son préjudice (matériel, corporel ou moral). Le préjudice doit être intégralement indemnisé. Depuis la loi du 8 août 2016, le **préjudice écologique** peut être indemnisé. Il s'agit de toute atteinte à l'environnement (*ex. : pollution*).	La victime doit prouver que son préjudice a été causé par la faute de l'auteur.

Remarque : en cas de faute commise avant la conclusion d'un contrat, la responsabilité est extracontractuelle (*ex. : rupture abusive des pourparlers*).
Le régime général de la responsabilité civile extracontractuelle est basé sur la **théorie de la faute**.
Mais il est parfois difficile de prouver l'existence d'une faute. Le droit a donc évolué en créant des régimes spéciaux.

II. Les régimes spéciaux de la responsabilité civile extracontractuelle

Désormais, dans certains cas, l'existence seule du dommage permet à la victime d'être indemnisée, même en l'absence de faute de la personne responsable. La responsabilité est alors fondée sur la **théorie du risque**.
C'est le cas notamment de **la responsabilité du fait des produits défectueux**, qui présente deux caractéristiques principales :

Dès lors qu'un produit est « défectueux », la responsabilité du producteur est automatique.	La distinction entre responsabilité contractuelle et responsabilité extracontractuelle disparaît.
La victime n'a pas besoin de prouver une faute du producteur. Il lui suffit de prouver : **1.** que le produit est **défectueux**, c'est-à-dire qu'il n'offre pas la sécurité à laquelle on peut légitimement s'attendre (*ex. : une batterie qui s'enflamme lors de sa charge*) ; **2.** et que ce défaut lui a causé un **dommage matériel** (= causé à un bien) et/ou **corporel** (= blessure).	La victime du dommage peut attaquer un des **producteurs** du produit défectueux. Ceux-ci ne sont en principe pas liés par contrat avec la victime (*ex. : le fabricant du produit ou le producteur des matières premières ou l'importateur : la personne qui importe le produit d'un pays étranger vers l'Union européenne*). Si ces personnes ne sont pas identifiables, la victime peut attaquer le **vendeur ou le loueur** du produit défectueux (qui sont liés par contrat avec elle).

Quelles réponses apporte le droit face aux risques auxquels s'expose l'entreprise ?

L'entreprise est confrontée à de nombreux risques qu'elle doit prévenir sous peine de voir sa responsabilité engagée :

- Responsabilité civile (Objectif : indemniser la victime)
  - Contractuelle
  - Extracontractuelle
- Responsabilité pénale (Objectif : punir l'auteur d'une infraction)
  - Contraventions
  - Délits
  - Crimes

La responsabilité civile de l'entreprise peut être engagée :

- **À l'égard des cocontractants : responsabilité civile contractuelle**
  - Conditions
    - L'inexécution du contrat
    - Un préjudice
    - Un lien de causalité
  - Effets
    - Le contractant qui n'a pas exécuté le contrat doit indemniser son cocontractant de son préjudice prévisible (versement de dommages-intérêts)
- **Du fait des produits défectueux**
  - Conditions
    - Un produit défectueux : qui n'offre pas la sécurité à laquelle on peut s'attendre
    - Un préjudice
    - Un lien de causalité
  - Effets
    - La victime peut demander à plusieurs personnes de l'indemniser : producteurs (fabricant, importateur), mais aussi vendeur ou loueur.
- **À l'égard des tiers (non-cocontractants) : responsabilité civile extracontractuelle**
  - Conditions
    - Une faute volontaire ou de négligence
    - Un préjudice
    - Un lien de causalité
  - Effets
    - L'auteur du dommage doit indemniser la victime de l'intégralité de son préjudice (versement de dommages-intérêts)

1 Tester vos connaissances

Quiz
Se tester sur les savoirs associés de la question 9
liennathan.fr/jt3k29

→ Réaliser le quiz en ligne et noter votre score.

Remarque : vous pouvez recommencer autant de fois que vous le souhaitez jusqu'à atteindre le score que vous estimez satisfaisant en fonction de vos objectifs.

2 Distinguer les différents types de responsabilités *

Vous effectuez votre stage de BTS au sein d'un hôtel-restaurant, situé au bord de la mer. Le directeur de l'hôtel vous demande de faire le point sur les risques auxquels l'établissement pourrait être confronté.

→ 1. Classer les situations présentées (annexe) selon la nature de la responsabilité en cause (responsabilité civile contractuelle, responsabilité civile extracontractuelle, responsabilité pénale) en justifiant le classement.

→ 2. Identifier, lorsque c'est possible, la victime et le type de préjudice subi (corporel, matériel, moral).

Annexe ▸ Six situations en hôtellerie-restauration

Le pensionnaire malchanceux

Un pensionnaire de l'hôtel se prend les pieds dans le tapis de l'entrée. Il se blesse en tombant et casse ses lunettes neuves.

Le visiteur maladroit

Le cousin du pensionnaire blessé, qui habite dans le voisinage, vient lui rendre visite. Il se prend lui aussi les pieds dans le tapis de l'entrée et casse son téléphone qu'il tenait à la main.

Le dîner raté

Dix personnes ayant dîné au restaurant de l'hôtel sont hospitalisées à la suite d'une intoxication alimentaire. L'enquête révèle que l'incident est dû à une violation volontaire des règles de sécurité (recongélation de produits décongelés).

Le client déçu

M. Hulot a réservé et payé par avance une chambre avec vue sur mer. Mais le réceptionniste de l'hôtel s'est trompé, cette chambre n'était en réalité plus disponible. M. Hulot doit se contenter d'une chambre donnant sur l'arrière-cuisine.

Le concurrent vexé

La propriétaire de l'hôtel voisin découvre que votre patron a diffusé de fausses informations sur son établissement dans le but de lui faire perdre des clients.

Les salariés en danger

L'installation électrique des cuisines n'est pas conforme aux normes de sécurité. Le cuisinier et son équipe risquent à chaque instant une électrocution.

3 Identifier la nature juridique de la responsabilité d'un employeur **

Inès travaille comme hôtesse de caisse dans un hypermarché, et souffre depuis plusieurs semaines de douleurs au coude insupportables. Son employeur, alerté à plusieurs reprises, refuse de revoir l'aménagement des postes de travail.

Inès découvre que son employeur n'a même pas jugé utile d'établir le document unique d'évaluation des risques professionnels (DUERP), pourtant obligatoire selon le Code du travail.

→ 1. Relever dans la vidéo du service de prévention et de santé au travail de la région nantaise (annexe 1) les différents risques professionnels auxquels sont exposés les hôtes et hôtesses de caisse, puis le moyen de prévenir chaque risque.

→ 2. Analyser la situation afin de déterminer la nature juridique des différentes responsabilités de l'employeur et les conséquences financières de chacune d'elles.

Annexe 1 ▸ Les troubles musculosquelettiques

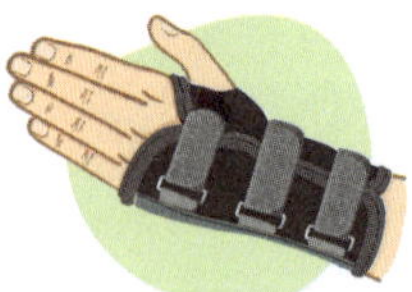

Vidéo
Hôte(sse)s de caisse : Comment prévenir des risques ? (3'13)
liennathan.fr/mzwnem

Annexe 2 ▸ Le document unique d'évaluation des risques professionnels

Il s'agit d'un document dans lequel l'employeur doit identifier les risques auxquels sont exposés ses salariés, et prévoir les actions de prévention nécessaires. Ce document peut être consulté par les salariés, le médecin du travail, l'inspection du travail… Ce document est obligatoire : en cas d'absence de document unique (DUERP) ou de non-actualisation, l'employeur commet une infraction (contravention) et peut être condamné à une amende de 1 500 euros.

Vidéo
Document unique, document pratique (4'17)
liennathan.fr/j9wrs6

Annexe 3 ▸ L'obligation de sécurité de l'employeur

Art. L. 4121-1 du Code du travail : « L'employeur prend les mesures nécessaires pour assurer la sécurité et protéger la santé physique et mentale des travailleurs. Ces mesures comprennent :

1° Des actions de prévention des risques professionnels, y compris ceux mentionnés à l'article L. 4161-1 ;

2° Des actions d'information et de formation ;

3° La mise en place d'une organisation et de moyens adaptés.

L'employeur veille à l'adaptation de ces mesures pour tenir compte du changement des circonstances et tendre à l'amélioration des situations existantes. »

Source : www.legifrance.gouv.fr

Annexe 4 ▸ Les responsabilités de l'employeur

L'employeur engage sa responsabilité civile à l'égard du salarié en cas de faute inexcusable, c'est-à-dire lorsqu'il avait ou aurait dû avoir conscience du danger auquel était exposé le salarié, et qu'il n'a pas pris les mesures nécessaires pour l'en préserver.

L'article L. 4741-1 du Code du travail sanctionne d'une amende délictuelle de 10 000 € le manquement de l'employeur à l'une des prescriptions réglementaires du Code du travail relatives à la mise en œuvre des mesures de sécurité dans l'entreprise, et ce, même en l'absence de tout dommage.

Source : « Obligation de sécurité et responsabilités de l'employeur », www.entreprises.cci-paris-idf.fr.

4 Analyser une situation mettant en jeu la responsabilité du fait des produits défectueux **

Un étudiant en BTS achète sur un site Internet un ours en peluche pour l'offrir à son petit cousin à l'occasion de son troisième anniversaire. Placé à proximité du gâteau, l'ours s'enflamme au contact des bougies.

L'étudiant éteint rapidement le début d'incendie mais il est blessé légèrement à la main et sa veste neuve, brûlée à la manche, ne peut plus être portée.

→ 1. Expliquer pourquoi les conditions de la responsabilité du fait des produits défectueux sont remplies.

→ 2. Repérer auprès de quelles personnes l'étudiant peut demander réparation. Justifier la réponse.

Annexe 1 ▸ La sécurité des jouets

Vidéo
La sécurité des jouets est passée au crible (3'47)
liennathan.fr/94cgc9

Annexe 2 ▸ Les normes de sécurité des jouets

Les fabricants de jouets doivent soumettre leurs nouveaux produits à une batterie de tests avant leur mise sur le marché. Ainsi, le fabricant doit analyser les dangers que le jouet peut présenter (dangers mécaniques, chimiques, électriques…) et vérifier que le jouet respecte les exigences réglementaires en matière de sécurité. Par exemple, le fabricant doit vérifier que son jouet ne s'enflamme pas facilement et qu'il est auto-extinguible (qu'il s'éteint par lui-même s'il est enflammé).

Annexe 3 ▸ Les différents producteurs de l'ours en peluche

Producteurs chinois de matières premières (rembourrage, tissus, fils, ruban, yeux en plastique)

↓

Fabricant chinois de l'ours en peluche

↓

Importateur espagnol (qui importe les jouets depuis la Chine vers l'Union européenne)

↓

Vendeur français (vente de jouets en ligne)

↓

Consommateur acheteur de l'ours en peluche

5 Analyser une situation mettant en jeu la responsabilité civile contractuelle ***

Une étudiante en BTS a souscrit un abonnement d'un an à la salle d'escalade voisine de son lycée pour se détendre après son cours de CEJM le vendredi après-midi. Au cours d'une séance, alors qu'elle grimpait au-dessus d'un camarade, elle tombe sur lui et se fait une entorse de la cheville. L'étudiante est à la fois soulagée de ne pas avoir blessé son ami et très ennuyée par son entorse, qui va l'immobiliser pendant plusieurs semaines.

→ **1. Analyser, à l'aide des annexes 1 et 2, si la responsabilité contractuelle de la salle d'escalade peut être engagée à la suite de l'accident.**

La salle d'escalade, initialement accessible tous les jours, décide brusquement de n'ouvrir que le week-end. L'étudiante est très contrariée car cela ne correspond pas au contrat conclu.

→ **2. Identifier quelles sanctions de l'inexécution du contrat seraient envisageables dans cette hypothèse.**

Annexe 1 ▸ Extraits de l'arrêt de la Cour de cassation du 25 janvier 2017

Résumé des faits de l'arrêt : alors qu'elle venait de descendre la paroi d'un mur artificiel dans une salle d'escalade exploitée par la société M'Roc, Mme X a été heurtée par un autre grimpeur, M. Y. Ayant été blessée, Mme X a agi en justice contre M'Roc, estimant que la société n'avait pas respecté son obligation contractuelle de sécurité à son égard.

« Attendu qu'après avoir exactement énoncé que l'obligation contractuelle de sécurité de l'exploitant d'une salle d'escalade est une **obligation de moyens** dans la mesure où la pratique de l'escalade implique un rôle actif de chaque participant, l'arrêt constate que le règlement intérieur de la salle d'escalade exploitée par la société M'Roc, conforme aux règles de sécurité applicables en matière d'escalade en salle et sur structure artificielle, dont Mme X ne conteste pas avoir eu connaissance, **informait clairement celle-ci de l'interdiction de se tenir au sol sous un grimpeur**,

Qu'en l'état de ces constatations, la cour d'appel a pu retenir que l'**accident ne résultait ni de la configuration des lieux ni d'un quelconque manquement de la société M'Roc à son obligation de sécurité, mais était la conséquence de la faute d'imprudence de la victime** ; qu'elle a, ainsi, justifié légalement sa décision. »

Source : www.legifrance.gouv.fr

Annexe 2 ▸ Consignes de sécurité affichées dans la salle

Source : Fédération française montagne escalade (FFME).

Question 10 Comment l'entreprise organise-t-elle ses ressources ?

Compétences visées et points d'étude dans le chapitre :

- Repérer les ressources et les compétences au sein de l'entreprise
  → Contexte | Mission 1 | Fiche ressource 1 | Activité 5
- Distinguer les différents processus de l'entreprise
  → Contexte | Mission 2 | Fiche ressource 2 | Activité 6
- Repérer le rôle des différentes parties prenantes et des contre-pouvoirs
  → Contexte | Mission 2 | Fiche ressource 2 | Activité 4
- Caractériser les styles de management
  → Contexte | Mission 3 | Fiche ressource 3 | Activité 2
- Identifier le type de structure, les mécanismes de coordination et de contrôle au sein de l'entreprise
  → Contexte | Mission 3 | Fiche ressource 4 | Fiche ressource 5 | Activité 3 | Activité 6

Contexte

Maison Berger Paris

À la fin du XIXᵉ siècle, Maurice Berger cherche comment purifier l'air des hôpitaux. Il met au point un système de lampe à catalyse qui, associé à un parfum, permet de masquer et détruire les mauvaises odeurs : c'est la naissance de la lampe Berger. Celle-ci devient rapidement un objet de mode très demandé. Elle est plébiscitée par des célébrités telles que Coco Chanel et Pablo Picasso. Son système est breveté et le secret de fabrication de la lampe est très bien gardé.

En 2017, le fonds d'investissement Argos Soditic rachète 90 % du capital de Lampe Berger, les 10 % restants étant détenus par les managers de l'entreprise.

En 2018, l'entreprise, via le groupe Emosia dont Argos est le principal actionnaire, se diversifie : elle propose, en plus des lampes, les recharges, des bouquets parfumés, des bougies... Elle change aussi de nom, Lampe Berger devient Maison Berger Paris.

Emosia est un groupe spécialisé dans les mèches et le parfumage d'intérieur : après Devineau et Bougies la Française, il rachète en 2022 la start-up My Jolie Candle, connue par les jeunes pour ses bougies bijoux.

Le siège et l'usine historique de Maison Berger sont situés à Grand Bourgtheroulde, en Normandie. Pour continuer de proposer des produits de qualité, moderniser la production et améliorer les conditions de travail, l'entreprise y investit en 2023 2 millions d'euros.

Vidéo

La lampe à parfum la plus célèbre du monde (6:14)

liennathan.fr/h7ntrs

L'étude est composée de trois missions...
- Mission 1 : Les ressources de Maison Berger
- Mission 2 : L'investissement dans l'usine historique de Maison Berger
- Mission 3 : La prise de décision chez Emosia

... et d'un dossier documentaire
- Annexe 1 : Plus d'un siècle de savoir-faire et d'expertise française
- Annexe 2 : Maison Berger Paris modernise son usine historique
- Annexe 3 : Extrait de la charte RSE, groupe Emosia
- Annexe 4 : Les « blouses bleues » de Maison Berger Paris font grève
- Annexe 5 : Entretien avec Olivier Sillion, président du groupe Emosia
- Annexe 6 : Témoignages de collaborateurs, groupe Emosia (extraits)

→ En prenant appui sur le contexte, le dossier documentaire et les fiches ressource, il vous est demandé de répondre aux questions relatives aux missions.

Étude du contexte

Mission 1. Les ressources de Maison Berger

Malgré la croissance du groupe Emosia, Maison Berger a conservé tout ce qui correspond à l'ADN de l'entreprise créée par Maurice Berger en 1898. Elle poursuit également sa quête d'excellence en modernisant son usine historique de Grand Bourgtheroulde.

▶ Contexte ▶ Annexe 1 ▶ Fiche ressource 1

1.1 Repérer les ressources et les compétences de Maison Berger.

1.2 À partir de l'analyse des ressources et des compétences, identifier la compétence distinctive de Maison Berger.

Mission 2. L'investissement dans l'usine historique de Maison Berger

La modernisation de l'usine était devenue indispensable. Les lignes de production ont été modifiées pour continuer à assurer la qualité de fabrication des produits. Dans les travaux réalisés, le groupe Emosia a tenu compte de sa charte RSE. Elle l'engage auprès de ses parties prenantes et répond à leurs attentes.

▶ Contexte ▶ Annexe 2 ▶ Annexe 3 ▶ Annexe 4 ▶ Fiche ressource 2

2.1 Repérer et qualifier les processus mis en œuvre dans l'usine de Grand Bourgtheroulde.

2.2 Présenter les engagements RSE du groupe Emosia.

2.3 Montrer que les salariés de l'usine peuvent agir en contre-pouvoir.

Mission 3. La prise de décision chez Emosia

Le groupe Emosia s'agrandit avec le rachat d'entreprises françaises en cohérence avec ses activités d'origine : le parfum d'ambiance et les bougies. Olivier Sillion, président du groupe, a récemment décidé d'acheter My Jolie Candle, une entreprise bien connue des jeunes.

▶ Contexte ▶ Annexe 5 ▶ Annexe 6 ▶ Fiches ressource 3 à 5

3.1 Identifier le niveau de management auquel appartient Olivier Sillion et caractériser son style de management.

3.2 Identifier le type de structure d'Emosia.

3.3 Repérer les mécanismes de coordination et de contrôle mis en œuvre chez Maison Berger.

Dossier documentaire

Annexe 1 ▸ Plus d'un siècle de savoir-faire et d'expertise française

« C'est un savoir-faire très ancien, en particulier sur le brûleur catalytique, on le perpétue de génération en génération, de salarié en salarié, avec des équipes qui le maîtrisent bien et le connaissent depuis fort longtemps. »

Maison Berger Paris est désormais reconnue pour sa fabrication 100 % *made in France*, sa grande variété de lampes et sa collection de 60 fragrances créées par les plus grands maîtres parfumeurs français, et validés par son nez maison.

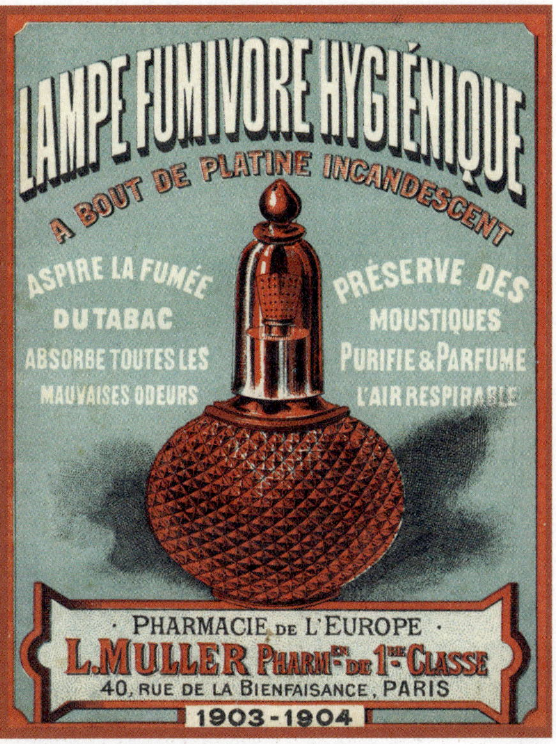

Créée en 1898 par Maurice Berger, préparateur en pharmacie, comme système de désinfection de l'air, la Lampe Berger est aujourd'hui un objet d'art et de décoration à part entière. [...]

Maison Berger Paris, l'histoire

Tout commence en 1898 : à la suite de fortes épidémies, Maurice Berger, préparateur en pharmacie, met au point un système de désinfection de l'air. Un « diffuseur fumivore hygiénique » qui deviendra la célèbre Lampe Berger. Initialement destiné aux hôpitaux et aux morgues, l'objet trouve vite sa place dans les foyers, tant pour assainir l'air intérieur que pour détruire les odeurs désagréables.

« *La lampe Berger a trois caractéristiques importantes qui constituent le patrimoine du produit et de l'entreprise aujourd'hui. D'une part, elle parfume et elle purifie. Les deux autres composantes sont son design et des parfums très élaborés* », Olivier Sillion, président de Maison Berger Paris, groupe Emosia.

Dès les années 1920, la lampe devient un objet d'art et de décoration à part entière. La société travaille avec des manufactures et designers de renom tels que Lalique, Baccarat, Gallé... et, plus récemment, Chantal Thomass, Lolita Lempicka ou encore Philippe Starck.

Maison Berger Paris, le musée

Aujourd'hui Maison Berger Paris, la société a souhaité valoriser son patrimoine exceptionnel avec l'ouverture d'un musée, dans lequel 150 modèles [...] sont exposés.

Maison Berger Paris, chiffres clés

Maison Berger Paris, c'est également un succès à l'international.

- **L'entreprise fabrique jusqu'à 4 500 lampes par jour, 8 000 bouquets, 3 000 diffuseurs voiture** et **25 000 recharges de parfum** pour la lampe Berger. **3 500 brûleurs** sont également produits chaque jour.
- **Chaque année, 800 000 lampes sont vendues dans une soixantaine de pays** du monde entier, et dans plus de **7 000 points de vente**.
- **160 collaborateurs** à l'œuvre et un chiffre de 50 millions d'euros, dont 70 % à l'export.
- **Labellisée EPV* (entreprise du patrimoine vivant)** depuis 2015, la société bénéficie d'une expertise et d'un savoir-faire uniques résultant de 120 ans de recherche en matière de catalyse, breveté et protégé au niveau international.

Source : « Maison Berger : plus d'un siècle de savoir-faire », www.choisirlanormandie.fr, 16 octobre 2023.

* Label attribué par l'État pour distinguer des entreprises françaises artisanales et industrielles aux savoir-faire rares et d'exception.

Annexe 2 ▸ Maison Berger Paris modernise son usine historique

[...] Le président du groupe [Emosia], Olivier Sillion, recevait [...] Philippe Fournier-Montgieux, sous-préfet [...], pour une visite du musée et de l'usine [...]. L'occasion pour l'entreprise leader sur le marché « de niche » du parfum d'intérieur, qui pèse, avec ses différentes filiales, 110 millions d'euros de chiffre d'affaires, d'annoncer ses projets en cours : à savoir un investissement de **2 millions d'euros** pour l'achat d'une **nouvelle machine**, dans l'usine de Grand Bourgtheroulde, et la **construction d'un hangar** de stockage.

« *En mars, on recevra une machine robotique de remplissage des flacons, qui permettra d'**augmenter la capacité de production*** », explique Laurent Camacho, le responsable de la production, dans l'usine historique de Maison Berger Paris. Créée spécialement pour l'entreprise, en Bourgogne, la machine sera d'abord testée sur place par une équipe de production, puis apportée à Grand Bourgtheroulde. « *C'est une machine unique, faite pour nous, elle peut tout faire !* », complète Laurent Camacho.

Augmenter la capacité de production

[...] La future machine viendra donc en supplément des trois remplisseuses déjà présentes dans l'usine, et l'espace sera réaménagé pour l'accueillir. Néanmoins, il faudra agrandir l'usine : c'est le second investissement prévu par Emosia. Le permis de construire n'est pas encore accordé, mais le projet est prêt : un hangar de **2000 m²** [...]. Ce projet d'agrandissement servira à augmenter les capacités de stockage de l'usine.

Un hangar de 2000 m²

[...] Le sous-préfet a assisté aux différentes étapes de fabrication de la fameuse lampe Berger. « *C'est de la haute technologie* », s'exclame-t-il devant la machine qui fabrique la mèche en coton qui, une fois brûlée, laisse le parfum se dégager. Aujourd'hui, l'historique lampe Berger représente 50 % de l'activité du groupe, qui s'est diversifié [...]. Après l'usine, le sous-préfet a découvert le laboratoire où « *5000 contrôles de matières premières sont effectués par an* », mais également sur les produits finis, car l'alcool et le parfum sont des produits dangereux qui doivent respecter des normes strictes.

15 nouvelles lampes Berger par an

[...] Il en existe au total 5000, « *et on crée entre 12 et 15 modèles chaque année* », ajoute Olivier Sillion. Une lampe, c'est 18 mois de travail, entre le brief créatif et la commercialisation. [...] Les parfums, aussi, se veulent uniques et originaux. « *On travaille les parfums comme en cosmétique : pas de notes simples, il faut une note de tête, de cœur, et de fond* », explique le président d'Emosia. Toujours dans un souci de modernisation, le groupe travaille au remplacement de l'alcool comme carburant à la catalyse. « *On fait des recherches avec l'hydrogène, mais ce n'est pas couronné de succès pour l'instant.* »

Source : Mathilde Carnet, « Grand Bourgtheroulde : Maison Berger Paris va moderniser son usine historique », www.actu.fr, 22 février 2023.

Annexe 3 ▸ Extrait de la charte RSE, groupe Emosia

UN PROGRAMME QUI S'ARTICULE AUTOUR DE TROIS PILIERS...

Notre programme RSE repose sur trois piliers qui abordent la durabilité tout au long de la chaîne de valeur.

... DÉVELOPPÉ SELON LES LIGNES DIRECTRICES DE LA NORME ISO 26000

Cette norme est dédiée à la responsabilité sociétale des entreprises. Nous nous sommes basés sur les sept questions centrales de la norme, liées au développement durable, à la santé des personnes et au bien-être de la société, tout en nous assurant du respect des lois en vigueur, de la compatibilité avec les normes internationales et de la prise en compte des attentes de nos parties prenantes.

Source : Charte RSE d'Emosia, www.emosia.fr, 2023.

Exemples issus de la charte RSE d'Emosia

Les collaborateurs	**Les clients**
• Les collaborateurs évoluent dans un cadre de travail respectueux et égalitaire. • Ils travaillent au sein d'un groupe qui respecte les normes de sécurité.	• La protection de la santé et de la sécurité des clients est au centre des préoccupations d'Emosia : respect des normes internationales en matière de parfum, respect d'un cahier des charges plus exigeant que les normes en vigueur dans la profession. • Emosia garantit un niveau de satisfaction client sur la qualité des produits et services, assure une transparence totale envers les clients sur l'origine des matières premières.
La planète • Emosia s'inscrit dans l'économie circulaire : production de lampes rechargeables, durables ; flacons 100 % recyclables.	• Emosia préserve l'environnement : matières premières d'origine européenne, sans OGM ; production locale ; réduction des emballages ; diminution de l'empreinte carbone ; réduction de la consommation énergétique ; recyclage du verre, papier, carton...

Annexe 4 ▸ Les « blouses bleues » de Maison Berger Paris font grève

Sur le site [...] de Grand Bourgtheroulde (Eure), la production est pratiquement à l'arrêt [...]. **Les « blouses bleues » en ont marre.** Pour cause : un coût de la vie qui ne cesse d'augmenter face à des salaires « qui ne suivent pas ». [...] **Le désarroi, la colère et la tristesse** se ressentent dans les discours de ces « petites mains » de l'entreprise, **en mal de reconnaissance**. [...] « *On se le permet, car on aura la moitié du 13e mois à la fin du mois, et on continuera les actions tant qu'on n'aura pas gain de cause !* » ajoute Sandrine. « *Sans nous,* ***sans les blouses bleues, il n'y a rien****, c'est nous qui produisons !* » ajoute une autre.

Du côté de la direction, cette grève est une « surprise ». « *On est passé par le CSE [comité social et économique], on a expliqué clairement ce qu'on allait faire.* ***On ne pouvait pas être plus clairs*** », explique Olivier Sillion. « *Les salariés sont venus me voir, m'ont expliqué qu'il y avait davantage de précarité. On a décidé d'augmenter de 4 % les salaires pour les salariés.* [...] ***On a essayé de répondre aux attentes****, mais peut-être pas dans les proportions qui étaient attendues.* » [...]

Pour le directeur, **l'entreprise souffre de la crise** et « *ne peut pas faire plus* ». « *On n'est pas des produits de première nécessité.* ***Notre chiffre d'affaires a été en diminution*** *l'an passé et nos marges le sont d'autant plus que les matières premières, l'énergie et le transport ont augmenté dans des proportions inédites.* ***La situation est tendue*** *pour l'entreprise.* »

Au deuxième jour de grève, la direction ne compte pas augmenter plus encore les salaires. Les ouvriers, eux, envisagent de poursuivre leurs actions.

Source : Mathilde Carnet, « À Grand Bourgtheroulde, les "blouses bleues" de Maison Berger Paris font grève », www.actu.fr, 2 juin 2023.

Annexe 5 ▸ Entretien avec Olivier Sillion, président du groupe Emosia

Présentez-nous le groupe Emosia.
Il regroupe en son sein des entreprises qui sont plus que centenaires : Maison Berger Paris tout d'abord, l'inventeur de la lampe Berger à la fin du XIXe siècle. Les entreprises Devineau, Bougies la Française qui sont les leaders français de la fabrication de bougies, parfumées ou non, elles aussi plus que centenaires. Et enfin, la ciergerie Defossés, qui fabrique et commercialise des objets liturgiques, essentiellement des cierges et des bougies pour le clergé. Chaque entreprise a conservé son ADN historique, sa propre organisation, son fonctionnement, ses procédés de fabrication...

Quels sont les challenges que vous vous êtes fixés pour le groupe ?
Les challenges reposent essentiellement sur le sens qu'on a donné à ce groupe, sa « *base line* » qui est « *creating moments of emotion* » (« créer des moments d'émotion »), et que ce soit une double réalité pour les gens qui utilisent nos produits, mais aussi pour tous les collaborateurs qui travaillent dans l'entreprise. C'est donc un double défi qui s'alimente au quotidien autour des managers, des équipes, pour que tous soient contents de venir travailler et de créer les produits, dans une ambiance familiale. Avec Francis Clément-Devineau et Guillaume Wehrlin, les deux directeurs généraux, aidés des responsables de services, nous avons à cœur de fournir à l'ensemble de nos collaborateurs un cadre de travail dans lequel ils se sentent bien. Pour ce faire, nous avons aussi initié plusieurs actions, comme la distribution hebdomadaire de fruits et légumes locaux à tous les salariés qui en font la demande.

Maison Berger ne cesse de s'agrandir. Qu'est-ce qui vous a amené à racheter My Jolie Candle ?
My Jolie Candle est un concept de bougie bijou : des bougies dans lesquelles se cache un bijou. Ce rachat nous permet d'étoffer notre gamme, de toucher une autre catégorie de consommateurs : les jeunes. C'est donc un produit complémentaire à ceux des marques que nous avions déjà dans le groupe, qui sont plus traditionnels.

La lampe Berger est le produit phare de l'entreprise. Son secret de fabrication est bien gardé. Pouvez-vous nous en dévoiler quelques aspects ?
Tout ce que je peux vous dire, c'est que nous vivons d'étonnants paradoxes. Les commandes, les stocks, le transport, la fabrication... sont gérés à la vitesse de l'informatique, avec des procédés bien rodés. Pourtant, dans nos ateliers, certains décors sont minutieusement peints à la main suivant de très anciennes techniques, les fragrances les plus subtiles sont élaborées par des nez... C'est un challenge au quotidien pour nos responsables de coordonner et de contrôler toutes les tâches réalisées... Tous les acteurs de la chaîne de production se doivent de respecter des normes internes exigeantes.

Source : dialogue imaginé à des fins pédagogiques.

Annexe 6 ▸ Témoignages de collaborateurs, groupe Emosia (extraits)

Valentin, alternant, assistant R&D parfum
« *Groupe au sein duquel il fait bon vivre, les collaborateurs sont bienveillants, on se sent facilement à sa place.* »

Martin, DRH
« *Entreprise animée par des valeurs que je partage, Groupe qui encourage l'autonomie, l'initiative et la responsabilité.* »

Marie, chef de produit Trade Marketing
« *Je travaille pour une belle entreprise dans laquelle on retrouve un fort esprit collectif.* »

Denis, chef de projet sélectif
« *Collègues sympathiques, management à l'écoute.* »

Source : www.welcometothejungle.fr

Les ressources et les compétences au sein de l'entreprise

Toute entreprise dispose de ressources et de compétences qu'elle doit articuler entre elles et mobiliser afin de mener à bien ses activités et atteindre ses objectifs.

I. Les ressources de l'entreprise

Ressource : moyen dont l'entreprise dispose pour répondre aux besoins de ses clients.

Elles peuvent être classées en :

Ressources tangibles : faciles à identifier et à mesurer (en valeur monétaire)	**Ressources intangibles :** immatérielles et difficiles à mesurer (en valeur monétaire)
• Ressources physiques *Exemples : machines, véhicules, locaux, stocks…*	• Ressources technologiques *Exemples : brevets, applications…*
• Ressources financières *Exemples : capital, trésorerie, capacité d'autofinancement…*	• Ressources mercatiques *Exemples : marque, notoriété, réputation…*
• Ressources humaines *Exemple : nombre de salariés…*	• Ressources organisationnelles *Exemples : savoir-faire, compétences des salariés, structure de l'organisation, style de management, logistique…*

II. Les compétences dans l'entreprise

Compétence : capacité de l'entreprise à mobiliser et combiner au mieux ses ressources pour atteindre des objectifs.

Il est possible de mettre en évidence :

- **les compétences professionnelles :** savoirs, savoir-faire et savoir-être d'un individu (compétences individuelles) ou d'un groupe d'individus (compétences collectives) ;
  Exemple : Savoir-faire des maîtres savonniers de l'entreprise Marius Fabre.
- **les compétences organisationnelles et commerciales.**
  Exemple : Les compétences de Tesla en termes d'innovation, de parcours d'achat (simplifié), de marketing, de distribution (Internet ou showroom).

Parmi ces compétences, certaines permettent à l'entreprise de se différencier de ses concurrents : on parle de compétences « **distinctives** » qui vont lui procurer un avantage concurrentiel.

Pour être distinctive, une compétence doit :

- représenter de la valeur aux yeux des clients ;
- être rare et être difficilement imitable.
  Exemple : La compétence distinctive d'Amazon est due à la maîtrise de sa chaîne logistique lui permettant de livrer rapidement les clients partout dans le monde.

III. L'effet d'expérience

Les expériences vécues dans l'entreprise vont permettre d'améliorer en continu les compétences individuelles et collectives des salariés et ainsi l'efficacité de toute l'organisation : on parle d'apprentissage organisationnel.

L'effet d'expérience qui en découle, grâce à une meilleure efficacité des salariés, permettra de conserver ou de renforcer l'avantage concurrentiel de l'entreprise.

Effet d'expérience :
Le coût de revient d'un produit diminue au fur et à mesure que le volume de production augmente.
→ C'est en partie lié à un effet d'apprentissage : plus on produit, mieux on produit.

Apprentissage organisationnel — *Permet d'améliorer* → Compétences individuelles et collectives — *Qui génèrent* → Effet d'expérience — *Qui entraîne* → Avantage concurrentiel

Les différents processus de l'entreprise et le rôle des parties prenantes

Afin d'offrir des biens adaptés aux besoins des clients, l'entreprise va définir et mettre en œuvre différents processus (de production, de vente, etc.) dans lesquels elle engage ses ressources. Les acteurs impliqués dans ces processus sont des parties prenantes de l'entreprise.

I. Les processus de l'entreprise

Processus : ensemble d'activités reliées entre elles qui transforment des éléments d'entrée en éléments de sortie. Leur mise en œuvre va permettre à l'entreprise d'être plus performante.

Trois types de processus existent dans l'entreprise :

- **les processus productifs**, qui assurent la réalisation du bien ou du service correspondant au cœur de métier de l'entreprise (processus en lien avec l'approvisionnement, la production, la logistique, la commercialisation…) ;
- **les processus de support**, qui permettent la gestion des ressources (ressources humaines, comptabilité, sécurité…) ;
- **les processus de pilotage** (processus décisionnels), qui assurent la prise de décision (stratégie, pilotage, management…).

Exemple : Schématisation simplifiée d'un processus support de recrutement.

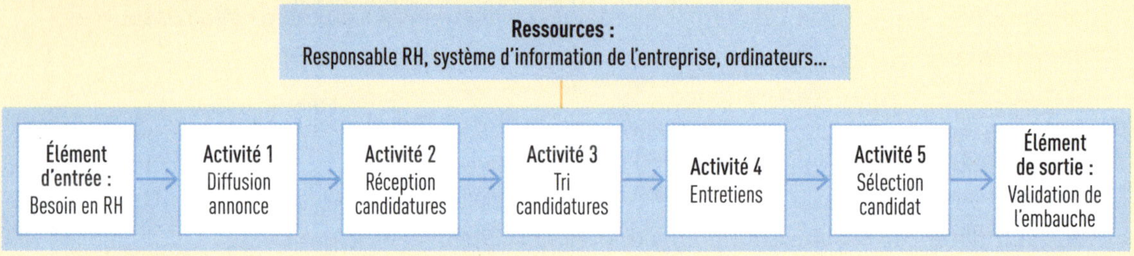

II. Le rôle des parties prenantes

Les processus font intervenir des parties prenantes (question 1.3) qui contribuent à leur réalisation.

Exemples : Les fournisseurs vont contribuer au bon déroulement du processus approvisionnement. Les commerciaux vont contribuer à la réussite du processus vente.

- **Les pouvoirs et contre-pouvoirs des parties prenantes**

D'après M. Crozier et E. Friedberg, chaque acteur cherche à détenir le plus de pouvoir afin de servir son intérêt personnel. Le pouvoir n'est pas forcément lié à la position hiérarchique, il peut découler d'atouts particuliers de l'acteur en termes :

- d'expertise technique (compétence dans un domaine) ;
- d'accès à des informations (internes et/ou externes) ;
- de relation avec l'environnement de l'entreprise (liens avec les parties prenantes externes).

Exemples : Un commercial peut avoir une relation particulière avec ses clients. Un ouvrier peut maîtriser parfaitement le fonctionnement de la machine sur laquelle il travaille (expertise).

Le pouvoir d'un acteur lui donne une marge de liberté dans l'exécution de sa partie du processus. Il crée une « zone d'incertitude » sur l'efficacité du processus. Les parties prenantes ont donc la capacité d'agir en **contre-pouvoir** si elles considèrent que leurs intérêts sont menacés.

- **Les parties prenantes et la RSE**

L'entreprise doit également tenir compte des préoccupations éthiques, sociales, sociétales et environnementales des parties prenantes à travers sa démarche RSE. Celles-ci vont indirectement être intégrées dans ses processus.

Exemples : Amélioration des conditions de travail dans les ateliers, utilisation de matériaux durables, recyclage…

Les styles de management

L'organisation des ressources implique que les différents niveaux de management de l'entreprise prennent des décisions.

I. Les niveaux de management

Il existe deux niveaux de management :

- le **management stratégique** : consiste à fixer les objectifs à long terme de l'entreprise en prenant des décisions difficilement réversibles et souvent coûteuses. Ces décisions sont généralement prises par les dirigeants et cadres supérieurs ;
- le **management opérationnel** : consiste à mettre en application les décisions prises par le niveau supérieur et à contrôler. Les décisions prises par les managers opérationnels sont réversibles et à court terme.

II. Les styles de management

Chaque manager a un style de management qui lui est propre.
R. Likert a identifié quatre styles de management présentant les caractéristiques suivantes :

Le style autoritaire/exploiteur	Le style paternaliste
• Le manager **détient tous les pouvoirs**. • Il **prend les décisions importantes seul**, sans consulter ses collaborateurs ; elles sont imposées. • Il exerce un contrôle strict sur ses salariés. • La communication est descendante, il y a peu de discussion possible. • Les salariés disposent de peu d'autonomie et de responsabilités, ce sont des exécutants. • Le manager utilise un système de menaces et de sanctions. Le pouvoir est centralisé. Ce style de management peut conduire à une faible motivation des salariés. *Exemple : Steve Jobs était un dirigeant autoritaire.*	• Le manager **est bienveillant** et protecteur, il prend en charge le bien-être des salariés. • Il prend les décisions dans leur intérêt. • Il utilise un système de récompenses et de sanctions pour contrôler et motiver les salariés. • Il **décide seul**. Le pouvoir est centralisé, les salariés sont fidélisés. *Exemple : Le groupe Michelin utilise un système de management paternaliste.*
Le style consultatif	**Le style participatif**
• Le manager consulte les salariés avant de prendre ses décisions. • Il tient compte de leurs avis et suggestions. • Il **garde la responsabilité de la prise de décision**. Le pouvoir est centralisé, la consultation des collaborateurs permet de réduire les risques d'erreurs mais peut également entraîner de la frustration si les suggestions faites ne sont pas prises en compte. *Exemple : Chez Fenwick, les salariés proposent des solutions pour améliorer leurs conditions de travail. Celles-ci ne sont adoptées que si elles impactent de façon positive la productivité.*	• Le manager encourage la participation des salariés à la prise de décision, les décisions sont **prises de façon collégiale**. • Il a une collaboration étroite avec eux. • Les salariés sont responsabilisés. • La communication est facilitée, ouverte. Ce style de management augmente l'engagement et la motivation des salariés, facilite la créativité et l'innovation. Mais la prise de décision est plus lente et peut entraîner des situations de conflits. *Exemple : Management utilisé chez Decathlon, où les salariés sont responsabilisés.*

Selon R. Likert, le style de management participatif contribue davantage à l'efficacité des processus et à la performance de l'entreprise.

Le type de structure de l'entreprise

Le management stratégique va définir la structure de l'entreprise qui permettra d'assurer et de contrôler au mieux les activités en vue de la réalisation de l'objectif commun. Le choix d'une structure a un impact sur l'organisation de l'action collective et des ressources.

Structure : moyens par lesquels l'entreprise répartit les pouvoirs et les tâches pour ensuite les coordonner et les contrôler (fiche ressource 5).

Les quatre structures d'organisation les plus répandues sont :

Structure simple	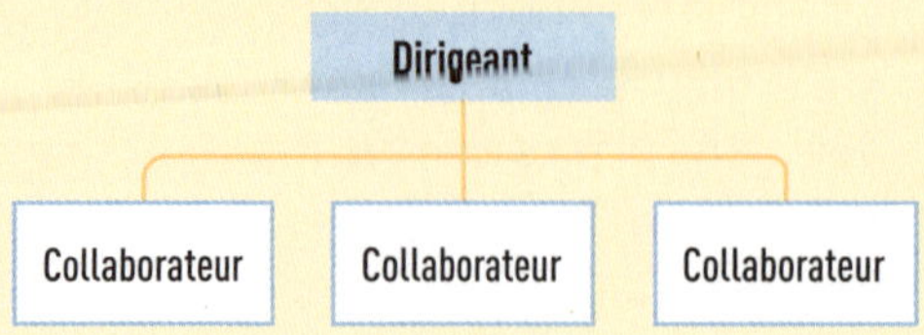	Entreprise de petite taille. Le dirigeant est au centre des décisions (pouvoir centralisé).	*Exemple : Start-ups.*
Structure fonctionnelle	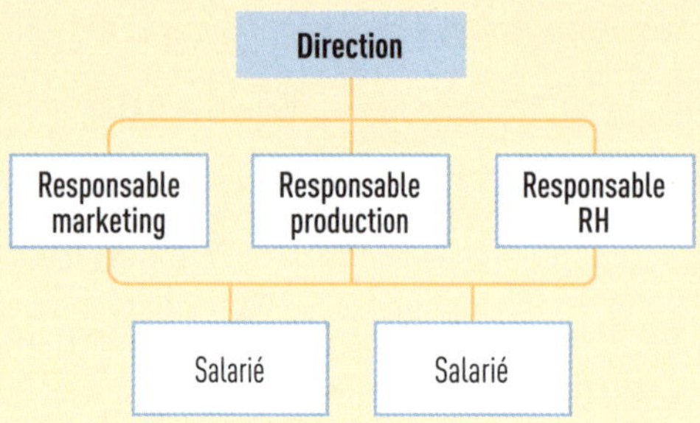	Entreprise organisée par « fonctions ». Chaque salarié est placé sous l'autorité d'un responsable, mais peut recevoir des ordres d'un autre responsable.	*Exemple : Chez Nestlé, chaque direction géographique est déclinée en fonctions (marketing, finance, RH, production…).*
Structure divisionnelle	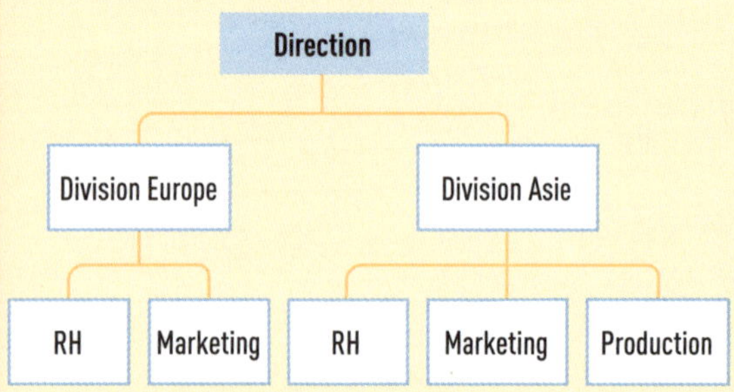	Grande entreprise organisée par « divisions » autonomes ayant leur propre organisation, leurs activités… Cette division est ensuite déclinée en structure fonctionnelle.	*Exemple : Chez Nestlé, des divisions autonomes sont organisées selon les zones géographiques.*
Structure matricielle	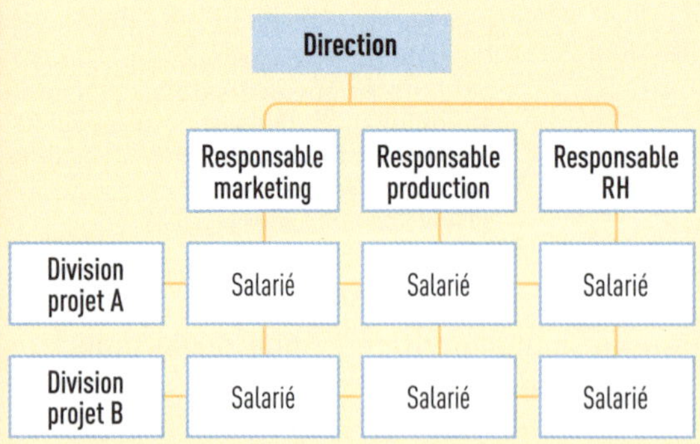	Entreprise organisée sous forme de « matrice » : les salariés travaillent sur des projets (souvent complexes) et sont regroupés en équipes, sous la responsabilité de plusieurs managers.	*Exemple : Airbus fonctionne par projets.*

Les mécanismes de coordination et de contrôle

Les mécanismes de coordination et de contrôle sont utilisés pour assurer la cohérence et l'harmonisation de l'ensemble des tâches réalisées par les salariés au sein de l'entreprise. L'objectif étant de gagner en efficacité et donc d'être performant.

H. Mintzberg distingue six mécanismes de coordination et de contrôle.

La supervision directe	Les salariés sont coordonnés par un responsable qui donne des ordres et contrôle leur travail.	*Exemple : Un responsable d'atelier d'une entreprise industrielle qui donne des consignes.*
L'ajustement mutuel	Les salariés sont peu nombreux et se coordonnent par de simples échanges informels qui vont leur permettre de se répartir les tâches et de se contrôler.	*Exemple : Une discussion entre salariés dans une start-up.*
La standardisation des procédés	Les salariés doivent réaliser leurs tâches selon des procédés définis à l'avance. Leur coordination est donc due à des règles et méthodes précises qu'ils doivent respecter.	*Exemple : Les procédés de fabrication des sandwichs chez McDonald's.*
La standardisation des résultats	Les salariés doivent atteindre les objectifs fixés par les niveaux supérieurs. Ils ont des résultats à atteindre tout en étant libres de choisir leurs méthodes de travail.	*Exemple : Des commerciaux qui doivent dépasser un chiffre d'affaires sur une période.*
La standardisation des qualifications	Les salariés ont tous les mêmes qualifications et compétences, et utilisent des méthodes de travail identiques. Le contrôle est donc implicite.	*Exemple : Les pilotes d'Air France sont obligatoirement titulaires d'une licence européenne de pilotage.*
La standardisation des normes	Les normes (culture de l'entreprise, valeurs communes, croyances) dictent le travail des salariés. Ces normes constituent selon Mintzberg « le ciment qui tient toutes les pierres de la bâtisse de l'organisation ».	*Exemple : Google a une forte culture d'innovation partagée par les collaborateurs.*

Plusieurs mécanismes de coordination et de contrôle peuvent coexister dans une même entreprise, chacun d'entre eux présentant des avantages et des inconvénients.

Exemple : La standardisation des procédés permet de réduire les erreurs mais laisse peu de place à l'innovation. Elle peut également être démotivante pour les salariés qui vont réaliser des tâches routinières.

Selon la structure choisie par le management stratégique, des mécanismes de coordination et de contrôle vont être privilégiés plutôt que d'autres.

Exemples : Dans une petite entreprise ayant une structure simple, les mécanismes de coordination les plus courants sont l'ajustement mutuel et la supervision directe.

Dans une structure fonctionnelle, la coordination par la standardisation des procédés et des résultats permet d'assurer la cohérence entre les activités des différentes « fonctions » de l'entreprise.

Comment l'entreprise organise-t-elle ses ressources ?

Pour fonctionner, l'entreprise dispose de ressources et de compétences :

- Ressources
  - Tangibles
  - Intangibles
- Compétences
  - Professionnelles
  - Organisationnelles et commerciales

Ces ressources vont être organisées dans des :

- Processus
  - Productifs
  - De support
  - De pilotage
  - Qui font intervenir des **parties prenantes** pouvant s'organiser en **contre-pouvoirs**
  - Qui doivent intégrer les attentes **RSE** des parties prenantes

Cette organisation des ressources induit :

- De prendre des décisions
  - **Deux niveaux** de management :
    - Stratégique
    - Opérationnel
  - **Quatre styles** de management :
    - Autoritaire
    - Participatif
    - Paternaliste
    - Consultatif
- De définir la **structure** de l'entreprise :
  - **Quatre types de structures** pour répartir les pouvoirs et les tâches :
    - simple
    - divisionnelle
    - fonctionnelle
    - matricielle
  - **Six mécanismes de coordination et de contrôle** pour assurer la cohérence des tâches :
    - supervision directe
    - ajustement mutuel
    - standardisation des procédés
    - standardisation des qualifications
    - standardisation des résultats
    - standardisation des normes

1 Tester vos connaissances

Quiz
Se tester sur les savoirs associés de la question 10
liennathan.fr/qmle4r

→ Réaliser le quiz en ligne et noter votre score.

Remarque : vous pouvez recommencer autant de fois que vous le souhaitez jusqu'à atteindre le score que vous estimez satisfaisant en fonction de vos objectifs.

2 Caractériser le style de management de personnages de séries *

Les séries permettent à tous les publics de se détendre. Mais, à travers leurs personnages, elles peuvent aussi servir de support d'étude...

→ 1. Caractériser les styles de management des différents personnages de séries télévisées présentés dans l'annexe 1.

→ 2. À partir de la vidéo présentée dans l'annexe 2, expliquer pourquoi ces managers peuvent être critiqués.

Annexe 1 ▸ Les héros de séries télévisées

Gregory House/*Dr House*

Gregory House est un médecin respecté prêt à tout pour diagnostiquer les maladies rares. Il ne respecte pas l'éthique professionnelle, est asocial et tyrannise tous ses subordonnés. Il est détesté par son équipe.

Ted Lasso/*Ted Lasso*

Ted Lasso est l'entraîneur de l'équipe de football anglaise fictive AFC Richmond. Connu pour ses discours de motivation à l'attention de ses joueurs, son empathie et son écoute active, il est bien intentionné mais très maladroit. Il encourage son équipe à prendre des décisions.

Michael Scott/*The Office*

Michael Scott est un dirigeant qui pense que tout le monde l'aime. Il ne sait pas interagir avec ses collaborateurs et coordonner son équipe. Ceux-ci ne le tolèrent que parce qu'il est leur supérieur. Il a du mal à prendre des décisions. Il le sait donc n'hésite pas à solliciter son équipe pour l'y aider.

Diane Lockhart/*The Good Wife*

Diane est associée dans un cabinet d'avocats. Elle sait se faire respecter des nombreux hommes qui l'entourent. Elle est disposée à négocier et accorde quelques toutes petites concessions à ses employés. Mais ses décisions concernant la société sont fermes, claires et précises.

Annexe 2 ▸ Vidéo : Netflix et les managers

Vidéo
Netflix et les managers (3'35)
liennathan.fr/vn5swo

3 Identifier le type de structure et les mécanismes de coordination de votre lieu de stage/d'alternance **

En tant qu'étudiant de BTS, vous avez certainement déjà effectué un stage au sein d'une organisation (ou êtes actuellement alternant). Cette organisation a une structure et des mécanismes de coordination et de contrôle qui lui sont propres.

→ À partir des éléments issus de cette organisation et des annexes 1 et 2, identifier :
- son type de structure ;
- ses mécanismes de coordination et de contrôle.

Remarque : si votre lieu de stage (ou d'alternance) est une unité qui appartient à un groupe ou à un réseau, vous étudierez la structure de l'ensemble du groupe ou du réseau.

Annexe 1 ▸ Questions à se poser pour identifier la structure d'une organisation

- Quelle est sa taille (nombre d'employés) ?
- Quelles sont les différentes fonctions ou divisions ?
- Qui sont les principaux dirigeants ? Quel est leur rôle ?
- Comment sont prises les décisions importantes ?
- Quels sont les canaux de communication utilisés entre les différentes fonctions ou divisions ?
- Comment sont réparties les responsabilités ? les tâches ?
- Y a-t-il des « projets » ? des équipes ?

Annexe 2 ▸ Questions à se poser pour identifier les mécanismes de coordination et de contrôle

- Comment les salariés communiquent-ils ?
- Existe-t-il des processus formels ou informels de communication ?
- Qui fixe les objectifs ? Comment sont-ils communiqués ?
- Existe-t-il des procédés/procédures à respecter ?
- Comment se coordonnent les salariés ? Les normes (culture) ont-elles une place importante au sein de l'entreprise ?
- Comment les performances individuelles sont-elles évaluées ? les performances collectives ?
- Les salariés ont-ils des qualifications similaires ?

4 Associer des situations de contre-pouvoir aux parties prenantes concernées *

ChatGPT est un outil pouvant être utilisé dans le cadre de votre formation. Mais il doit l'être de façon efficiente !

→ 1. Utiliser ChatGPT pour identifier des situations réelles dans lesquelles les parties prenantes peuvent agir en contre-pouvoir.

→ 2. À partir des éléments obtenus à la question précédente, repérer, pour chaque situation, la ou les parties prenantes concernées.

5 Repérer les ressources et les compétences de Sirop Monin **

Sirop Monin est une entreprise familiale française de plus de 110 ans dont le siège social est situé à Bourges (Cher). Elle propose des sirops haut de gamme. Depuis cinq ans, le siropier recycle l'eau de son usine. Cette réduction de la consommation des ressources locales permet de préserver l'environnement et d'améliorer la qualité de vie des riverains. En effet, le bassin du Cher est en déficit d'eau depuis de nombreuses années.

→ 1. Repérer les ressources et les compétences de l'entreprise Sirop Monin (annexe 1).

→ 2. Montrer que la décision d'Olivier Monin d'investir dans le recyclage de l'eau répond aux attentes RSE des parties prenantes (annexe 2).

Annexe 1 ▸ Les sirops Monin veulent conquérir la planète

Après une période difficile due à la crise sanitaire (– 20 % de son chiffre d'affaires […]), la grande majorité de son CA étant réalisée dans les bars et les restaurants, l'entreprise familiale repart de l'avant avec des projets sur l'export […]. Très fidèle à la tradition et à son héritage, Monin n'arrête jamais de créer, et dispose désormais d'un portefeuille de produits unique, sept gammes de produits dont ses fameux sirops, mais aussi des préparations spécifiques aux fruits, des sauces, ainsi que des liqueurs, le premier cœur de métier de l'entreprise. […] Monin représente plus de 130 saveurs différentes et dans 20 formats différents, de quoi satisfaire le monde entier. La société familiale berruyère, dirigée depuis 1992 par Olivier Monin, est l'une des très rares entreprises françaises ayant beaucoup misé sur l'international. Elle dispose de nos jours de deux usines en France et de trois à l'étranger, aux États-Unis (en Floride), en Chine et en Malaisie. Monin possède aussi un bureau à Dubaï.

Les produits Monin sont présents dans plus de 160 pays, avec plus de 900 salariés. Le siropier Monin est un bel exemple du savoir-faire à la française, et sa faculté à s'être adapté avec succès à l'exportation de ses produits démontre qu'en affaires, tout est possible, il suffit d'avoir la volonté et d'y croire et d'avoir, bien entendu, à la tête, un dirigeant de la trempe d'un Olivier Monin. Imaginez-vous qu'au moment de la reprise, le chiffre d'affaires n'était plus que de 8 millions d'euros, et qu'il va exploser à 330 millions d'euros, avant la crise, sous l'impulsion d'Olivier Monin, troisième génération à la tête de la société.

Source : Angelina Hubner, « Les sirops Monin veulent conquérir la planète », www.entreprendre.fr, 18 septembre 2023.

Annexe 2 ▸ Le modèle de recyclage de l'eau de l'entreprise Monin

La fabrication des sirops nécessite beaucoup d'eau. Pour Monin, ce sont chaque année près de 60 000 mètres cubes (dont 80 % pour nettoyer et rincer les installations). L'entreprise a donc lancé un ambitieux projet et investi 4 millions d'euros pour mettre en place un système de traitement et de réutilisation de l'eau, sans puiser dans le système collectif d'eau potable. La valorisation des flux organiques et salins est également à l'étude. L'usine de Bourges va servir de tête de pont, avec en ligne de mire toutes les usines Monin dans le monde et le transfert possible à d'autres industriels de l'agroalimentaire.

Plan eau :
Présenté par le président de la République en mars 2023, ce plan prévoit d'atteindre 10 % d'économie d'eau d'ici 2030.

6 Démontrer la pertinence des mécanismes de coordination et de contrôle de Netflix ***

Netflix est leader mondial dans la distribution de films et de séries *via* une plateforme, et son dirigeant, Reed Hasting, compte bien conserver cette première place. La culture de la performance se retrouve donc à tous les niveaux de l'entreprise.

→ 1. Caractériser le processus de conception d'un film.

→ 2. Qualifier le type de structure de Netflix (annexe 1).

→ 3. Présenter les mécanismes de coordination et de contrôle mis en place (annexe 2).

→ 4. Préciser si ces mécanismes de coordination sont cohérents avec la structure de Netflix.

Annexe 1 ▸ Netflix se restructure pour produire moins, mais mieux

[L'entreprise] continue de revoir son organisation pour être plus efficace et met l'accent sur la rentabilité. Depuis environ deux ans, Netflix sort un film par semaine, une cadence impressionnante afin de concurrencer les studios comme Paramount. [...] Pourtant, seuls quelques-uns ont été récompensés, atteint une très forte audience ou eu un impact culturel similaire à certains des plus grands films à succès. Ainsi, la division qui travaille sur les petits projets avec un budget de 30 millions de dollars ou moins, et celle qui produit des films de budget moyen coûtant entre 30 et 80 millions de dollars, vont fusionner. Cette restructuration, rapportée par le média *Engadget*, va entraîner le départ de plusieurs employés et de deux cadres notables. [...] Avec cette réorganisation, Netflix va réduire le nombre de films [...] afin de s'assurer que la division produise davantage de projets de haute qualité. À noter que l'entreprise dispose d'une autre division qui produit des métrages à haut budget ; pour l'heure, on ignore si elle est touchée par le remaniement.

Source : Mathilde Rochefort, « Cinéma : Netflix se restructure pour produire moins, mais mieux », www.siecledigital.fr, 3 avril 2023.

Annexe 2 ▸ La culture Netflix et l'excellence de ses salariés

La « Méthode Netflix » repose sur une culture de liberté et de responsabilité. Cette stratégie RH expliquerait la rapidité et la capacité d'innovation du leader mondial du divertissement. [...]

Le dirigeant d'une entreprise devrait s'entourer uniquement de collaborateurs hautement performants. Reed Hastings [parle] de « densité de talents » : une concentration de profils non seulement bons, mais véritablement excellents, les meilleurs [de leur fonction]. [...] Ces « Rockstars » permettent à chacun de s'épanouir aux côtés de collègues remarquables dans un environnement de très haut niveau. Ce contexte exceptionnel garantit la réussite des pratiques telles que la transparence et l'absence de contrôle.

Pour attirer les meilleurs talents, Netflix est prêt à les rémunérer au-delà des standards du marché. « *Si tu as besoin de 20 personnes, tu en embauches 10 excellentes, payées comme 15* », [...] Reed Hastings, cofondateur et président de Netflix.

Le dirigeant a remercié, sous la contrainte économique premièrement puis régulièrement, les collaborateurs les « moins extraordinaires ». [...]

La transparence permet aux équipes d'apprendre davantage les uns des autres, d'accroître leur réactivité individuelle, mais également la performance collective. L'objectif est de cultiver une culture du *feedback* où l'avis, même critique, est exprimé avec une intention positive et accueilli avec gratitude. [...] Plus les talents sont nombreux, plus grande est la liberté que vous pouvez accorder. Le climat d'honnêteté permet à tous de s'exprimer et donc de corriger les attitudes indésirables. Les managers n'ont plus besoin de s'impliquer autant dans la supervision. [...]

Source : Charlène Hemery, « Culture Netflix : ce que les RH devraient apprendre sur Netflix », www.culturerh.com, 5 août 2024.

Question 11 Quel financement pour l'entreprise ?

Compétences visées et points d'étude dans le chapitre :

- Identifier le besoin de financement de l'entreprise en fonction du cycle (exploitation/investissement)
  → Contexte | Mission 1 | Fiche ressource 1 | Fiche ressource 3 | Activité 4
- Recenser les solutions de financement adaptées à l'entreprise dans une situation donnée
  → Contexte | Mission 2 | Fiche ressource 2 | Activité 2 | Activité 3

Contexte

Miliboo

Miliboo est une marque française spécialisée dans la conception et la vente en ligne de meubles et de décorations design. Fondée en 2005 par Guillaume Lachenal, l'entreprise située à Chavanod, près d'Annecy, s'est rapidement imposée comme un acteur incontournable dans le secteur du mobilier en ligne, en offrant une large gamme de produits modernes, esthétiques et fonctionnels.

Que ce soit pour aménager un salon, une chambre ou un bureau, Miliboo offre des solutions adaptées à tous les styles et à tous les budgets, tout en garantissant un service client irréprochable et des livraisons rapides, notamment grâce à « Milistock », sa plateforme de gestion logistique.

Depuis sa création, Miliboo a réalisé divers investissements stratégiques pour accompagner son développement. Elle a ainsi réalisé des levées de fonds significatives. Les premières en 2011 et 2013, pour poursuivre sa croissance et développer ses gammes. Puis une autre en 2015, pour accroître la visibilité de la marque et financer des projets tels que l'ouverture des magasins physiques « Milibootiks ». La dernière, en 2022, afin de renforcer sa notoriété, poursuivre le financement des ouvertures de Milibootiks et développer sa présence internationale.

Aujourd'hui, Miliboo doit faire face à des défis ; l'environnement économique dans le secteur de l'ameublement est instable. D'autres enseignes ont connu de grandes difficultés (Gifi, Habitat, Made.com). Malgré tout, Miliboo poursuit son développement et sa stratégie phygitale combinant magasins physiques et ventes *via* Internet.

L'étude est composée de trois missions...

- Mission 1 : L'activité de Miliboo
- Mission 2 : La croissance de Miliboo
- Mission 3 : L'environnement de Miliboo

... et d'un dossier documentaire

- Annexe 1 : L'activité de Miliboo : conception et vente de mobilier
- Annexe 2 : Extrait d'un communiqué de presse : ouverture du Milistock
- Annexe 3 : Les levées de fonds de Miliboo
- Annexe 4 : Entretien avec Guillaume Lachenal, PDG de Miliboo
- Annexe 5 : Comment financer le besoin immobilier de son entreprise ?
- Annexe 6 : La crise dans le secteur de l'ameublement
- Annexe 7 : Données issues des documents financiers 2024, Miliboo
- Annexe 8 : Miliboo signe un beau retour aux bénéfices

→ En prenant appui sur le contexte, le dossier documentaire et les fiches ressource, il vous est demandé de répondre aux questions relatives aux missions.

Étude du contexte

Mission 1. L'activité de Miliboo

Miliboo conçoit et vend une gamme de 2 500 produits fabriqués en Europe et en Asie et commercialisés dans l'ensemble de l'Europe. En 2021, l'entreprise a investi 200 000 euros dans la gestion logistique en installant à Saint-Martin-de-Crau (13) une nouvelle plateforme équipée d'outils et d'infrastructures numériques performants.

▶ Contexte ▶ Annexe 1 ▶ Annexe 2 ▶ Fiche ressource 1

1.1 Montrer que la conception et la vente de meubles découlent du cycle d'exploitation de Miliboo et que l'ouverture du Milistock découle du cycle d'investissement.

1.2 Expliquer pourquoi le cycle d'exploitation de Miliboo induit un besoin de financement.

1.3 Montrer l'intérêt du lancement de la plateforme Milistock. Présenter le besoin de financement associé.

Mission 2. La croissance de Miliboo

Pour financer sa croissance et ouvrir ses Milibootiks, Miliboo a dû trouver plusieurs sources de financement. Mais pour sa plateforme logistique Milistock, l'entreprise a pu limiter le besoin de financement en évitant de se porter acquéreur des murs, là où d'autres entreprises ont dû investir jusqu'à 20 millions d'euros.

▶ Contexte ▶ Annexe 3 ▶ Annexe 4 ▶ Annexe 5 ▶ Fiche ressource 2

2.1 Recenser les modes de financement choisis par Miliboo pour financer sa croissance.

2.2 Proposer à Miliboo des modes de financement adaptés pour devenir propriétaire des bâtiments de sa nouvelle plateforme logistique. Justifier.

Mission 3. L'environnement de Miliboo

Depuis 2023, Miliboo doit faire face à un environnement économique turbulent susceptible d'impacter son activité. Cependant, l'entreprise reste determinée à poursuivre sa croissance, tout en préservant son équilibre financier.

▶ Contexte ▶ Annexe 6 ▶ Annexe 7 ▶ Annexe 8 ▶ Fiche ressource 3

3.1 Identifier les éléments de l'environnement de Miliboo susceptibles d'influencer sa situation financière.

3.2 Montrer que Miliboo réussit à maintenir son équilibre financier malgré ses besoins de financement importants et un environnement difficile.

Dossier documentaire

Annexe 1 ▸ L'activité de Miliboo : conception et vente de mobilier

Annexe 2 ▸ Extrait d'un communiqué de presse : ouverture du Milistock

Chavanod, le 18 février 2021 – Miliboo, la marque française de mobilier design, annonce l'ouverture de sa propre plateforme logistique. Grâce à ce hub, elle finalise l'internalisation de sa chaîne de valeur, répondant ainsi aux nouveaux besoins liés à l'augmentation des volumes traités, tout en pérennisant l'avenir. […] Miliboo se dote de moyens à l'échelle de ses ambitions. […] Par sa situation géographique idéale, sa superficie, ses infrastructures innovantes et son équipe d'experts, ce nouveau hub va permettre d'améliorer considérablement la gestion des volumes devenus très importants et d'assurer les futures ambitions de développement. […] Milistock va permettre de recevoir, traiter et expédier plusieurs centaines de milliers de meubles par an. […]

« *Pour accompagner notre formidable dynamique de croissance et l'augmentation des flux qui en découle, nous devions opérer* via *notre propre plateforme afin de rendre encore plus performants nos process, gagner en productivité et optimiser nos coûts logistiques. Un investissement [assez] limité puisque nous ne sommes pas propriétaires des murs* […] », déclare Guillaume Lachenal, fondateur et PDG de Miliboo.

Source : Communiqué de presse « Miliboo internalise sa propre plateforme logistique : Milistock, un hub de 20 000 m² situé en région PACA », www.miliboo.fr, 18 février 2021.

Annexe 3 ▸ Les levées de fonds de Miliboo

2008	2011-2013	2015	2022
Création de Miliboo	**De quoi accompagner et conforter sa forte croissance :** Miliboo a réalisé une première levée de fonds de 2,5 millions d'euros en 2011. En 2013, elle concrétise une nouvelle augmentation de capital, de 4 millions d'euros cette fois, réalisée auprès de son investisseur historique, Auriga Partners, suivi de deux nouveaux partenaires : Naxicap Partners et Sigma Gestion.	**C'est fait. Miliboo entre en Bourse sur le marché Alternext d'Euronext à Paris.** La marque française de meubles sur Internet lève 5,1 millions d'euros par l'émission d'environ 1,2 million de nouvelles actions souscrites à 84 % par des investisseurs institutionnels et à 16 % par le public.	**Le vendeur de meubles sur Internet Miliboo se renforce en faisant rentrer M6 dans son capital :** le groupe audiovisuel fait son entrée au capital de la PME de Haute-Savoie dont il devient le second actionnaire avec 21,4 % du capital.

Sources : données ledauphine.com, usinedigitale.fr, lesechos.fr.

Annexe 4 ▸ Entretien avec Guillaume Lachenal, PDG de Miliboo

Vous venez d'ouvrir votre quatrième boutique à Grand Epagny...

Ce nouveau showroom, d'une surface de 415 m², est idéalement situé à proximité du centre d'Annecy et du siège social de l'entreprise. Nous poursuivons la stratégie de développement de notre réseau de distribution physique de manière raisonnée, en nous appuyant sur notre modèle économique, associant e-commerce et magasins.

Vous avez obtenu pour ce faire le soutien de vos actionnaires, notamment du groupe M6.

Oui, le groupe M6, actionnaire de Miliboo depuis 2022 avec 21,4 % des parts, a apporté un soutien financier important de par son arrivée dans le capital de l'entreprise, mais aussi à travers des campagnes publicitaires qui ont accru la notoriété de la marque et stimulé les ventes. Ces revenus supplémentaires ont aussi contribué à financer l'expansion physique. Par ailleurs, la gestion rigoureuse des finances et l'optimisation des coûts logistiques (avec Milistock) ont entraîné une amélioration de la rentabilité. Miliboo a donc pu réinvestir une partie de ses bénéfices pour soutenir sa stratégie phygitale, y compris l'ouverture de boutiques.*

* Capacité à procurer un bénéfice.

Dialogue fictif imaginé à des fins pédagogiques.

Annexe 5 ▸ Comment financer le besoin immobilier de son entreprise ?

Une solution alternative consiste à recourir à une forme de leasing immobilier. Le crédit-bail immobilier permet en effet de payer un loyer (donc de louer les locaux) tout en conservant une option d'achat au terme du contrat (si vous souhaitez en devenir propriétaire). Cette opération financière permet à la fois de limiter l'endettement de l'entreprise ainsi que la mobilisation des fonds propres et aucun apport n'est exigé. Vous pouvez ainsi développer votre activité en prenant moins de risque, que ce soit au travers d'un crédit ou de la mobilisation massive de la trésorerie de l'entreprise.

Source : Sylvain Mehareche, « Comment financer le besoin immobilier de son entreprise ? », www.partners-finances.fr, 8 juillet 2022.

Annexe 6 ▸ La crise dans le secteur de l'ameublement

Pour la deuxième année consécutive, le groupe Maisons du Monde enregistre un déficit. Le groupe Habitat, ainsi que Made.com, ont, eux, subi une liquidation judiciaire avant de se reconvertir en plateforme d'e-commerce pour le premier et d'être racheté pour le second. Les entreprises du secteur de l'ameublement rencontrent ces dernières années de nombreuses difficultés à se financer, en partie à cause de l'inflation qui a suivi la crise du Covid-19. Les Français se concentrent d'abord sur les essentiels, ou les items à renouveler rapidement, et l'ameublement passe à la trappe. Mais ce n'est pas le seul défi auquel les entreprises du secteur doivent faire face. Le marché, principalement composé de très petites entreprises, est largement dominé par quelques géants. Ceux-ci doivent désormais s'adapter à la montée de l'e-commerce, mais aussi des achats d'occasion.

Source : « Le secteur de l'ameublement en France – Faits et chiffres », fr.statista.com, 12 août 2024.

Nouvelle victime dans le secteur de l'ameublement. L'enseigne Habitat, bien connue des Français, a vu sa liquidation judiciaire prononcée ce jeudi 28 décembre [2023] par le tribunal de commerce de Bobigny. Difficultés financières, gestion défaillante, inflation qui pèse sur le pouvoir d'achat des consommateurs… Nombreux sont les facteurs qui expliquent cette chute. […] Après le secteur de la mode, qui continue de faire de nombreuses victimes, c'est [donc] au tour de l'ameublement de subir de plein fouet les conséquences de la crise inflationniste, qui grève le pouvoir d'achat des consommateurs et renchérit les coûts de production.

Source : Camille Harel, « Habitat : les raisons de la descente aux enfers de l'enseigne d'ameublement », www.capital.fr, 28 décembre 2023.

Annexe 7 ▸ Données issues des documents financiers 2024, Miliboo

BILAN					
EMPLOIS (ACTIF)				RESSOURCES (PASSIF)	
	Brut	Amortissements	Net		
Actif immobilisé				**Capitaux propres**	
Immobilisations incorporelles	Emplois LT 7 960 337 €			Capital	Ressources LT 15 860 605 €
Immobilisations corporelles				Réserves	
Immobilisations financières				Résultat	
Actif circulant				**Dettes**	
Stocks	Emplois CT 10 217 986 €			Emprunts*	
Créances clients				Dettes fournisseurs	Ressources LT 7 932 465 €
Autres créances				Autres dettes	
Disponibilités	5 514 747 €				
TOTAL ACTIF				**TOTAL PASSIF**	
				* dont découverts bancaires	00,00

Compte de résultat	2024	2023
Produits d'exploitation	43 519 434	42 626 407
dont chiffre d'affaires	43 323 395	42 326 291
Charges d'exploitation	40 715 661	44 142 728
Produits financiers	68 936	54 333
Charges financières	209 679	292 745
Produits exceptionnels	165 146	368 724
Charges exceptionnelles	447 457	128 654
Total produits	43 753 516	43 049 464
Total charges	41 372 797	44 564 127
Résultat net	**2 380 719**	**– 1 514 663**

Annexe 8 ▶ Miliboo signe un beau retour aux bénéfices

L'entreprise spécialisée dans l'ameublement et la décoration affiche des performances solides au terme de cet exercice 2023-2024. La rentabilité s'inscrit en fort rebond pour retrouver ses niveaux pré-Covid malgré une croissance des ventes encore confidentielle. Le groupe reste prudent pour le nouvel exercice. […]

L'enseigne de distribution, d'ameublement et de décoration, créée près d'Annecy et désormais présente dans les plus grands pays européens, a en effet enregistré une progression de ses ventes de seulement 2,3 % d'une année sur l'autre, à 43,3 millions, même s'il s'agit là d'un niveau record. La société explique que « *la hausse du panier moyen a permis de compenser la baisse des volumes limitée à – 3,9 % dans un contexte de marché atone (– 4 % sur un an glissant en France par exemple)* ». […]

Bon point, en revanche, du côté de la rentabilité. La marge brute* ressort à 26,6 millions d'euros. […]

En plus de cela, l'entreprise a réussi à maîtriser ses charges [d'exploitation], notamment les coûts publicitaires et marketing, ce qui a permis ce fort levier sur les résultats. […]

Le résultat net [passe] […] d'un déficit [perte] de 1,5 million à un bénéfice de 2,4 millions. […]

Grâce à ces bonnes performances, les capitaux propres au 30 avril sont portés à 6,8 millions d'euros. Miliboo a aussi su générer du cash sur cet exercice, 2,3 millions d'euros au total, et ce, malgré une augmentation du besoin en fonds de roulement** à hauteur de 0,5 million d'euros.

* Marge brute : différence hors taxes entre le prix de vente et le coût de revient total des biens et services vendus.

** Besoin en fonds de roulement : ressources nécessaires à la couverture des besoins de financement de court terme.

Source : Justin Renand, « Miliboo signe un beau retour aux bénéfices », investir.lesechos.fr, 30 juillet 2024.

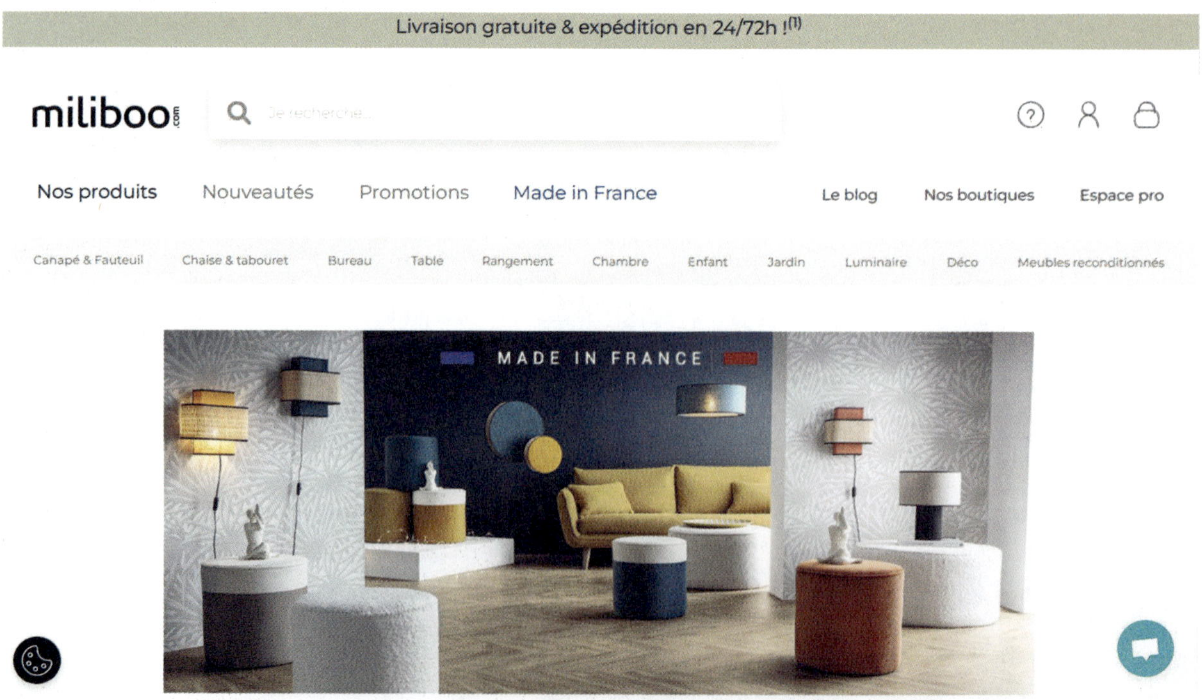

Source : www.miliboo.com/made-in-france

Le besoin de financement de l'entreprise en fonction du cycle

L'activité de l'entreprise est rythmée par différents cycles au cours desquels les mêmes opérations se répètent. Ces cycles entraînent un besoin de financement.

I. Les cycles de l'entreprise

Cycle : succession d'opérations qui se reproduisent régulièrement.

Exemples : Remplacement des ordinateurs tous les cinq ans ; achat de matières premières tous les quinze jours...

Selon les opérations concernées et l'horizon temporel, on distingue trois types de cycles :

Les cycles de financement	Les cycles d'investissement	Les cycles d'exploitation
• Ils regroupent les opérations liées au **financement** des activités de l'entreprise.	• Ils regroupent les opérations liées aux **investissements** de l'entreprise.	• Ils regroupent les opérations liées à l'**activité courante** de l'entreprise.
Exemple : Opérations liées à un emprunt bancaire (encaissement des fonds et remboursement).	*Exemple : Acquisition et utilisation d'une machine (immobilisation).*	*Exemple : Achat de marchandises, stockage, vente de marchandises et encaissement des règlements clients.*
• Opérations qui impactent l'entreprise sur plusieurs années → cycle long.	• Opérations qui impactent l'entreprise sur plusieurs années → cycle long.	• Opérations qui se répètent plusieurs fois au cours d'une année → cycle court.

II. Le besoin de financement découlant des cycles

Au cours des cycles d'investissement et d'exploitation, il y a toujours un décalage temporel entre les décaissements et les encaissements liés au cycle. Chaque cycle engendre donc un besoin de financement.

• Un **cycle d'investissement induit un besoin de financement à long terme** correspondant :
– à la nécessité de mobiliser des ressources financières, généralement importantes, pour acquérir une immobilisation (machine, locaux, etc.) à une date précise ;
– alors que les recettes générées par cette immobilisation (grâce à son utilisation) ne commenceront à être perçues qu'à l'issue du prochain cycle d'exploitation (et des suivants).

Exemple : Un domaine viticole fait l'acquisition en année N d'une machine à embouteiller. La machine génèrera des recettes après les vendanges, la vinification, l'embouteillage puis la vente des bouteilles et l'encaissement des paiements, et ce, sur plusieurs années (plusieurs cycles d'exploitation).

• Un **cycle d'exploitation induit un besoin de financement à court terme** correspondant à la durée du processus de production et de vente. Pendant cette période, l'entreprise continue à dépenser (décaissements : paiement des salaires, des fournisseurs...) sans avoir encore reçu les paiements des clients (encaissements).

Exemple : Besoin de financement découlant du cycle d'exploitation dans une entreprise industrielle :

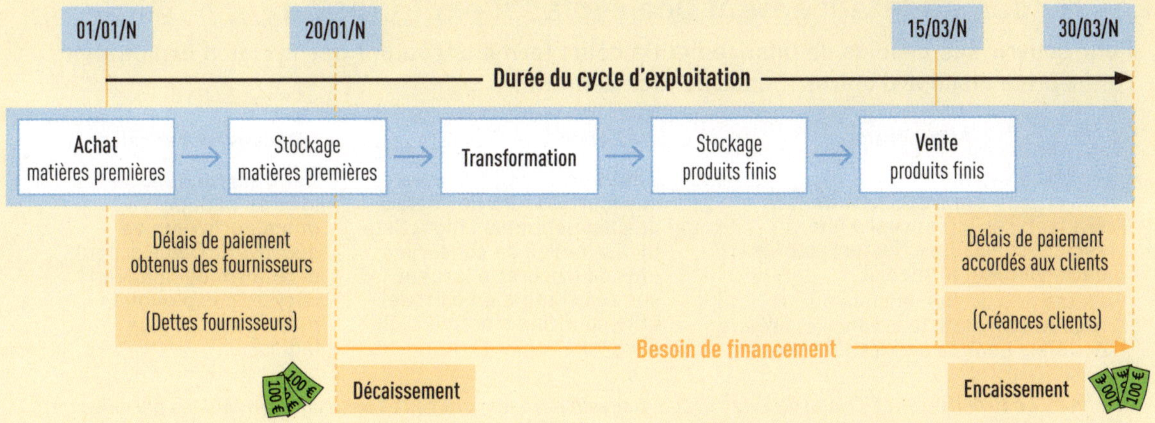

Remarque : une entreprise commerciale qui achète des marchandises pour les revendre sans transformation a un cycle d'exploitation plus court qu'une entreprise industrielle qui achète des matières premières, les transforme puis les vend.

Les solutions de financement adaptées à une entreprise

Les décalages temporels liés aux cycles d'investissement et d'exploitation font continuellement peser sur l'entreprise des besoins de financement. Cette dernière doit donc trouver des ressources financières pour couvrir ces besoins. Pour cela, elle peut recourir à différents modes de financement.

I. Les modes de financement des cycles d'investissement

Pour couvrir ses besoins de financement à long terme découlant des cycles d'investissement, l'entreprise dispose de plusieurs modes de financement :

Emprunt bancaire	L'entreprise obtient un emprunt auprès d'une banque. Elle devra le rembourser sur plusieurs années, avec des intérêts.
Crowdfunding	L'entreprise collecte de l'argent sans passer par les banques *via* une plateforme en ligne (financement participatif).
Crédit-bail	Au lieu d'investir dans un bien (machine, véhicule), l'entreprise le loue auprès d'une société de financement. Elle peut l'acheter en fin de contrat.
Marchés financiers	L'entreprise se procure des fonds sur les marchés financiers : • elle peut vendre des actions aux investisseurs (qui deviennent de nouveaux actionnaires) ; • elle peut emprunter en émettant des obligations (elle devra rembourser et verser des intérêts aux investisseurs).
Augmentation de capital	L'entreprise propose aux actionnaires (ou aux associés) actuels de nouvelles actions (ou parts sociales). Elle peut également les proposer à de nouveaux investisseurs sur ou hors des marchés financiers.
Autofinancement	L'entreprise utilise ses propres ressources issues des bénéfices réalisés les années précédentes (et non distribués aux actionnaires sous forme de dividendes).

Le choix du mode de financement dépend de plusieurs paramètres tels que la taille de l'entreprise (financement sur les marchés financiers facilité pour les entreprises cotées en Bourse), son stade de développement (une start-up privilégie le financement participatif, une entreprise plus mature peut plus facilement recourir à l'emprunt ou l'autofinancement), son niveau d'endettement... L'entreprise peut en combiner plusieurs.

Exemple : Pour construire sa Gigafactory, Tesla a émis des actions sur les marchés financiers (Bourse) et a eu recours à des emprunts bancaires.

Exemple : Pour créer ses centres de distribution, Amazon a financé une partie de leur construction par des emprunts et par autofinancement. L'entreprise a également eu recours au crédit-bail pour l'achat de certains équipements logistiques.

II. Les modes de financement des cycles d'exploitation

Pour couvrir ses besoins de financement à court terme découlant des cycles d'exploitation, l'entreprise dispose d'autres modes de financement :

Affacturage	Crédit fournisseurs	Découvert bancaire
• Au lieu d'attendre le paiement des clients, l'entreprise va vendre ses factures (créances) à une société spécialisée (factor) pour un encaissement immédiat. • Le factor s'occupe ensuite du recouvrement de la créance et prélève des frais pour ce service.	• L'entreprise négocie avec ses fournisseurs des délais de paiement plus longs. Cela lui permettra de conserver plus de trésorerie (argent sur son compte en banque) utile pour financer son cycle d'exploitation.	• L'entreprise négocie avec sa banque une autorisation de découvert. Celui-ci peut permettre de financer le cycle d'exploitation mais il est coûteux (agios).

Exemple : Le BHV (Bazar de l'Hôtel de Ville), grand magasin parisien, utilise l'affacturage pendant les périodes de forte activité commerciale, comme les fêtes de fin d'année. Cela lui permet de payer ses fournisseurs à temps et de gérer ses stocks plus efficacement.

L'équilibre entre les ressources et les besoins financiers de l'entreprise

Pour assurer sa pérennité, l'entreprise doit choisir le ou les modes de financement qui ne vont pas fragiliser sa situation financière. Elle va s'appuyer pour cela sur l'analyse de deux documents comptables : son bilan et son compte de résultat.

I. Le bilan

Bilan : « photographie » du patrimoine de l'entreprise à une date donnée. Ce patrimoine correspond à la différence entre ce qu'elle possède (les emplois) et ce qu'elle doit (les ressources).

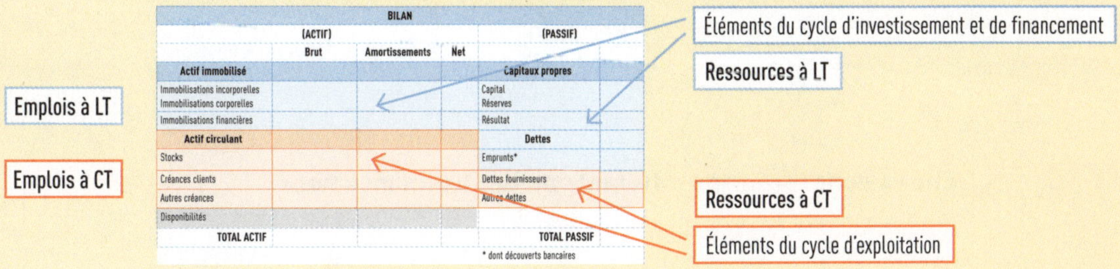

Parmi les emplois, on distingue :
- les emplois à long terme (LT) : biens conservés durablement par l'entreprise (immobilisations) ;
- les emplois à court terme (CT) : éléments destinés à être transformés et vendus au cours du cycle d'exploitation (stocks).

Parmi les ressources, on distingue :
- les ressources à long terme (LT) : ressources qui ont servi à financer les emplois (apports des propriétaires, résultat de l'exercice, réserves des précédents exercices, emprunts) ;
- les ressources à court terme (CT) : ressources temporaires (une dette envers un fournisseur devra être réglée dans l'année).

En distinguant ainsi les éléments du bilan, il est possible de mettre en évidence les cycles de financement, d'investissement et d'exploitation. Cela permet à l'entreprise de :
- **s'assurer que l'équilibre financier est respecté ;**

Équilibre financier : les emplois à long terme doivent toujours être financés par des ressources à long terme.

Exemple : Pour financer l'achat d'une machine, l'entreprise peut recourir à l'emprunt bancaire (long terme).

- **surveiller l'état de sa trésorerie** (argent disponible sur les comptes bancaires de l'entreprise).

Si les ressources à long terme financent la totalité des emplois à long terme, l'équilibre financier est respecté. Le surplus de ressources à long terme permet ensuite de financer le besoin de financement de court terme lié à l'exploitation. Dans ce cas, la trésorerie de l'entreprise est positive. Dans le cas inverse, la trésorerie est négative : l'entreprise est à découvert.

II. Le compte de résultat

Compte de résultat : sur une période donnée (une année), ensemble des opérations qui enrichissent l'entreprise (produits) et l'appauvrissent (charges). La différence (produits – charges) donne le résultat, qui peut être négatif (perte) ou positif (bénéfice).

À partir du compte de résultat, il est possible d'analyser :
- **l'impact de ses choix de financement sur son résultat** : les choix de financement de l'entreprise affectent son résultat net ;

Exemple : Les intérêts des emprunts et les loyers de crédit-bail augmentent les charges, ce qui diminue le bénéfice.

- **la capacité de l'entreprise à s'autofinancer** plutôt qu'à recourir à des financements externes (plus coûteux).

Exemple : Si l'entreprise dégage un bénéfice, elle pourra l'utiliser pour de nouveaux investissements (autofinancement futur).

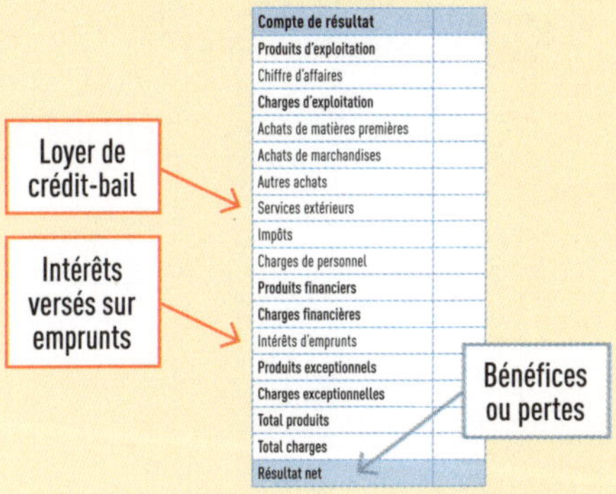

Quel financement pour l'entreprise ?

L'activité de l'entreprise est rythmée par des cycles qui induisent des besoins de financement permanents :

- Cycles de financement
- Cycles d'investissement
- Cycles d'exploitation

Cycles de financement + Cycles d'investissement → Besoins de financement à LT

Cycles d'exploitation + Cycles de financement → Besoins de financement à CT

Elle va donc recourir à différents modes de financement :

Modes de financement des cycles d'investissement
- Emprunt bancaire
- Marchés financiers
- *Crowdfunding*
- Crédit-bail
- Augmentation de capital
- Autofinancement

Modes de financement des cycles d'exploitation
- Affacturage
- Crédit fournisseurs
- Découvert bancaire

Et faire ce choix en vérifiant :

- Que la règle de l'équilibre financier est respectée (ressources LT pour emplois LT) → Avec son bilan
- Qu'elle est capable de générer de l'autofinancement → Avec son compte de résultat
- Comment ces modes de financement impactent son résultat et sa trésorerie → Avec son compte de résultat

1 Tester vos connaissances

Quiz
Se tester sur les savoirs associés de la question 11
liennathan.fr/7esck9

→ Réaliser le quiz en ligne et noter votre score.

Remarque : vous pouvez recommencer autant de fois que vous le souhaitez jusqu'à atteindre le score que vous estimez satisfaisant en fonction de vos objectifs.

2 Recenser des solutions de financement **

Vous êtes étudiant(e) en BTS et effectuez votre stage dans une entreprise spécialisée dans la vente en ligne de voyages clé en main.

Pour diminuer les coûts d'exploitation, la direction envisage d'ouvrir un *call center* au Maroc. Votre responsable vous a sollicité(e) afin de réfléchir au mode de financement qu'il serait pertinent d'utiliser pour financer l'ouverture du *call center*. Vous avez rendez-vous avec lui/elle dans 30 minutes pour lui faire des propositions...

Pressé(e) par le temps, vous décidez d'utiliser l'intelligence artificielle pour vous aider dans vos recherches.

→ 1. Utiliser ChatGPT pour identifier les différents modes de financement auxquels peut recourir une entreprise souhaitant ouvrir un centre d'appels à l'étranger (annexe 1).

→ 2. À partir des éléments obtenus à la question précédente, proposer un diaporama qui servira de support pendant le rendez-vous avec votre responsable. Vous pouvez utiliser l'application Gamma.

→ 3. Dans le cadre d'un jeu de rôles, présenter le fruit de votre travail à l'un(e) des autres étudiant(e)s de la classe qui jouera le rôle de votre responsable (annexe 2).

Annexe 1 ▸ Informations complémentaires sur le *call center*

- Budget estimé pour l'ouverture : 300 000 €.
- Pays ciblé : Maroc.
- Délai prévu pour le lancement : 12 mois.
- Revenus projetés du centre d'appels : 100 000 €/an dès la deuxième année.

Annexe 2 ▸ Consignes pour le jeu de rôles

Acteur : étudiant stagiaire	Acteur : responsable
Vous devez argumenter et justifier vos propositions.	Vous posez des questions et testez la solidité des arguments. Exemples de questions et objections : • « Le budget estimé semble élevé, comment le réduire ? » • « Comment protéger notre trésorerie sans compromettre d'autres projets ? »

3 Montrer l'intérêt du financement participatif ***

Fondée en 2011 et basée à Brest, TOWT (TransOceanic Wind Transport) est spécialisée dans le transport maritime de marchandises à la voile, donc décarboné. L'entreprise combine innovation et tradition en utilisant des voiliers modernes pour transporter des produits tels que du vin, du cacao ou du café.

→ 1. Identifier les objectifs de TOWT.

→ 2. Expliquer l'intérêt du mode du financement participatif retenu par TOWT pour atteindre ces objectifs.

→ 3. Proposer d'autres modes de financement susceptibles de répondre, à l'avenir, à ses besoins.

Annexe 1 ▸ TOWT collecte 5 millions d'euros

La start-up bretonne veut porter à huit navires sa flotte de voiliers-cargos d'ici 2027, pour répondre à l'engouement autour du transport maritime décarboné. [...] La société bretonne, fondée en 2011, a annoncé la commande de six navires supplémentaires

pour traverser l'Atlantique et ouvrir de nouvelles routes maritimes. Elle ambitionne de détenir ainsi « la plus grande flotte de voiliers-cargos au monde d'ici 2027 », avec huit vaisseaux au total. [...]

Pour étoffer sa flotte, l'entreprise a procédé à une deuxième levée de fonds qui a permis de récupérer 25 millions d'euros au total, dont 5 millions récoltés auprès « d'environ 2 000 épargnants particuliers en seulement 13 jours », *via* la plateforme de financement participatif LITA.co, spécialisée dans l'investissement durable. [...]

L'entreprise veut renforcer la liaison avec New York mais aussi ouvrir de nouvelles routes maritimes, vers l'Amérique du Sud notamment, ainsi qu'en Asie et en Afrique. « *Nous envisageons de développer des importations de café depuis la Colombie, le Brésil et peut-être le Guatemala* », confie Guillaume Le Grand. L'armateur breton assure qu'il contribuera « à économiser environ 40 000 tonnes de CO_2 » avec ses huit navires qui transporteront autour de 200 000 tonnes de marchandises. Sur un trajet comme Le Havre-Guadeloupe, la start-up évalue à 90 % la réduction d'émissions de CO_2 obtenue en recourant à la voile comme mode de propulsion principal, comparativement à la moyenne des émissions de porte-conteneurs par tonne transportée et par kilomètre. [...]

Le développement de sa flotte doit aussi permettre à TOWT d'engranger des revenus. La société vise un chiffre d'affaires de 60 millions d'euros d'ici 2028, avec la création de 150 emplois directs et environ 500 emplois indirects. [...] TOWT ambitionne d'atteindre jusqu'à 500 navires d'ici 2050. Ses voiliers de plus de 80 mètres restent très petits en comparaison des porte-conteneurs classiques.

Source : Thomas Chenel, « TOWT commande six voiliers-cargos supplémentaires après avoir levé 25 millions d'euros », www.bfmtv.com, 10 mai 2024.

Annexe 2 ▸ Le financement participatif

Le financement participatif, ou *crowdfunding*, désigne un échange de fonds entre individus en dehors des circuits financiers institutionnels. [...] L'appel de fonds se fait à partir de la description d'un projet précis (artistique, humanitaire, entrepreneurial...), au moyen d'une plate-forme en ligne permettant de recueillir de nombreux apports de petits montants. Le financement peut prendre la forme d'un don, d'un prêt avec ou sans intérêts, ou encore d'un investissement en capital. [...] En octobre 2020, le Parlement européen a approuvé de nouvelles règles permettant aux plateformes de financement participatif de fournir des services dans tout le marché unique de l'Union européenne (UE).

Source : « Qu'est-ce que le financement participatif ? », www.economie.gouv.fr.

4 Identifier les modes de financement d'Atelier Tuffery ***

Atelier Tuffery est une marque artisanale française spécialisée dans la confection de vêtements en denim de haute qualité, réalisés à partir de matières durables et souvent recyclées. L'atelier se distingue par son savoir-faire traditionnel et son engagement en faveur de la production locale. Fondé en 1992 par Célestin Tuffery, l'atelier a été repris en 2017 par ses enfants, Julien et Myriam, qui représentent la quatrième génération de la famille Tuffery. Ils continuent de développer la marque tout en préservant les valeurs artisanales et écoresponsables qui font la renommée de l'atelier.

→ 1. Identifier les finalités de l'Atelier Tuffery (annexe 1).

→ 2. Repérer les décisions prises par Julien et Myriam au moment de reprendre l'atelier.

→ 3. Présenter les modes de financement privilégiés et leur intérêt pour la santé financière de l'Atelier Tuffery (annexes 1 et 2).

→ 4. Identifier deux modes de financement qui n'ont pas été retenus. D'après vous, pourquoi ?

Annexe 1 ▸ À Florac, il relance les jeans *made in* France

Au fin fond des Cévennes, Julien Tuffery relance, avec son épouse, la plus vieille marque française de jeans, datant de 1892. Un pari tant économique que familial pour cet entrepreneur de la quatrième génération surmotivé, qui vient d'ouvrir une nouvelle boutique à Montpellier. [...]

Et ce nouvel atelier créé en 2017, comment l'avez-vous financé ?

[Julien Tuffery] : Nous avons fait un choix. Soit nous surfions sur la mode naissante du *made in* France en nous appuyant sur le marketing et le commercial, et en collaborant avec des fabricants. Soit nous redéveloppions l'activité en nous fondant sur une nouvelle fabrication de nos produits. Nous sommes la quatrième génération de tailleurs, nous croyons à la manufacture de demain, qui n'est plus celle d'hier, nous avons opté pour la fabrication. Il faut bien comprendre que notre mission entrepreneuriale s'inscrit sur le temps long, elle est de céder dans trente ans une entreprise à la pointe de l'écologie, de l'humain et de l'économique. Il fallait repenser la manufacture textile pour en faire un lieu de bien-être au travail et pour cela, il fallait investir pour recréer l'Atelier Tuffery. L'autre choix que nous avons fait est d'aller sur un modèle économique de vente directe par notre coût de fabrication qui reste élevé. Les mains qui fabriquent sont aussi celles qui vendent.

La marge revient ainsi à l'atelier, ce qui nous a permis de capitaliser sur les **fonds propres**, et donc d'investir. Si nous avions choisi de créer ou d'utiliser un réseau de boutiques, il aurait fallu fabriquer dix fois plus, faire du volume. Notre modèle est disruptif et très rentable avec un résultat net [correspondant à] entre 7 et 10 % [du chiffre d'affaires], un pourcentage nécessaire, car nous sommes nos propres investisseurs.

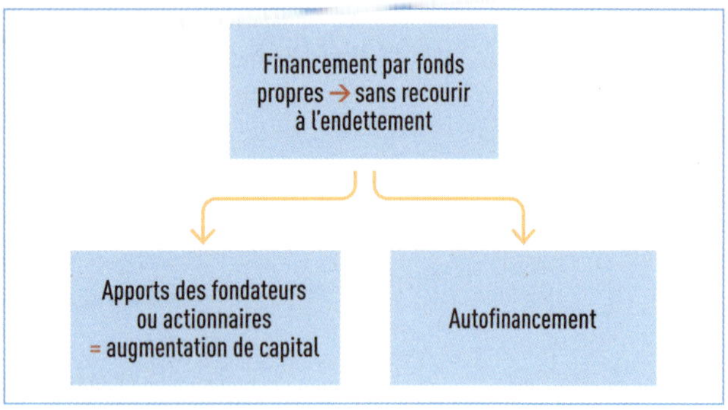

Le financement est évidemment un sujet, comme tout entrepreneur, j'ai pris mon bâton de pèlerin. Nous avons ainsi rapidement été accompagnés par les collectivités locales, régionales, nous avons cherché le moindre euro. Nous avons fait le choix assumé de rester à 100 % familial, même si certains sont venus à moult reprises avec de gros chèques. [...]

Quels vos projets à moyen terme ?

J. T. : Notre objectif est de croître raisonnablement, avec cette vision absolue de placer l'humain au cœur. Il est formidable de mettre le *made in* France en avant, mais si notre atelier n'est pas polyvalent, attrayant, personne ne viendra y travailler. Nous recrutons des personnes en reconversion professionnelle avec un salaire assez élevé pour la filière, et nous les formons pendant deux ans et demi. Notre activité a du sens, nous n'avons aucun problème de recrutement, car nous recherchons des *soft skills**.

* Compétences personnelles qui facilitent les interactions et la réussite dans le milieu professionnel.

Source : Anne Florin, « À Florac, il relance les jeans *made in* France », www.entreprendre.fr, 20 juin 2024.

Annexe 2 ▸ Subventions d'investissements et aides publiques

Les subventions sont des soutiens financiers accordés par les pouvoirs publics (ministères, collectivités locales et territoriales, établissements publics) ou par des organismes privés (fondations, associations, etc.) qui en ont reçu le mandat, à certaines personnes morales ou physiques en vue d'encourager la création d'emplois et le développement économique. [...]

La croissance et la capacité d'innovation des sociétés sont souvent confrontées à des problèmes de financement, auxquels peuvent répondre les acteurs territoriaux. En effet, ceux-ci disposent de fonds publics destinés à soutenir l'économie de leur territoire. Ces aides peuvent prendre la forme d'exonérations, de subventions ou de participation au capital.

Ces leviers peuvent intervenir dans des secteurs variés : l'industrie, la logistique, les services, le commerce, l'artisanat, l'agriculture, l'économie sociale et solidaire, etc.

Une subvention ou une aide accordée à un établissement par un acteur public local peut lui permettre d'optimiser ses coûts d'investissement et de fonctionnement en finançant une partie de ses investissements immobiliers et productifs, de faciliter ses recrutements à venir ou encore de soutenir ses projets d'innovation.

Source : « Subventions d'investissements et aides publiques », www.pole-implantation.org.

Une subvention est obtenue après dépôt d'un dossier auprès des acteurs publics, sous conditions et sans contrepartie financière.

Entraînement au BTS

L'étude est composée de trois missions :

- **Mission 1 :** La reprise de Pimpant
- **Mission 2 :** L'usine Pimpant de Dives-sur-Mer
- **Mission 3 :** Pimpant, responsabilités et défis

Composition du dossier documentaire :

- **Annexe 1 :** Entretien avec Baptiste Hamain, fondateur de Juliette et dirigeant de Pimpant
- **Annexe 2 :** La société par actions simplifiée (SAS)
- **Annexe 3 :** Chez Pimpant, une organisation autonome des équipes
- **Annexe 4 :** Pimpant est devenue une entreprise industrielle
- **Annexe 5 :** Le financement participatif
- **Annexe 6 :** La chaîne de valeur de Pimpant (après ouverture de l'usine)
- **Annexe 7 :** Pimpant a ouvert son usine de production
- **Annexe 8 :** La mission de Pimpant
- **Annexe 9 :** Extraits du Code civil

Sujet 3 : Pimpant : une révolution écologique pour l'entretien et l'hygiène

Contexte du sujet

Fondée en 2018 par Pierre Ferrand et Amandine Fréry, Pimpant s'est démarquée dès ses débuts en proposant une alternative écologique aux lessives traditionnelles avec un concept innovant : des kits de lessive à préparer soi-même, conçus pour réduire les déchets plastiques et limiter l'empreinte carbone.

En 2022, un tournant majeur a lieu avec le rachat de Pimpant par Karline et Baptiste Hamain, déjà fondateurs de Juliette, une marque spécialisée dans les produits d'hygiène écologiques, notamment des soins rechargeables pour toute la famille.

L'année suivante, en 2023, Juliette adopte officiellement le nom de Pimpant, réunissant ainsi sous une seule et même identité une offre élargie de produits d'entretien et d'hygiène, toujours avec un engagement fort en faveur de l'environnement.

Pour renforcer cette vision, l'entreprise inaugure en 2023 sa propre usine à Dives-sur-Mer, en Normandie, lui permettant d'assurer une production locale et responsable. Cette même année, Pimpant enregistre une croissance impressionnante de 122 %, témoignant de l'adhésion grandissante des consommateurs à ses solutions écologiques.

En plus de ses produits respectueux de l'environnement, Pimpant se distingue aussi par son approche du travail. L'entreprise met en place des pratiques modernes comme la semaine de quatre jours et le télétravail, favorisant un meilleur équilibre entre vie professionnelle et vie personnelle.

Aujourd'hui, Pimpant continue de se développer avec pour ambition de devenir un acteur incontournable des produits d'entretien et d'hygiène écologiques. Son objectif reste clair : offrir des alternatives durables et efficaces tout en sensibilisant les consommateurs à des habitudes plus responsables.

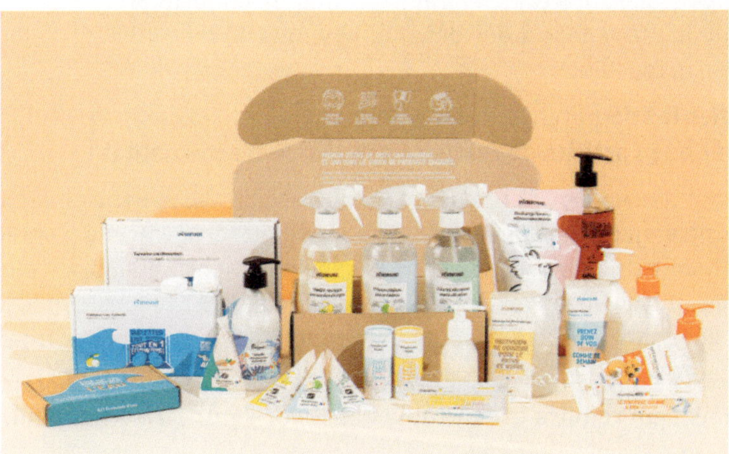

Le contexte prend appui sur un cas réel mais des ajouts ont été effectués pour les besoins du sujet.

En prenant appui sur vos connaissances, le contexte et le dossier documentaire, il vous est demandé de répondre aux questions relatives aux trois missions du sujet. Vous êtes invité(e) à mobiliser les concepts et les apports théoriques dès lors qu'ils sont pertinents et que le lien avec la mission est argumenté.

Mission 1. La reprise de Pimpant

▶ Annexe 1 ▶ Annexe 2 ▶ Annexe 3

Baptiste et Karline Hamain ont repris Pimpant avec pour mission de transformer l'entretien du quotidien en proposant des produits écologiques, performants et sans plastique à usage unique. Ils sont, depuis la reprise de l'entreprise, accompagnés dans cette aventure par des salariés engagés.

1.1 Montrer que la démarche de Karline et Baptiste Hamain relève d'une logique entrepreneuriale.

1.2 Analyser si le statut de la SAS choisi par Karline et Baptiste Hamain est adapté à la situation de Pimpant.

1.3 Repérer les mécanismes de coordination et de contrôle mis en œuvre chez Pimpant.

Mission 2. L'usine Pimpant de Dives-sur-Mer

▶ Annexe 4 ▶ Annexe 5 ▶ Annexe 6 ▶ Annexe 7

En 2023, Pimpant a franchi une étape clé avec l'ouverture de sa propre usine à Dives-sur-Mer, garantissant une production locale, responsable et maîtrisée. Cette initiative permet à l'entreprise de mieux contrôler ses coûts, d'assurer une qualité optimale et de répondre plus rapidement aux demandes du marché.

2.1 Repérer les différents facteurs de production mobilisés par Pimpant au sein de l'usine.

2.2 Expliquer l'intérêt du financement participatif retenu par Baptiste Hamain pour financer l'investissement dans l'usine.

2.3 Montrer l'impact de la décision d'ouvrir une usine à Dives-sur-Mer sur la chaîne de valeur et la compétitivité de l'entreprise.

Mission 3. Pimpant, responsabilités et défis

▶ Annexe 4 ▶ Annexe 7 ▶ Annexe 8 ▶ Annexe 9

Aujourd'hui, Pimpant s'impose comme une entreprise engagée qui permet à des milliers de ménages et de professionnels de réduire leur impact environnemental, tout en poursuivant sa croissance avec un chiffre d'affaires en forte progression. Et ce, même si Pimpant doit faire face à des défis : problèmes de recrutement, retards dans la réception de ses machines.

3.1 Identifier les démarches RSE de Pimpant.

3.2 Montrer que l'activité de Pimpant est source d'externalités.

Baptiste et Karline sont contrariés : suite à un retard de réception et de mise en service d'une machine, le « mélangeur », permettant de créer la poudre en vrac, ils n'ont pas pu livrer la chaîne d'hôtels Originals, un client professionnel important. Il s'agit d'une grosse commande, qui prévoit une livraison régulière de produits d'hygiène (dentifrice, shampoing...). Le client est mécontent, il souhaite rompre son contrat avec Pimpant.

3.3 Analyser, à l'aide d'un raisonnement juridique, si la chaîne d'hôtels Originals peut rompre le contrat la liant avec l'entreprise Pimpant.

Dossier documentaire

Annexe 1 ▸ Entretien avec Baptiste Hamain, fondateur de Juliette et dirigeant de Pimpant

Quel a été votre parcours professionnel avant la reprise de Pimpant ?

Avant de reprendre Pimpant, nous avions déjà une solide expérience dans l'entrepreneuriat. Pour ma part, j'avais créé en 2014 Fizzer, avec mon ami Vincent, une application d'impression de cartes postales personnalisées, revendue en 2019 à Photoweb (Exacompta Clairefontaine). J'ai passé huit ans à me consacrer à 100 % au développement et à la croissance de Fizzer.

La revente de Fizzer a été un tournant décisif pour Karline et moi. Elle nous a permis de financer notre projet, en réinvestissant nos fonds dans cette nouvelle aventure. C'est notre fille qui nous a inspiré nos projets : un jour, nous l'avons emmenée sur une plage blindée de plastique. On s'est regardés avec ma femme et on s'est dit qu'il n'était pas possible de continuer à consommer de cette façon. Cela a renforcé notre conviction qu'il était crucial de développer des solutions à la fois écologiques et accessibles.

Comment le projet Pimpant a-t-il évolué ?

La reprise de Pimpant a constitué un véritable défi entrepreneurial. Nous avons choisi de fusionner Juliette et Pimpant sous une seule identité, pour créer une marque forte et cohérente, proposant des produits d'hygiène et d'entretien écologiques. Nous avons pris des risques financiers et organisationnels pour transformer cette vision en réalité. Le projet a également été marqué par une démarche locale, avec l'ouverture en 2023 de notre propre usine à Dives-sur-Mer, garantissant une production locale, responsable et à faible empreinte carbone. Aujourd'hui, la marque est reconnue pour ses produits biodégradables et rechargeables, offrant une alternative écologique aux consommateurs.

Qu'est-ce qui a déterminé le choix de la structure juridique de Pimpant ?

Nous avons opté pour une société par actions simplifiée (SAS), un modèle qui nous permet d'établir librement nos règles de fonctionnement, d'avoir une flexibilité organisationnelle et une gestion agile. Ce choix nous permet aussi d'accueillir de nouveaux investisseurs pour soutenir notre développement et obtenir des financements, tout en préservant une certaine autonomie.

Ainsi, nous pouvons nous adapter aux changements du marché et aux exigences écologiques en constante évolution.

Comment assurez-vous la bonne marche de l'entreprise ?

Chez Pimpant, chaque membre de l'équipe joue un rôle essentiel dans l'atteinte des objectifs. Nous mettons un point d'honneur à assurer la pérennité financière de l'entreprise. Pour y parvenir, chaque trimestre, nous réévaluons nos objectifs, et je les partage avec toute l'équipe tous les mois, pour que chacun soit aligné. Les équipes me présentent chaque début de semaine leurs stratégies pour avancer sur ces objectifs, et je suis là pour les aider à prioriser les grandes lignes, notamment lors de notre focus du lundi. Cette réflexion collective est primordiale pour s'assurer que l'on avance tous dans la bonne direction. De plus, chaque membre de l'équipe devient actionnaire du projet, ce qui crée un véritable engagement collectif pour le succès de Pimpant.

Comment assurez-vous que Pimpant avance dans la bonne direction, tant sur le plan stratégique qu'humain ?

Avec Karline, nous veillons à ce que notre culture d'entreprise reflète notre « sauce magique Pimpant » et soit visible à chaque étape. Pour fluidifier la communication interne, nous mettons l'accent sur l'usage des bons outils numériques et sur une culture de l'écrit, afin que chaque membre de l'équipe puisse accéder rapidement aux informations nécessaires. Enfin, le bien-être de l'équipe est une priorité.

Document créé pour des besoins pédagogiques.

Annexe 2 ▸ La société par actions simplifiée (SAS)

La SAS (société par actions simplifiée) est une forme de société qui offre de nombreux avantages. Elle est notamment plébiscitée pour sa grande souplesse de fonctionnement. Cet avantage de la SAS est l'une des raisons principales qui pousse les porteurs de projets innovants, de start-ups ou d'activités à fort potentiel de développement à privilégier la création d'une SAS pour concrétiser leur projet. [...]
D'autre part, la création d'une SAS nécessite la présence d'au moins deux associés fondateurs. Le nombre d'associés dans une SAS n'est pas limité par la loi, contrairement à une SARL où le seuil maximal est fixé à 100. [...]
En SAS, l'avantage de la souplesse de fonctionnement concerne aussi la détermination du capital social. Ainsi, le minimum légal est fixé à 1 euro, mais il n'existe pas de maximum. Les associés peuvent apporter autant qu'ils le souhaitent à la société en constitution ou réaliser une augmentation de capital par la suite. [...]
Les associés peuvent librement définir les conditions d'entrée de nouveaux actionnaires au capital social dans les statuts de la SAS. [...]
Il est important de noter que la responsabilité des associés de la SAS est limitée au montant de leurs apports.

Source : Chloé Tavares de Pinho, « Quels sont les avantages et inconvénients d'une SAS ? », www.legalstrat.fr, 17 décembre 2024.

Annexe 3 ▸ Chez Pimpant, une organisation autonome des équipes

Sur les [25] salariés de l'entreprise, 14 sont en télétravail. Toute l'équipe est passée à la semaine de quatre jours : les non-cadres passent de 35 heures sur cinq jours à 32 heures sur quatre, et les cadres ont un jour de plus par semaine, à salaire égal. « Nos collaborateurs en présentiel sont autonomes quant à l'organisation de leur travail. Nous n'intervenons pas, ils s'arrangent entre eux. Ce qui importe, c'est la relation de confiance qui existe au sein de l'entreprise », précise le dirigeant qui reconnaît que s'il y a eu quelques « couacs » au démarrage de la mise en place de la semaine de quatre jours, « l'équilibre s'est rapidement installé de façon naturelle. Ce qui compte, c'est que les commandes passées avant midi soient envoyées le jour même. Les personnes qui travaillent en présentiel organisent eux-mêmes leur roulement pour que la chaîne de production soit assurée quotidiennement. Pour les personnels en télétravail, ils ont le choix entre prendre leur mercredi ou leur vendredi et ils peuvent changer de jour toutes les semaines ».
En pratique, chaque salarié indique son jour *off* dans un agenda commun pour que tout le monde puisse être au courant des absences des uns et des autres et s'organiser en conséquence. « Certains prennent le mercredi pour être avec leurs enfants, d'autres préfèrent rallonger leur week-end », détaille le dirigeant. Par ailleurs, à chaque fin de mois, les salariés doivent répondre à un questionnaire qui permet à la direction de savoir ce qui pourrait (ou pas) être amélioré dans l'organisation du travail.

Source : Isabelle Evrard, « Baptiste et Karline Hamain, dirigeants de Pimpant : "Notre credo, c'est de travailler moins mais mieux" », www.lejournaldesentreprises.com, 2 juillet 2024.

Annexe 4 ▸ Pimpant est devenue une entreprise industrielle

D'entreprise *fabless*, c'est-à-dire sans usine, Pimpant est devenue industrielle. Depuis juillet 2024, la marque sort ses produits d'hygiène en poudre de sa propre usine à Dives-sur-Mer, dans le Calvados. Et pourtant, lorsque Karline et Baptiste Hamain créent Pimpant en décembre 2020, avoir leur propre usine ne faisait pas partie de leur business plan.

Mais pour l'entreprise « engagée vers un mode de vie enthousiasmant et planète-compatible », internaliser la production, c'est aller au bout de l'impact. « Produire nous-même nous permet de diminuer notre émission de CO_2 et d'éviter les coûts environnementaux cachés aux clients », se réjouit Baptiste Hamain. Entre l'idée et l'ouverture de l'usine, seulement 18 mois se sont écoulés.

Réduction des stocks de produits

Le couple a d'abord cherché un lieu pour son usine. C'est finalement la ville où ils vivent et où Baptiste a grandi qu'ils ont choisie : Dives-sur-Mer, en Normandie. Pimpant s'est installé dans l'ancien atelier des grands-parents de Baptiste. « Dives-sur-Mer est une ancienne cité ouvrière. L'usine historique a disparu dans les années 1980 et les employés avec. Elle a embarqué dans son élan tous les sous-traitants et les commerces de proximité. Environ 1 000 personnes sur 5 000 habitants travaillaient dans cette usine. Il y a une vraie histoire dans ce lieu. En tant qu'entrepreneurs, on a une mission sociétale forte et produire local en fait partie ! », estime Baptiste Hamain.

Avoir sa propre usine, c'est ne plus dépendre de fournisseurs et de leurs plannings. [...] « On améliore notre marge brute et on diminue notre [besoin de financement à court terme lié à l'exploitation] parce qu'on va moins stocker. Un gel douche, c'est 10 % d'actif et 90 % d'eau donc en n'ayant que ces 10 % de matière, c'est moins de stock, de plus petites machines, moins de consommation d'eau et d'électricité », explique l'entrepreneur. [...]

Cinq mois de retard pour la livraison d'une machine

Au-delà des effets bénéfiques de cette industrialisation, ouvrir une usine représente un investissement majeur. D'abord pour les locaux. Le couple en est propriétaire d'une partie. Pimpant loue le reste. Sur le long terme, l'objectif est d'acheter tout l'espace. Il faut y ajouter trois gros postes de dépense : les travaux (600 000 euros), l'achat de machines (525 000 euros) et l'embauche de 11 nouveaux employés (375 000 euros annuels). Pour financer cet investissement, une levée de fonds participative sur Lita a permis de collecter 285 200 euros.

Mais tout ne s'est pas passé comme prévu. Le délai de livraison des machines s'est avéré plus long que prévu. « Avoir des premières productions en 12 mois c'est bien, mais une de nos machines a quand même mis cinq mois de plus que prévu à arriver. »

Karline et Baptiste Hamain ont aussi rencontré des difficultés à recruter localement. « On a une marque employeur forte avec notre semaine de quatre jours et le télétravail à 100 %, donc on reçoit des centaines de candidatures par mois. Mais pour travailler dans l'usine, il faut y être en présentiel. On voudrait recruter localement, mais ce n'est pas évident », identifie l'entrepreneur. [...]

Source : Eva Aronica, « Produire en France : Pimpant rentable plus vite, grâce à sa première usine », entrepreneurs.lesechos.fr, 28 octobre 2024.

Annexe 5 ▸ Le financement participatif

Le financement participatif, ou *crowdfunding*, désigne un échange de fonds entre individus en dehors des circuits financiers institutionnels. [...] L'appel de fonds se fait à partir de la description d'un projet précis (artistique, humanitaire, entrepreneurial...), au moyen d'une plate-forme en ligne permettant de recueillir de nombreux apports de petits montants. Le financement peut prendre la forme d'un don, d'un prêt avec ou sans intérêts, ou encore d'un investissement en capital.

Source : « Qu'est-ce que le financement participatif ? », www.economie.gouv.fr.

Annexe 6 ▸ La chaîne de valeur de Pimpant (après ouverture de l'usine)

Infrastructure de l'entreprise
Structure agile, pilotée par Baptiste et Karline Hamain

Gestion des ressources humaines
Conditions attractives (télétravail, semaine de quatre jours, actionnariat salarié)

Technologie & innovation
Développement de produits écologiques et rechargeables

Approvisionnements
Sélection de fournisseurs de matières premières

Logistique interne	Production	Logistique externe	Marketing & vente	SAV
Gestion des matières premières Stockage	Conception de produits rechargeables et biodégradables Innovation pour limiter le plastique Respect des normes environnementales et de qualité	Distribution en magasins partenaires E-commerce et livraison aux particuliers Gestion optimisée des stocks	Stratégie axée écologique Communication digitale forte	Assistance des clients Fidélisation

Annexe 7 ▸ Pimpant a ouvert son usine de production

Sur des rails. Cette fois ça y est, après des débuts volontaires mais prudents et contraints, la société Pimpant ouvre aujourd'hui une nouvelle page de son existence, celle de l'industrialisation de ses produits. Pour rappel, la start-up s'est lancée dans la production de produits d'hygiène et d'entretien en poudre dans des contenants réutilisables, dans le but de réduire la consommation de bouteilles et emballages en plastique à usage unique.

Trois ans après la création de l'entreprise, puis l'implantation à Dives-sur-Mer (Calvados) et l'ouverture d'une boutique située dans les anciens locaux de la société Fizzer, Karline et Baptiste Hamain ont inauguré il y a quelques jours leur usine de production de poudre, étape auparavant externalisée, afin d'avoir la main sur « tout le processus de fabrication de nos produits, de la recherche et de la conception à la livraison, en passant par la fabrication, on maîtrise toute la chaîne de valeur » précise Karline Hamain. [...]

Un avantage conséquent et qui permet d'avoir une vision générale sur leurs produits, « ce qui nous donne plus de flexibilité, plus de possibilités d'innovation, plus de réactivité, de maîtrise de la qualité et des coûts, et ça change tout ». [...]

Tout est regroupé sur un seul site, à proximité de la boutique et des locaux qui accueillaient jusqu'alors la maintenance et le service de livraison, où plusieurs espaces ont été créés : un laboratoire pour la recherche et le développement, où sont imaginés et testés les produits. Une zone pour le stockage des matières premières. Une salle de production accueillant une machine sur mesure, « le mélangeur », « qui permet de créer la poudre en vrac à partir des matières premières », et grâce auquel 12 000 dentifrices pourront être produits en une vingtaine de minutes. « On peut lancer jusqu'à cinq ou six productions par jour, mais on espère monter en puissance... » assure Baptiste Hamain. Une zone qui accueillera la future ensacheuse, puis une salle pour la logistique et la préparation à la livraison pour les professionnels et les particuliers complètent le site. [...]

Entre 500 et 1 500 commandes sont enregistrées chaque jour pour les particuliers et cinq à six grosses commandes pour les entreprises. « On va pouvoir produire pour d'autres entités, ce qui ouvrira les possibilités, s'attaquer à d'autres marchés, viser l'hôtellerie notamment. »

« Le camp de ralliement » pour les enfants

Si Pimpant proposait déjà son magazine *Mission Plancton* (qui compte 2 000 abonnés actifs) afin de ●●●

Annexe 7 suite ▶ Pimpant a ouvert son usine de production

« sensibiliser les enfants à apprendre à sauvegarder la planète en s'amusant, mais également sensibiliser les familles », un nouveau lieu a été créé au sein du site, « un espace de sensibilisation : "le camp de ralliement" », à destination des enfants de 6 à 12 ans, accolé à une terrasse avec des plantations en permaculture, « pour que des classes viennent apprendre de manière ludique à remettre la nature au cœur du système ». Les enfants ont la possibilité de participer à des animations : soulever et évaluer le poids d'une caisse remplie de plastiques correspondant à ce que jette une personne en une année, mais aussi faire leur propre dentifrice, visiter l'usine… « On apprend mieux en s'amusant » garantit Karline Hamain.

Nicolas Mouchel, « Dives-sur-Mer : la société Pimpant poursuit son développement en ouvrant son usine de production », actu.fr, 28 septembre 2024.

Annexe 8 ▶ La mission de Pimpant

NOTRE MISSION

Planter la graine du *changement* pour le futur de nos jeunes pousses !

Bonne nouvelle : le monde est ce que l'on choisit d'en faire !
Ensemble, nous pouvons **imaginer et participer à créer le monde dans lequel nous voulons voir nos enfants grandir**.

Toute l'équipe s'engage à :

Inventer et promouvoir une autre manière de produire

- Produire localement, dans notre usine en Normandie.
- Recharger pour ne plus jeter.
- Formuler dans le respect des êtres vivants.

Sensibiliser et donner les moyens d'agir aux générations futures

- En s'amusant grâce aux magazines Les Missions Plancton.
- Au travers d'ateliers animés par notre association V-Kids.

Rendre accessibles des produits sains, pratiques et efficaces

- Vous proposer nos produits dans les pharmacies et boutiques les plus proches de chez vous.
- Avec vous, imaginer et améliorer nos produits avec toujours autant de passion !

Prendre notre responsabilité sociétale

- Renforcer notre collaboration avec les ESAT normands.
- Soutenir des projets associatifs concrets tout au long de l'année.
- Participer à dessiner un rapport au travail chaque jour plus vertueux.

* ESAT : établissement et service d'accompagnement par le travail permettant à des personnes en situation de handicap de bénéficier une insertion sociale et professionnelle.

Extraits du site www.pimpant.com

Annexe 9 ▸ Extraits du Code civil

Article 1103 : « Les contrats légalement formés tiennent lieu de loi à ceux qui les ont faits ».

Article 1193 : « Les contrats ne peuvent être modifiés ou révoqués que du consentement mutuel des parties, ou pour les causes que la loi autorise ».

Article 1195 : « Si un changement de circonstances imprévisible lors de la conclusion du contrat rend l'exécution excessivement onéreuse pour une partie qui n'avait pas accepté d'en assumer le risque, celle-ci peut demander une renégociation du contrat à son cocontractant. Elle continue à exécuter ses obligations durant la renégociation. En cas de refus ou d'échec de la renégociation, les parties peuvent convenir de la résolution du contrat, à la date et aux conditions qu'elles déterminent, ou demander d'un commun accord au juge de procéder à son adaptation. » À défaut d'accord dans un délai raisonnable, le juge peut, à la demande d'une partie, réviser le contrat ou y mettre fin, à la date et aux conditions qu'il fixe.

Article 1217 : « La partie envers laquelle l'engagement n'a pas été exécuté, ou l'a été imparfaitement, peut :
- refuser d'exécuter ou suspendre l'exécution de sa propre obligation ;
- poursuivre l'exécution forcée en nature de l'obligation ;
- obtenir une réduction du prix ;
- provoquer la résolution du contrat ;
- demander réparation des conséquences de l'inexécution. Les sanctions qui ne sont pas incompatibles peuvent être cumulées ; des dommages et intérêts peuvent toujours s'y ajouter. »

Article 1218 : « Il y a force majeure en matière contractuelle lorsqu'un événement échappant au contrôle du débiteur, qui ne pouvait être raisonnablement prévu lors de la conclusion du contrat et dont les effets ne peuvent être évités par des mesures appropriées, empêche l'exécution de son obligation par le débiteur.
Si l'empêchement est temporaire, l'exécution de l'obligation est suspendue à moins que le retard qui en résulterait ne justifie la résolution du contrat. Si l'empêchement est définitif, le contrat est résolu de plein droit et les parties sont libérées de leurs obligations. »

Article 1219 : « Une partie peut refuser d'exécuter son obligation, alors même que celle-ci est exigible, si l'autre n'exécute pas la sienne et si cette inexécution est suffisamment grave. »

www.legifrance.gouv.fr

N° de projet : 10306028 - Dépôt légal : Mars 2025
Imprimé en Italie en Mars 2025 par L.E.G.O. S.p. A., Lavis (TN)